Grammar of the Syriac Language

Abrohom Nuro Library

9

Series Editor
George Anton Kiraz

The series contains reprints from rare books that once belonged to the Abrohom Nuro library. These books can hardly be found in Western university libraries. The content is primarily on Syriac studies and Eastern Christianity.

Grammar of the Syriac Language

al-lugha al-suryāniyya

Barsoum Ayyub

gorgias press
2010

Gorgias Press LLC, 954 River Road, Piscataway, NJ, 08854, USA

www.gorgiaspress.com

Originally published in 1972

2010

ISBN 978-1-61719-454-2

Reprinted from the 1972 Aleppo edition.

Printed in the United States of America

القسم الاول

في

اللغات السامية

اللغة السريانية وآدابها

ܡܢܬܐ ܩܕܡܝܬܐ

ܥܠ

ܠܫܢ̈ܐ ܫܡܝ̈ܐ

ܘܣܦܪܘܬܐ ܕܠܫܢܐ ܣܘܪܝܝܐ

المقدمة

في مطلع العام الدراسي ١٩٧٠ — ١٩٧١ دعتني جامعة حلب — كلية اللغات قسم الادب العربي ، لالقاء محاضرات وتدريس اللغة السريانية فيها ، فلبيت الدعوة ، وباشرت العمل .

ثم كلفتني الجامعة بتأليف كتاب عن اللغة السريانية ، فجعلت القسم الاول منه محاضرات ، والثاني قواعد وتطبيقاً ، والثالث نصوصاً وترجمة .

والكتاب ، هو فاتحة أفق جديد من آفاق المعرفة ، والاطلاع على مكانة اللغة السريانية إبان عزها ، ودرسها لأنها شقيقة العربية ليتمكن الطالب العربي من الوقوف على معاني وتراكيب وقواعد واصطلاحات كل ما في اللغتين المتقاربتين المتقارضتين اللتين تنتميان الى الدوحة السامية الأم ، وبواسطة هذا الاطلاع والدرس والمقارنة والتحليل يخدم لغة الضاد خدمة واسعة ، ويقف على جذور كلماتها وتشابهها في كثير من النواحي الصرفية والنحوية والتطبيقية ، كما أنه يفاخر بأمجاد بلده الذي ازدهرت هذه اللغة فوق أرضه ، ومنها انتشرت الى بقاع العالم المتمدن وقتئذ ، وما تركته من كنوز أدبية وعلمية ولغوية وآثارية ، مما حدا بالعلماء من شرقيين ومستشرقين ان يوجهوا أنظارهم الى هذه الحضارات التى نمت وازدهرت في هذه الربوع من الوطن العربي .

فالقسم الأول منه هو عصارة بحوث قيمة طرقها علماء أكفاء ومستشرفون اختصاصيون اقتبستها من منشورات المصادر العربية والسريانية والاجنبية ، وبوبتها كما يليق ، فجاءت دراسة شاملة عن نشوء اللغة السريانية وتطورها وانتشارها ، ولهجاتها المتعددة ، واشتقاقاتها ، وعلاقتها بأخواتها الساميات وصلتها باللغة العربية .

والقسم الثاني : وهو قسم القواعد والتطبيق ، فعمدت الى وضع مباحثه بصورة موجزة ، واكثرت من التمارين تحقيقاً للغاية المرجوة ، والحقت به جداول لتصريف الافعال الصحيحة والمعتلة على اختلاف انواعها تعميماً للفائدة .

أما القسم الثالث فاخترت نصوصاً من الكتاب المقدس وحكم احيقار ومن أقوال كتبة السريان على مدى الازمان ، مع ترجمتها.

لذا كان لزاماً على من يدرس اللغة السريانية ويدرس آدابها أن يكون ملماً بنشأة اللغات السامية ، وتأثيرها بعضها في بعض ، وأن يكون له النصيب الوافر بقواعد اللغة السريانية وآدابها ، أو إحدى أخواتها الساميات .

وأني أرجو أن أكون بعملي هذا قد قمت ببعض الواجب في سد الفراغ الذي يمني بعرض اللغة السريانية تحقيقاً للغاية .

والله من وراء القصد .

حلب ــ ٢١ تشرين اول ١٩٧٠

الخورفسقفوس

برصوم يوسف ايوب

مقدمة الطبعة الثانية

بعد حمد الله نقول :

في مطلع العام الدراسي ١٩٧٢ - ١٩٧٣ استدعتني جامعة حلب كلية الآداب لالقاء محاضرات في مادة اللغة الشرقية (السريانية) . ولما كان مقرر السنتين الاولى والثانية من هذا الكتاب قد نفد سيما وأن جامعة اللاذقية - كلية الآداب قسم الأدب العربي . قد اعتمدته كمادة للتدريس في العام المنصرم رأيت أن أعيد طباعته نظراً لحاجة الجامعة اليه ، بعد تنقيحه وتصحيحه وتعديله وإدخال بعض الفصول عليه .

كما أضفت ثلاث قصص للنصوص السريانية ليتذوق الطالب حلاوة الآداب السريانية من نثر حكمي وديني ، وشعر ، وقصص .

وعكفت على طباعة النصوص السريانية بالحرف المطبعي بدلاً من الكليشيهات لسهولة القراءة والمطالعة ، والرجوع الى الكلمات الصعبة الواردة في الصفحات الاخيرة من الكتاب .

ونأمل أن يفيد الطالب العربي فائدة كبرى في توطيد العلاقة الوثقى بين اللغتين الشقيقتين السريانية والعربية خدمة لتراثنا وحضارتنا .

حلب - ٢٥ تشرين الثاني ١٩٧٢

المؤلف

اللغة السريانية

توطئة :

اللغة السريانية الآرامية ، هي إحدى اللغات الشرقية القديمة المعروفة بالسامية(١) وقد سماها أئمتنا « اللغة النهرية » بالنسبة الى نهر الدجلة الذي ازدهرت على ضفافه(٢) وسماها المؤرخون الشرقيون تارة آرامية(٣) وطوراً سريانية(٤) بها نزل جانب من الكتاب الالهي كنبؤة دانيال وانجيل متى وهي

---

(١) اللغات الارامية وآدابها ، لشابو ص ٧٠

(٢) الفصاحة ، لانطون التكريتي ، طبعة رحماني ص ١٤

(٣) مختصر الدول ، لابن العبري ، ص ١٨

(٤) طبقات الامم ص ٦ والمسعودي ج ١ ص ٣٧٠ والطبري ج ١ ص ١٤٣

عند قوم أقدم لغات العالم وعند المعتدلين من أقدمها (١) وقد أيد مؤرخو الشرق والعرب على الأخص ان اللغة السريانية هي من أقدم اللغات السامية إن لم تكن أقدمها(٢) .

وقد انتشرت هذه اللغة على ضفاف الدجلة والفرات قبل المسيح بأزمان طويلة ، فكانت لغة التجارة والمعاملات ، والمعاهدات الدولية ، وربما كانت لغة دولية أزماناً طويلة(٣) .

اختلاف العلماء في تحديد موطن الساميين الآراميين :

أثبت العلامة البطريرك مار اغناطيوس يعقوب الثالث في كتابه الموسوم بـ « البراهين الحسية على تقارض السريانية والعربية » ان اللغة السريانية الآرامية تنتسب الى آرام – أي بمد الهمزة والراء على الاطلاق – كما ترد في الكتاب المقدس لا الى ارم كما ارتأى الاب انسطاس ماري الكرملي ، أو الى راما أي العالي بالسريانية كما ذهب بعض ذوي الاجتهاد وآرام هو الابن الخامس لسام بن نوح كما ذكر سفر التكوين (١٠ : ٢٢) من هنا كانت اللغة السريانية الآرامية أكبر سناً من شقيقتها العربية التي تنسب الى اللفظة السريانية ܥܪܒܐ (عربا) أي الصحراء ، لا الى لفظة

---

(١) اللؤلؤ المنثور ، للبطريرك أفرام الأول برصوم، طبعة ثانية ، ص ٢٢

(٢) المسعودي ج ١ ص ٣٨٠ الطبري ج ١ ص ١٤٣
وطبقات الامم ص ٦ ومختصر الدول ص ١٨

(٣) كلدو واثور ج ١ ص ١٦

ܥܪܒ (عرب) أي غرب السريانية أيضاً كما ذهب بعض الباحثين (١).

نستنتج مما ورد في سفر التكوين ان المشرق : أي بلاد العراق اليوم هو الوطن الاول للدوحة السامية ، قال الكتاب : وكانت الارض كلها لغة واحدة وكلاماً واحداً وكان أنهم رحلوا من « المشرق » وجدوا بقعة في شنعار ، فأقاموا هناك . هناك بلبل الله لغتهم حتى لا يفهم بعضهم بعضاً لغة بعض ، وبددهم وشتتهم على كل وجه الارض ... ولذلك سميت بابل (تكوين ١١ : ١ – ٩) من هنا رأى بعض أعلام الفكر وفي طليعتهم المستشرق الايطالي اغناطيوس غويدي ، ان الجزء الاسفل من نهر الفرات هو المهد الاول للساميين ، ومن هنا كذلك قول العلامة ابن العبري في ترجمة ناحور جد ابراهيم ، ان الكلدانيين وعلومهم نقلت في عهده الى مصر (٢).

ولم يستطع المستشرق الفرنسي جان شابو أن يحدد موطن الساميين فيقول : « ولسنا كذلك نعرف بالتأكيد موطن الساميين الاولين ، فبعض العلماء من ذوي الخبرة يزعمون ان منشأهم الاقطار الواقعة في جنوب بحر قزوين وفي جنوبه الغربي ، وانهم رحلوا من هناك الى بابل وانتشروا من ثم شيئاً فشيئاً في كل الاقطار التي نصادفهم فيها فيما بعد من الازمنة ، وهذا رأي فون كريمر (Von kremer) وغودي (Guidi) وتابعهما هومل (Hommel) في بعض هذا الرأي ، ويرى آخرون أن صفات الساميين

---

(١) البراهين الحسية ، ص ٩ و ١٠

(٢) البراهين الحسية ، ص ٩

العنصرية ومنها : الايمان الشديد والتعصب والتصور تنم على اصل صحراوي ، ويزعمون أنهم من بلاد العرب وهـذا رأي سايس (Sayce) وسبرنجر (Sprenger) وشرادر (Schrader) ودي غوجه (De Goeje) ورايت (Wright) ثم ان نولدكه (Noldeke) أدلى متحفظاً باحتمال أن يكون منشأهم في افريقيا[١].

وما زالت آراء العلماء في نشوء الأمم السامية وموطنها الاصلي غير ناضجة حتى وقتنا هذا ، لذلك لا يمكن التعويل على أي رأي منها ، لأن بعضها يعتقد ـ تبعاً للتوراة ـ أنها نشـأت في أرض بابل[٢] وهذا أمر قويت الحجة على صحته الآن بدليل ظهور أقدم حضارة بشرية في هذه البقعة[٣] ويدعي البعض الآخر أنها نزحت من هضاب أرمينيا[٤] حتى عمت الشرق كله[٤] ويقول غيرهم : أنها تدفقت من الجزيرة العربية موجات متعاقبة[٥] ومع هذا لم تتأكد الى اليوم بصورة جازمة ما هي أسباب هجرة هذه الاقوام من موطنها الاصلي ولماذا سميت كل أمة باسم خاص إذ تدفقت جميعها من صعيد واحد ، ولماذا استعملت كل أمة لغة خاصة تختلف عن أخواتها اختلافاً بيناً ، كل هذه المسائل لم يستطع العلماء الاجابة عليها بطريقة علمية ثابتة حتى اليوم،

---

(١) اللغات الآرامية وآدابها لشابو ص ٩ و ١٠

(٢) T. Guidi della sede dei popoli sem

(٣) مجلة سومر ، المجلد ٨ الجزء ١

(٤) Th. Noldeke, sem sprarchen ص ١٢

(٥) تاريخ اللغات السامية ، ولفنسون ، ص ٥

وربما يكشف لنا المستقبل عن اجوبة شافية وحلول كافية لهذه المعضلات(١).

ويرجع أهم ما قيل في هذا الصدد الى ستة آراء :

١ - يقول فون كريمر (Von kremer) وغودي (Cuidi) وهومل (Hommel) ان المهد الاصلي للامم السامية كان جنوب العراق وهذا الرأي يتفق على ما ذكرته التوراة من ان أقدم ناحية عمرها أولاد نوح هي أرض بابل ، ويرون ان الساميين هاجروا قديماً الى شمال بلاد العرب ، ثم استوطنوا تلك البلاد ، ومن تلك الجهة هاجروا الى بابل قبل ان يهاجر الآريون اليها . وأقدم موطن لادب الساميين ، في نظرهم ، هو وادي دجلة والفرات ، ويستدلون على رأيهم هذا بكلمات مشتركة في جميع اللغات السامية تتعلق بالعمران والحيوان والنبات ، ويتخذون من هذا الاشتراك دليلا على رأيهم ، ويقولون ان أول من استعمل هذه الكلمات هي امم تلك المنطقة ثم أخذها عنهم جميع الساميين ، وحجة غودي في ذلك هي ان المعاني الجغرافية والنباتية والحيوانية التي عبر عنها الساميون في لغاتهم منذ شتتوا وتفرقوا ، تطابق تمام المطابقة الخواص الطبيعية لنهر الفرات الاسفل وحده ، بيد أن المستشرق الالماني نولدكه (Noldeke) يعارضه في هذا الرأي معارضة شديدة ويقول : ان من العبث ان نعتمد في اثبات حقيقة كهذه على جملة كلمات ليس ما يثبت لنا ان جميع الساميين اخذوها عن اهل العراق . ثم يذهب نولدكه في تأييد معارضته الى سرد بعض كلمات عن الحيوان والعمران كانت ، ولا شك ، عند جميع الامم السامية

---

(١) تحقيقات لغوية في حقل اللغات السامية للمطران غريغوريوس بولس بهنام مطران بغداد والبصرة للسريان الارثوذكس ص ١٠

من أقدم الازمنة مثل : جبل ، وشيخ ، وصبي ، واسود ، فهذه الكلمات تختلف تسميتها ، وكل لغة سامية تسميها باسم يغاير الاسم الذي تطلقه عليها اللغة الاخرى ، مع انها جديرة بأن يكون لها لفظ واحد مشترك في جميع اللغات السامية . لانها كانت موجودة عند الجميع حين كانوا امة واحدة وحين تفرقوا أمماً شتى(١) .

٢ - ويرى بعض العلماء ان المهد الاصلي للامم السامية كان بلاد كنعان ، ويستدلون من هذا الرأي بأن الاقوام السامية كانت منتشرة في البلاد السورية القديمة منذ أزمنة متوغلة في القدم ، وان مدنيتهم فيها قديمة لا يعرف مبدأ نشأتها ، وان الكنعانيين هم أقدم في الوجود والنشأة من سامي العراق ، وعلى ذلك فالاخيرون قد نزحوا من بلاد كنعان مباشرة الى العراق أو بعد نزوحهم الى بلاد العرب ، وإذن فبلاد كنعان في نظرهم هي المهد الاول للامم السامية ، أما بلاد العراق التي يرى أصحاب المذهب الاول أنها المهد الاول للساميين فقد كان يسكنها من قبلهم الشعب السومري ، وكانت له فيها مدنية زاهرة قبل المدنية السامية وكان نزوح الساميين الى العراق في عصر كانت فيه بلاد كنعان معمورة بأمم سامية متمدنة .

٣ - ويرى بعضهم ان الساميين قد نشأوا في بلاد الحبشة ونزحوا من ثم الى القسم الجنوبي من بلاد العرب ، ومنه انتشروا في مختلف انحاء الجزيرة العربية .

٤ - ويرى آخرون ان الصلة بين اللغات السامية والحامية تدل على ان المهد الاول للساميين يجب أن يكون في شمال أفريقيا ، وان قلة

---

(١) ص ١٤ Naldeke , sem. sprac'hen

الشبه الجسمي في الشعر وفك الاسنان بين الجنسين السامي والحامي انما هي ناجمة عن كثرة اختلاط الساميين والحاميين بالشعوب المختلفة ، وهم يرون ان الامم السامية نزحت من شمال افريقيا الى آسيا عن طريق قناة السويس .

وأصحاب الرأيين الثالث والرابع ليس لهم من دليل سوى الصلات اللغوية بين اللغات السامية والحامية ، والزعم بناء على ذلك بأن الجنسين السامي والحامي كانا في افريقيا منذ أقدم العصور .

٥ – ويرى البعض الآخر ان المهد الاول للساميين هو في جهات معينة من أرمينية استناداً على ما جاء في سفر التكوين من ان الشعوب السامية انحدرت من مدينة (ارفكساد) الى حدود أرمينية وكردستان ، وفريق من هؤلاء يرى ان بلاد أرمينية كانت المهد الاول للشعبين السامي والآري معاً .

٦ – ويرى كثير من كبار المستشرقين من قدامى ومحدثين ان المهد الاول للساميين كان القسم الجنوبي من شبه الجزيرة العربية ، ويؤيد هذا الرأي الاستاذان رينان الفرنسي . وبروكلمان الالماني ، ودي غوجه الهولندي ورايت الانكليزي ، وهذا هو أصح الآراء وأكثرها اتفاقاً مع حقائق التاريخ ، ويعضد سايس (Sayce) في كتابه (الاجرومية الاشورية) (Assyrian grammer) هذه النظرية قائلاً : « ان جميع التقاليد تدل على ان بلاد العرب هي الموطن الاصلي للساميين ، فهي الأرض التي ظلت منذ زمان متوغل في القدم خاصة بهم » [1] :

---

(١) دروس اللغة العبرية ، للاستاذ ربحي كمال ص ١٠ و ١١ و ١٢

ونصراء الرأي الاخير يستدلون على صحة رأيهم بأن الهجرة في هذه البلاد كانت تتجه دائماً من بلاد نجد والحجاز واليمن وما اليها الى سورية والعراق وما اليها ، فمن القسم الجنوبي الغربي من شبه الجزيرة العربية نزح الساميون الى جنوب العراق وغزوا بلاد السومريين وأقاموا فيها مملكة بابل الزاهرة ، ومن هذا القسم نزح الساميون شمالا حيث نشأت من سلالاتهم الشعوب الكنعانية حوالي القرن السادس والعشرين ق.م. ويبدو ان قبائل عاد وثمود لم تنزح مع النازحين ، وتركت هذه البقعة آثاراً ونقوشاً قيمة ساهمت الى حد كبير في إماطة اللثام عن تاريخ اللغات السامية عامة واللغة العربية خاصة ، ومن هذا القسم نزح في مستهل التاريخ الميلادي بعض القبائل المعدية من الحجاز الى الشام ، وبعض القبائل القحطانية من اليمن الى الحجاز والشام والعراق .

ومما يزيد هذا الرأي تأييداً ما نلحظه من الظواهر اللغوية ، ووحدة الفكر ، وميزة العقلية السامية القديمة التي تعتمد على المحس المشاهد لا على المعنوي الدخيل ، واصطباغ ذلك كله بصبغة مشتركة أصلها وحي الصحراء وقوامها حياة البداوة ، مما يدل على ان الجماعة السامية الاولى التي توارثت الامم السامية عقليتها ولغتها وخيالها قد نشأت بادىء ذي بدء في بيئة صحراوية فقيرة في المظاهر الطبيعية كالحجاز ونجد . وعليه ، جاز لنا أن نقول بأن أصل جميع الشعوب السامية هو القسم الجنوبي الغربي من شبه الجزيرة العربية ، أو الشمال الشرقي من الجزيرة العربية أي المنطقة الواقعة في أسفل نهر الفرات .

اللغة السامية الاولى :

ليست من السهل أن نعرف اللغة السامية الاولى معرفة حقيقيه ،

لأن ذلك من الأمور الغامضة ، حيث نشأت ونمت في عصور قديمة جداً، وكما اختلف المستشرقون والباحثون في تحديد موطن الساميين ، اختلفوا كذلك في تعيين اللغة التي كان يتكلم بها أبنا سام في موطنهم الأول .

إن جميع اللغات السامية ذات صلات قوية بعضها ببعض حيث ان المستشرقين أجمعوا انها كلها مشتقة من أصل واحد ، واستنتجوا ان اللغة الأصلية كانت منتشرة في منطقة واسعة ، ونشأت وتفرعت عنها لهجات مختلفة . وعندما انتشرت القبائل السامية في بقاع شتى ، ابتعدت كل لهجة عن الأصل رويداً رويداً حتى غدت لغة مستقلة ، وما من شك ان جميع اللغات السامية هي لهجات نشأت من لغة واحدة أم هذه اللهجات .

وكان أحبار اليهود في العصور القديمة يعتقدون ان اللغة العبرية هي أقدم لغة في العالم ، وذهب غيرهم من الباحثين الى ان الاشورية البابلية هي اللغة السامية الاولى ويظهر بطلان هذا الرأي حيث لم يصلنا من الاشورية سوى قلة قليلة من الالفاظ يعسر على ضوئها الحكم على مدى أقدمية هذه اللغة (١).

وقد أجمع العلماء الباحثون على أن أقدم اللغات الساميةهي العربية القديمة والبابلية والكنعانية ، وان الالفاظ المشتركة الكثيرة في جميع اللغات السامية ترجح أنها كانت مادة من اللغة السامية الاصلية كالضمائر ، واسماء الاشارة ، وألفاظ العدد ، واعضاء الجسم وغيرها من الالفاظ مثل : سماء ، شمس ، أخ ، اسم ، بيت ، جميل ، ليل ، ولد ، وعدد لا يستهان به من حروف الجر .

---

(١) دروس اللغة العبرية ص ١٣

ولننعم النظر في الجدولين الآتيين في ضمائر الرفع المنفصلة وفي أسماء الاشارة في جميع اللغات السامية التي وصلت الينا لنستدل بها على ذلك .

هذا وقد رأى بعض المستشرقين أن أكثر اللغات شبهاً باللغة السامية الاولى هي العربية ، وقال غيرهم هي العبرية ، وقال آخرون هي الآرامية ، غير أن ألفاظ وتراكيب وخواص اللغة السامية الام حفظ في هذه الفروع ، وتطور مع تطور اللغة في المنطقة الواحدة التي عاشتها .

يقول الاستاذ طه باقر « لا يخفى ان اللغة العربية واللغة الاكدية (وهي اللغة السامية الشرقية التي انتشرت في العراق بالدرجة الاولى وتفرعت عنها لهجات وفروع أهمها البابلية والاشورية بأدوارها المختلفة) نقول ان هاتين اللغتين تنتميان الى عائلة لغوية واحدة هي عائلة اللغات السامية ، ولذلك فهما متشابهتان في مفرداتها الاساسية وفي نحوهما (١) .

الاداب السامية ومكانتها في الآداب العالمية :

اهتم العلماء الباحثون والآثاريون بالاداب السامية منذ نشأت العناصر الاساسية المميزة للحضارة ، كالمدن وأنظمة الحكم والكتابة والتدوين والشرائع المدونة ، والفنون والاداب والانظمة الدينية ، وأسس العلوم والمعارف الى غير ذلك من مقومات العمران والمدنية ، حيث شرع الانسان

(١) ملحمة كلكامش حاشية صفحة ٤٣

جدول ضمائر الرفع المنفصلة في اللغات السامية(١)

بابلي آشوري	عبري	سبئي - معيني	آرامي		عربي	حبشي
anâku	anohi, ani	ana	ܐܢܐ	eno	أنا	ana
aṭa	aṭta	anta	ܐܢܬ	att	أنتَ ، أنتما	anta
atti	att (atti)	a[illegible]ti	ܐܢܬܝ	att	أنتِ ، أنتما	anti
Su	hu	hua	ܗܘ	hu	هو ، هما	We étu
Si	hi	hia	ܗܝ	hi	هي ، هما	ye étu
anini	anahnu	nahnu	ܚܢܢ	hnan	نحن	nehna
anina, nini	nahnu	»	»	»	»	»
attunu	atten, attena	؟	ܐܢܬܘܢ	attun	أنتم ، أنتما	antemmu
attina	atten, attena	؟	ܐܢܬܝܢ	atten	أنتن ، أنتما	anten
Sunu	hena, hem	humû	ܗܢܘܢ	henoun	هم ، هما	ennuntu We étomu
Sina	hena, hen	hunà	ܗܢܝܢ	henen	هن ، هما	emantu We êton

(١) « تاريخ اللغات السامية » للدكتور اسرائيل ولفنسون .

جدول أسماء الإشارة في اللغات السامية (١)

حبشي	عربي	آرامي		سبئي معيني	عبري	بابلي آشوري
Ze	ذا ، هذا	Hono	ܗܢܐ	Zan. S	Zë	Suatu
Za	ذه ، هذه ، ذات	Hode	ܗܕܐ	Zal	Hallazé	Satu
					Zoi	Siati
Zektu, Zekuetu	ذلك	Hau	ܗܘ	Hua		
					Hahou	utù
Entakti, enteku	تلك	Hoi	ܗܝ	Hia	Hahi	ullitu
Éllektu,ellekuetu	أولاء ، هؤلاء	Holen	ܗܠܝܢ		Hahem	ulluti
Ellu	» »	Holen	»		Hahen	Allati
(Elu)						
						Suatunu (m.)
					Eillou	Sutunu (m.)
(Ella)	» »	Honoun	ܗܢܘܢ	Elun	Eilleh	Suatino (f.)
Ella	» »	Honen	ܗܢܝܢ	Ulay	»	Satina (f.)

(١) عن « تاريخ اللغات السامية » للدكتور اسرائيل ولفنسون .

يفكر في الحياة الاجتماعية ومعانيها وقيمها ، وأخذ يعبر عن تصوراتـــه وأفكاره وانطباعاته وذلك على ضفاف الرافدين ، ويتسم هذا الأدب بالصفات الاساسية التي تميز بها الآداب العالمية الناضجة ، سواء أكان ذلك من ناحية الاساليب وطرق التعبير أم من ناحية الموضوع والمحتوى ، أم من ناحيــة الأخيلة والصور الفنية .

وقد اكتشف المنقبون الآثاريون في « اوغاريت[1] » المدينة الكنعانية القديمة ، أدباً كنعانياً ، يرقى تاريخه الى حدود منتصف الالف الثاني ق.م أي الى ما بعد العهد الذي دون فيه أدب وادي الرافدين بأكثر من خمسمائة سنة .

ومثل هذا يقال في الادب العبراني الذي تضمنته التوراة فهو متأخر كثيراً بالنسبة لأدب وادي الرافدين ، إذ لا يتعدى زمن تدوين التــوراة القرنين السادس والخامس ق.م ونذكر على سبيل المقـارنة أيضاً الاليـاذة والأوديسة المنسوبتين الى هوميروس ، والتين تمثلان أقــدم نماذج للأدب اليوناني ، ونذكر ايضاً الـ « رج ـ فيدا » Rig - Vida الممثلة لادب الهند القديم ، والـ « أفستا » (الابستاق) المتضمنة أقدم آداب ايران ، فمن هذه الآداب القديمة ما دون قبل النصف الاول من الالف الاول ق.م ،

---

(١) تقع على الساحل السوري شمال اللاذقية وتسمى أيضاً « رأس شمرا » وقــد نشرنا بحثاً ضافياً عن « الحضارة الاوغاريتية » في المجلة البطريركية بدمشق ـ السنة السادسة ، العدد السابع والخمسون ، نيسان ١٩٦٨ ص ٣٦٨ - ٣٧٤ .

أي أن زمن تدون آداب السومريين والبابليين قد جاء الينا على هيئته الاصلية دون تحوير ولا تبديل ولا إضافة ، أي كما كتب ودون بأقلام الكتبة على ألواح الطين قبل ٤٠٠٠ عام(١) وأشهر النصوص الادبية السومرية والبابلية تدور حول أصل الوجود والخليقة واصل الكون والآلهة والحضارة (Cosmogony and Cosmology) وعلى رأسها قصة الخليقة البابلية ومجموعات أخرى تدور حول أعمال الابطال وأشباه الآلهة قبل ملحمة جلجامش وقصة « إيتانا » الراعي وقصة « آدابا » وغيرها من مجاميع تتناول العالم الثاني كأسطورة نزول الآلهة عشتار (انانا السومرية) الى ذلك العالم ، ثم القطع النثرية الادبية التي تضمنت الرسائل واعمال الملوك والاخبار والتراتيل والاغاني الدينية والصلوات والادعية وغيرها ، ولهذه الآداب قيمة عالية كبرى لانها تعد أولى الآداب العالمية الناضجة .

السريانية والآرامية اسم لمسمى واحد :

ان جعل اللغة السريانية « احدى اللهجات الآرامية » تبعاً للمستشرقين ولا سيما دائرة المعارف البريطانية (٢) ليس صحيحاً ، لان السريانية هي عين اللغة الآرامية المعروفة في التاريخ ، والتي اشتهرت قبل الميلاد بمئات من السنين ، والآثار الادبية التي ظهرت أخيراً تؤيد هذا القول ولا سيما كتاب احيقار ، وزير سنحاريب ملك آشور (٣) .

---

(١) انظر S. N. Kramer, Sumerian Mytholage (1961) .

(٢) دائرة المعارف البريطانية تحت كلمة « الآداب السريانية » .

(٣) طبعة نو في باريس سنة ١٩٠٩ ومجلة الشرق المسيحي ١٩٠٨ عدد ٤ ص ٣٦٧ وعدد ١ ص ١٠٦ - ١٠٨ .

والكتاب المقدس يعرف اللغة السريانية « الآرامية »(١) دائماً ، وقد انكر العلماء الشرقيون جعل اللغة السريانية فرعاً للآرامية انكاراً(٢) وأيدوا كونها لغة واحدة ، وكثيراً ما يوردون الكلمتين علماً للغة واحدة فيقولون « اللغة السريانية الآرامية » أو بالعكس(٣).

ان هذه اللغة عرفت عند أهلها منذ القديم بـ « الآرامية » ثم أردفت بكلمة « السريانية » تبعاً لموطنها ، قال المعلم سميث الانكليزي مؤلف القاموس السرياني اللاتيني في شرح لفظة الارامي « ان كلاً من لفظتي » أرمويو ܐܪܡܝܐ » و « اورومويو ܐܘܪܡܝܐ » كانت تدل سابقاً على السرياني وأصل اللفظتين واحد لأن الشرقيين كانوا يلفظون « ارمويو » « باسكان الراء » والغربيين كانوا يلفظون « اورومويو » « بضم الراء » غير أنهم لما تنصروا أهملوا الاسم القديم « أرمويو » واتخذوا اسماً جديداً هو « سوريويو ܣܘܪܝܝܐ » فراح هذا اللفظ الاخير علماً للدين لا للغة(٤) ولكننا لا نرى أيضاً صحيحاً كل الصحة لان لفظة « سوريويو » السرياني كانت موجودة قبل المسيحية بقرنين على أقل تقدير ، ويؤيد ذلك رينان الفرنسي بقوله : « ان اسم آرام يدل في زمان الملوك السلوقيين في الشرق باسم « سوريا » وهي اختصار « أسوريا » أي « أشور أو أشوريا » بحسب اللفظ اليوناني ، وهو اسم عام كان يطلق عند اليونان على اسيا الداخلية كلها(٥).

---

(١) ٢ ملوك ١٨ : ٢٦ واشعيا ٣٦ : ١١ ودانيال ٢ : ٤ وعزرا ٤ : ٧ .

(٢) اللمعة الشهية ، ليوسف داود ، ج ١ ص ٨ الحاشية .

(٣) اللؤلؤ المنثور ، ص ١٥ .

(٤) اللمعة الشهية ، في حاشية ص ١١ جزء ١ .

(٥) اللمعة الشهية ، ج ١ ص ١٢ الحاشية .

وهكذا أصبح الاسم السرياني اسماً جنسياً أو وطنياً لكل من يقطن هذه البلاد ، فلما جاءت المسيحية ، وكان دعاتها الاولون من « سوريا الجنوبية » كانوا « سرياناً » حسبما دعاهم المؤلفون في القرون الاولى للمسيحية ، ولا سيما اوسابيوس المؤرخ الكنسي الشهير ، ومثله بعض علماء الكنيسة وملافنتها قال نرساي « تكلم السريان » (الرسل) مع اليونان بلغتهم [١] وقال : عن لوقا البشير في مصر « تكلم السرياني مع المصريين وهم غرباء عنه [٢] » ولما عرفت العصور الاولى الرسل « سرياناً » كان كل من يقبل تعاليمهم ويؤمن بالمسيح يفاخر بكونه « سريانياً » لذلك أصبح الاسم (السرياني) علماً للدين بالاضافة الى الجنس أو اللغة ، بينما أمسى الاسم (الارامي) مرادفاً للوثني ، حتى تسربت هذه التسمية الى الترجمة السريانية للعهد الجديد ، فان المترجم حيثما وجد لفظة (اليوناني) وهو غير اليهودي أو الوثني على الاطلاق ، عبر عنها بالسريانية بلفظة (ارمويو) الارامي [٣] .

وهكذا نبذ السريان اسمهم القديم (ارموني ܐܪܡܝܐ) وأصبحوا يسمون أنفسهم (سوريوي ܣܘܪܝܐ) علماً للدين ، والمتكلمون السريانية العامية الى اليوم لا يتخذون اسم السرياني (سوريويو ܣܘܪܝܐ) علماً للجنس أو اللغة بل للدين فيقولون (سوريويو) المرادفة عندهم لكلمة (مشيحويو ܡܫܝܚܝܐ) أي مسيحي أو نصراني [٤] .

---

(١) ميامر نرساي – طبعة مينكانا – الموصل ج ١ ص ٧٨ .

(٢) ميامر نرساي – طبعة مينكانا – الموصل ج ١ ص ٨٢ .

(٣) رومية ١ : ١٦ و ١٠ : ١٢ و١ كورنثوس ١ : ٢٢ و ١٤ وغلاطية ٣ : ٢٨ لوقا ٤ : ٢٧ فان الاصل اليوناني يسمي نعمان سريانياً فيسميه المترجم آرامياً .

(٤) قاموس منا السرياني العربي تحت لفظة (سوريويو) .

يتتج من هذا أن لا فرق بين (السريانية والآرامية) فهما لغة واحدة ولا يسوغ أن تسمى (السريانية) إحدى اللغات الآرامية .

يقول ابن العبري في تفسير سفر دانيال (وتكلم الكلدانيون أمام الملك بالآرامية ـ النص ـ)[1] « تكلم الكلدانيون بالآرامية أي بالسريانية ـ التفسير) ثم يردف على الآرامي بضم الالف والراء من يقرأها بسكون الراء ليس صحيحاً لان (ارمويو) الآرامي بسكون الراء هو (الوثني) لا غير[2] .

فالسريانية إذن هي الآرامية ، أدى بها تقادم العهد الى ارتداء حلة جديدة[3] .

انتشار اللغة السريانية :

مما لا شك فيه أن أمر انتشار اللغة ارامية يعود الى نشـــاط الآراميين أرباب التجارة من مصر على شاطىء المتوسط حتى بلاد الرافدين ، حتى ان الجزيرة العربية تأثرت بهم ، وقد وجدت آثار آرامية في تيماء ، والعرب الانباط تبنوها ، وقد أخذ عرب الشمال أبجديتهم التي كتب بها القرآن الكريم من الآرامية التي تبناها الانباط[4] .

---

(١) سفر دانيال ، الاصحاح الثاني ، العدد ٢ ـ ٤ .

(٢) كنز الاسرار ، لابن العبري ، الفصل الاول ، في تفسير سفر دانيال .

(٣) مجلة لسان المشرق الموصلية ـ السنة الثالثة ، العدد السابع ـ ص ٢٥٣ .

(٤) تاريخ سوريا ولبنان وفلسطين ، للدكتور فيليب حتي ج ١ ص ١٧٣ .

وقد حملت القوافل الآرامية التجارية ، قوائم حسابات التجارة وسنداتها مكتوبة بالحروف الارامية ، واللغة الآرامية ، الامر الذي ساعد هذه اللغة على الانتشار في جميع أقطار آسيا الغربية ، حتى جاوزت الفرات الى بلاد فارس ,وأواسط آسيا وبلغت أخيراً الهند ، وصارت حروفها بعد زمان حروف هجاء لكل الامم الشرقية (١) .

ومع ان الآراميين وهم عرق سامي ، كانوا الاكثرية التي امتلأت بهم سوريا فان غيرهم من الاقوام امتزج بهم في عهود الادوار اليونانية . والرومانية ، والفارسية ، ولكن اللسان الآرامي الذي كان يعرفه (المسيح) ويعرفه الشعب في حينه ، بقي اللسان السائد الذي يتكلم به السكان فيما بينهم (٢) .

ومما يدل على تأثر السوريين قيام الدولة النبطية التي استنبطت الكتابة الكتابة النبطية من السريانية ، ومن النبطية استخرجت الكتابة الكوفية (٣) ويجمل القول ان الاثار الكتابية للغة الآرامية هي منتشرة من اقاصي الصين شرقاً الى ضفاف الدردنيل غرباً ، ومن شواطىء البحر الاسود شمالاً الى أطراف الهند وجنادل النيل جنوباً ، وهو شأو لم تبلغه لغة اخرى من اللغات القديمة .. وربما لم يكن بين اللغات الحديثة ما يضاهيها به سوى اللغة الانكليزية ... ولا نبالغ اذا قلنا ان الآرامية تسلطت على الفكر السامي مدة تزيد على الألف سنة ، ابتدأوها من قبل المسيح بخمسة

---

(١) العصور القديمة ـ براستد ـ ف ٢١١ ص ١٠٩ .
(٢) شريعة حمورابي ـ للدكتور عبد الرحمن الكيالي ـ ص ٣٠ .
(٣) شريعة حمورابي ـ ص ٣١ .

قرون .. وأن العقل السامي وجد في الآرامية أثناء تلك المدة أفضل واسطة لتعبير عن شواعره وفواعله [١] .

نستنتج مما مضى أن اللغة السريانية ، غزت بلاد آشور في عصرها الذهبي ، وكتبت فيها جميع المعاملات التجارية ، وقد وجد في أطلال نينوى كثير من قطع الآجر التي علق عليها الحواشي بالآرامية ، أما في الشؤون الحكومية ، فغالباً كان الكاتب آرامياً ، وكان يدون المحاضر بقلم الحبر على ملف البردي باللغة الآرامية [٢] والجدير بالذكر ان الاشوريين وضعوا كتاباً حوالي ١٤٠ ق.م ، وربما نقل بعض أحكامه عن شريعة حمورابي ، على الرغم من وجود الفارق ، هكذا وحوالي ٧٠٠ ق.م غدت الكتابة الاشورية بالآرامية واستخدمت في أبجديتها [٣] .

كما انتشرت في البلاد الفارسية ، وأصبحت لغة العلم والتجارة في الدولة الفارسية ، مما اضطر الموظفون الى استعمال الآرامية في جميع أعمالهم ، فكانوا يرسلون بها أوامر الحكومة حتى مصر وآسيا الغربية [٤] ومع حرص الدولة الفارسية على لغتها القومية ، استعملت اللغة الآرامية لشيوعها وعظم أهميتها ، لذلك استعملت في كتابات لغتها الفارسية الحروف ارامية [٥] ويوضح السيد ايشو جوارو صاحب كتاب « الاشوريون في التاريخ » أن

---

(١) المجلة البطريركية بدمشق ـ السنة الثانية ـ العدد ١٣ ـ ص ١٥٢ .
(٢) العصور القديمة ، ص ١٠٩ ف ٢١٢ .
(٣) الاشوريون في التاريخ ـ ص ٢٥
(٤) العصور القديمة ، ص ١٤٠
(٥) العصور القديمة ، ص ١٤٠ ف ٢٧٣

اللغة الآرامية غدت في العصر الفارسي اللغة الرسمية للاقليم الشرقي للفرات، ولا تزال البهلوية تحتفظ ببعض تعابيرها (١) .

وعلى ضفاف النيل وبجانب الاهرام تترك اللغة السريانية آثاراً مهمة منها اكتشاف رقيم نفيس باللغة الآرامية من القرن الخامس قبل الميلاد مع أوراق أخرى باللغة الآرامية ايضاً ، وجدت مطروحة بين انقاض مدينة (الايلفانتين) في مصر العليا (٢) كما نرى آثاراً أدبية من اللغة الآرامية في ربوع النيل ، وهي الصفائح المكتشفة في تل العمارنة المتضمنة مراسلات طويلة تبادلها أمراء فلسطين وملك مصر امنيوفيس الرابع في القرن الخامس عشر قبل التاريخ المسيحي (٣) الأمر الدال على عظم انتشار اللغة الآرامية حتى في مصر .

فانتشار اللغة لآرامية قديم العهد جداً يرتقي الى حوالي القرن الثامن عشر قبل الميلاد ، فان قوم ابراهيم الخليل لم يكونوا إلا آراميين ساكنين مدينة اور ، ولغتهم هم وجميع تلك الاقوام الضاربة في جميع بقاع هذا الشرق الواسع (٤).

ويؤكد الدكتور علي عبدالواحد وافي سعة انتشار اللغة السريانية في جميع هذه المناطق قائلاً : « منذ أواخر العصر السادس حتى أوائل الرابع ق.م أو أواخره أخذت الآرامية تقتحم على الاكدية معاقلها وتنتزعها ، فلم ينتصف القرن الرابع حتى كانت الآرامية قد طغت على جميع الألسنة في

---

(١) الاشوريون في التاريخ ص ٤٨

(٢) العصور القديمة . صورة الرقيم الآرامي ص ١٦٣ شكل ٩٥

(٣) اللغات الآرامية وآدابها - شابو - ص ٨

(٤) طبقات الامم ص ٦

هذه المناطق. . . وتدلنا بعض الآثار على أنها ظلت لغة كتابة وأدب ودين حتى قبل الميلاد المسيحي (١)، ثم يضيف قائلاً : « وقضت الآراميــــة على العبرية في أواخر القرن الرابع ق.م. وعلى الفينيقية في القرن الاول ق.م، وبلغت عـنفوان مجـدها في المرحـلة المحصـورة بين ســــنتي ٢٥٠ ق.م و ٦٥٠ بـدم » (٢).

أما الاستاذ محمد عطية الابراشي فيقول : « في الوقت الذي كان للغة الآرامية الغلبة والانتشار ، أثرت تلك اللغة الآرامية في اللغة العربية تأثيراً عظيماً ، وكلما أمعنا في الفحص والاستقصاء ، اتضح لنا أن كثيراً من الكلمات العربية التي كانت تستعمل للتعبير عن الافكار والمواد التي تدل على درجة معينة من المدنية استعيرت من اللغة الارامية ، ومن هـذا نستنبط ان العرب شعروا بالمدنية التي كانت لدى جيرانهم الآراميين في الشمال ،وانهم قد تأثروا بها » (٣).

وقال أيضاً : « واللغة العربية الفصحى التي نحن بصدد الكلام فيها، نشأت من الآرامية في الشمال ، والسبئية في الجنوب ، إلا ان آرامية الشمال غلبت على السبئية في القرون القريبة من الاسلام » (٤).

هـكذا زاحمت اللغة السريانية جميع اللغات إبان انتشارها الهائل .

---

(١) فقه اللغة ـ للدكتور علي وافي ـ طبعة ثانية سنة ١٩٤٤ ص ١٢٠

(٢) فقه اللغة ص ٤٤

(٣) لغة العرب وكيف ننهض بها ، للابراشي ، طبع مصر ١٩٤٧ ص ١١٤ و ١١٥ والآداب السامية له طبع ١٩٤٦ ص ١٠٨ .

(٤) لغة العرب ، ص ١٢٢ .

كما اقتحمت اللغة الكنعانية في سوريا ، ودليلنا على ذلك ، أسماء المدن والقرى والانهار والينابيع في سورية ولبنان ، وكلها آرامية سريانية ، إلا ما ندر ، ولا حاجة لايرادها لانها معروفة (١) ولم تخب شمس الآرامية حتى بعد استيلاء خلفاء الاسكندر على سورية ، ومع ان اليونانية أصبحت لغة الدولة في هذه الحقبة ، إلا ان الآرامية احتفظت بمكانتها كلغة وطنيـة في مدن سورية قاطبة بل زادت ازدهاراً وانتشاراً ، لأن السوريين الآراميين لم يألوا جهداً في تعزيزها وانمائها (٢) وظلت محكية في سورية أزماناً مديدة جداً حتى القرن الثالث عشر الميلادي (٣) حيث هزتهـا اللغـة العربيـة ، فاعتصمت اللغة السريانية في الجبال والارياف والاديار والكنائس ، وأمست لغة الكنيسة السريانية الطقسية في جميع فروعها الارثوذكسية والكاثوليكية والمارونية والكلدانية والنسطورية حتى يومنا هذا ، مع احتفاظهـا ببعض لهجاتها المحكية في قرى معلولا وجبعدين وبخعة في سورية ، ومنطقة مديات وقراها بطور عبدين في تركيا وقرى محافظة نينوى في العراق وسكان أورمية في ايران .

الابجدية السريانية وتأثيرها في اللغات :

في السريانية اثنان وعشرون حرفاً ، ستة حروف منهـا كما في العبرية وهي (ܒ . ܓ . ܕ . ܟ . ܦ . ܬ) له لفظان أحدهما يقـال له

---

(١) مجلة المشرق ، الموصل ، السنة الاولى ص ٥١٤ . وتحقيقات لغوية ص ١٩ .

(٢) التاريخ العام ص ٣٠٦ واللمعة الشهية ج ١ ص ١٧ .

(٣) المدخل ، لابن العبري ، الحركات السريانية وتحقيقات لغوية في حقل اللغات السامية ص ١٩ .

المقشى (ܩܫܝܐ) أي القاسي والجاف وهو اللفظ الاصلي وبه تلفظ أسماء هذه الأحرف الستة ، واللفظ الثاني لهذه الاحرف هـــو المركخ (ܪܟܝܟܐ) أي الرقيق واللـــين ، وتجمع في لفظـــتي بجد ، كفت (ܒܓܕ ܟܦܬ) في التركيخ يلفظ حرف الباء (V) الاجنبية والجيم (المصرية) غيناً ، والدال ذالاً ، والفاء مقشاها (P) الاجنبية ومركخها الفآء العربية ، والتاء ثاء[1] وذلك عندما يسبق هذه الحـــروف حرفاً من الحروف البذولية وهو (ܒ، ܘ، ܗ، ܠ) فتقرأ الحروف الستة مركخة أي باللفظ الفرعي[2] .

والسريانية لغة طلية ، سلسة ، غنية بثروتها الادبية كافية للتعبير عن جميع الاغراض والمقاصد وتصوير كل ما يعن للنفس من خوالج وخواطر كما أنها تفي بجميع الاغراض الادبية والعلمية ، وتحيط بصنوف العـــلوم والمعارف القديمة الفلسفية منها والطبية والفلكية والرياضية وما اليها ، فهي إذن لغة كاملة وغير قاصرة[3].

فالابجدية الآرامية السريانية هي الابجدية السامية تلك التي اقتبسها اليونان ونشأت منها أنواع الخطوط الادبية ، ولا يزال منشؤها من الغوامض[4].

ومن البديهي أن يولد احتكاك أهل اللغة الآرامية بشعوب مجاورة

---

(١) اللمعة الشهية ص ٢١ .

(٢) المصدر نفسه ص ٥٣٠ .

(٣) المجلة البطريركية بدمشق ، السنة السابعة ، العدد ٦٨ ص ٤١٢ .

(٤) اللغات الآرامية وآدابها ، لشابو ، ص ٥١ .

أو بعيدة تأثيرات قوية مباشرة أو غير مباشرة ، استطاعت بواسطتها ، الكتابة الآرامية أن تتخطى حدودها الطبيعية الى أبعد الأماكن في العالم المتحضر عصرئذ ، وقد حصل العبرانيون على أبجديتهم من الآراميين بين القرنين السادس والرابع ق.م ، أما الحروف المربعة التي تطبع بها اليوم كتب التوراة العبرانية فقد نشأت من الكتابة الآرامية .

وأخذ عرب الشمال أبجديتهم من الآرامية التي استعملها الانباط ، وكذلك حصل الارمن والفرس والهنود على أبجديتهم من مصادر آرامية ، أما الحروف البهلوية والسنسكريتية فهي أيضاً من أصل آرامي . وقد حمل الكهنة البوذيون هذه الابجدية السنسكريتية الى قلب الصين وكوريا كما أكد العالم دافيد ديرنجر (David Deringer) في كتابه (الابجدية The Alphabet) حيث أثبتها السيد ابروهوم نورو في كتابه (جولتي My Tour [1].

ويقول بعض العلماء بأن الآراميين (الفينيقيين ، سكان الساحل) الذين اشتهروا بتجارتهم وأساطيلهم ، قد نقلوا الكتابة الآرامية الى اليونان الذين اتخذوا فيما بعد ، أحرف الابجدية الآرامية ، أساساً لحروفهم ، إذ أدخلوا عليها بعض التعديلات البسيطة ، وقلبوا الكتابة من اليسار الى اليمين ، بخلاف السريانية التي هي من اليمين الى اليسار ، واذا تصفحنا الاحرف اليونانية بدقة ، وقارناها بالحروف الآرامية ، تأكدنا من الشبه الكبير في تصوير الكتابة بين الابجدية الآرامية والابجدية اليونانية ، كما أن ألفاظ الحروف اليونانية ، ألفا ، بيتا ، كاما ، دالتا ، الخ . . . Alpha - Betta - Gamma - Delta ليست بعيدة عن الحروف الآرامية،

---

(١) جولتي - ابروهوم نورو - ص ١٠٠ و ١٠٤ و ١٠٨ و ١١٠ و ١١٤ و ١١٥ و ١١٨ و ١٢٣ .

الف ، بيت ، كومل ، دولد الخ . ومن المعروف أيضاً ان الابجدية اليونانية قد أصبحت ، فيما بعد ، مصدراً للكتابة اللاتينية التي هي أساس حروف اللغات الاوروبية (١).

زد على ذلك أن اليونانيين لما تعلموا من السريانية الكتابة ، تعلموا منهم أيضاً أن يجعلوا الحروف الهجائية علامة للاعداد ، واقتدوا ذلك بالسريانيين إذ جعلوا الالف للواحد والبيث للاثنين والكومل للثلاثة وهلم جراً الى الطيث للتسعة، ثم اليوذ للعشرة وهلم جراً على نسق السريانيين (٢).

وتجمع الابجدية السريانية على النحو التالي (ابجد ، هوز ، حطي، كلمن ، سعفص ، قرشت) إذ يهون على من يلفظ الحروف كلها سرداً واحداً بعد واحد بالمرور من مخرج الى مخرج من دون إعياء أحد المخارج، ومن دون توقف في اللفظ بالسهولة التي بها يلفظ الانسان الكلمات المفهومة التي تتخطى على مخارج النطق الواحد بعد الآخر .

وقد وضع العلامة ابن العبري الألف التي هي من الحلق ثم البيث التي هي من الشفتين ، ثم الكومل التي هي من سقف الحلق ، ثم الدولد التي هي من الاسنان وهلم جراً (٣).

ولا يزال هذا التأثير ظاهراً في حروف اللغة العربية التي تجمع على نفس الطريقة والترتيب السريانيين ، حيث تجمع الحروف العربية على النحو التالي : (ابجد ، هوز ، حطي ، كلمن ، سعفص ، قرشت ، ثخذ ، ضظغ) بزيادة اللفظتين الاخيرتين على الابجدية السريانية .

---

(١) جولتي ص ١٠٠
(٢) اللمعة الشهية ص ١١٥
(٣) اللمعة الشهية ص ١٢٥ و ١٢٦

كان للسريان الآراميين في أول أمرهم لغة مهذبة تزدان بأدب من نثر ونظم ، يحق للكنيسة السريانية الآرامية ان تفخر بميزتها التي جعلتها أن تتبوأ مكانة عالية في تاريخ الحضارة العالمية ، ولما كان العلم حياة الأمم ، فللكنيسة السريانية الآرامية فضل على الآداب والحضارات ، لنشر العلم وتأسيس المدارس والمعاهد الكبرى والمكتبات والأديرة ، وكفاها فخراً تفوق الآراميين القدماء واستنباطهم صناعة الكتابة وتلقينهم اياها لسائر الشعوب .

ومهما دققنا في التواريخ ، وطالعنا من أخبار الامم والشعوب ، فلا نجد عصراً كعصر اشتهر فيه السريان باستنباطاتهم وتصانيفهم وآثارهم ونقولهم الطبية والفلسفية والتاريخية ، فقد أنجبت الكنيسة عدداً كبيراً من نوابغ الاعلام وتسنموا عرش العلم والادب ، وبرزوا في كل علم وفن ، فكان منهم الفلاسفة والاطباء واللاهوتيون وفحول الشعراء ، والمؤرخون والحكماء والبلغاء ، والكتبة المجودون والفنانون البارعون الذين ذاع صيتهم في الآفاق وطبقت شهرتهم الخافقين ، فكانوا نجوماً ساطعة في سماء المعرفة ، رفعوا للدين والعلم مناراً عالياً .

ويعتبر الادب السرياني المعروف عندنا أدباً مسيحي النشأة ، كنسي المصدر ، لان ما وصل الينا منه هو نتاج عقول علماء وأدباء مسيحيين اكليريكيين (١).

والفضل في انتشار الآداب السريانية يعود الى انتشار هذه اللغة التي ليست من أقدم لغات العالم فحسب بل أقربها الى الينبوع الحقيقي الذي تدفقت منه الحياة العقلية للامم الشرقية . فلذلك لم يكتف أهلها بنشر هذه العلوم والآداب التي هي ثمار العقول الكبيرة والأدمغة المتوقدة في أقطارهم

(١) اللؤلؤ المنثور - طبعة ثانية - ص ٢٥

بل أدخلوها كافة الاقطار التي وطئتها أقدامهم ، أي في حدود بلاد الارمن والروم شمالا وتخوم بلاد العرب جنوباً وأقصى بلاد مصر والصعيد غرباً ، وفي البلاد التركمانية والتترية بين سنة ٦٣٦ - ٧٨١ كما يشهد التاريخ . واذا اعتبرت ثقافة اليونان حكمية وثقافة العرب بيانية فان ثقافة السريان دينية ، لذا فخواص الادب السرياني هي كتابية وطقسية وجدلية ولاهوتية وتاريخية ونقلية (١) ويمكننا تقسيم هذا الادب الى قسمين :

أولاً - الادب السرياني الآرامي في العصر الوثني :

عني أصحاب هذه اللغة العريقة قبل المسيح بأجيال سحيقة بمختلف العلوم ووضعوا أسسها ، فهم الذين رصدوا الافلاك ، وقسموا السنة الى الاشهر والايام والساعات واخترعوا أصول الطب والحساب والهندسة ، وابتكروا حروف الهجاء وعلموها بقية الامم كما مر معنا .

وما وصل الينا من تراثهم لدليل كافٍ على وفرة علومهم ، وغزارة معارفهم ، ورفعة أدبهم ، وكل ما استطعنا ان نستفيده من ذلك هو ما استقيناه من آثارهم المنقوشة على الحجارة والقرميد في خرائب المدن القديمة المندثرة ، ونصب آلهتهم التي لا يزال قسم منها في خرائب تلك المدن ، بعد أن نقل قسم صالح الى المتاحف العالمية ، ولولا هذه الحجارة والقرميد والنصب ، إذن لفقد العالم معرفة كيفية بزوغ فجر المدنية العالمية .

والسبب المهم في خلو أيدينا من بدائع آداب تلك العصور ومصنفات علمائها هو أنه لما اعتنق السريان المسيحية أخذوا ينظرون نظرة احتقار وكره الى كل ما تنبعث منه رائحة الوثنية ، وبسبب تعلقهم بالمسيحية أبادوا كل ما يخص جدودهم الاقدمين ، فحطموا التماثيل ، وكسروا النصب

(١) اللؤلؤ المنثور ص ٢٦

التذكارية ومحوا جميع الكتابات الخ ..

أما ما وصل الينا من هذا العصر فيشهد على ان السريانية كانت لغة مهمة مهذبة ولم يطرأ عليها أي تبديل منذ استقرارها ذلك أن ما ورد في التوراة ، وما بقي من شعر الفيلسوف الآرامي « وافا » يطابق كل المطابقة لحالتها اليوم ، ولا تزال على غضارتها ، وانما نسيت منها ألفاظ بعتق الزمن ، وأساطير يسيرة منقوشة على بعض أضرحة لملوك الاباجرة في ولاية الرها ، أضف الى هذا رسالة لطيفة لفيلسوف اسمه مارا بن سرافيون كتبها لابنه في أواسط القرن الثاني للميلاد . ولكن لم يصل إلينا من ذلك التراث الفكري سوى كتاب أحيقار وزير سنحاريب ملك آشور (٦٨١ ق.م) وهو كتاب ينطوي على ارشادات ونصائح قيمة وحكم ، ويظن وضعه نحو ذلك الزمان أو حوالي القرن الخامس قبل الميلاد .

يمثل أحيقار الرجل الحكيم الذي يحسن المشورة ويصوغ الحكمة في قول موجز بليغ ، وأحيقار واضع الامثال ، وكثير من أمثاله لا يزال حياً شائعاً على ألسنة الناس حتى يومنا هذا ، ويتردد ذكر أحيقار في كثير من الآداب العالمية وفي كثير من الكتب المقدسة . وكتب الابوكريفا ، فقد ورد ذكر اسمه في سفر طوبيا ، ولأقواله وحكمه شبه كبير بالادب الحكمي في سفر الامثال وسفر الجامعة ويشوع بن سيراخ ، واذا ذكرت خرافات ايسوب ذكر معها أحيقار ، وقد ورد اسمه في الادب الاغريقي الكلاسيكي : ديمقريطس وثيوفراست وسترابو ، وفي العهد الجديد أمثال وحكم تشبه أمثال أحيقار الحكيم ، فلا غرابة اذا استأثرت قصة أحيقار بكثير من الاهتمام والبحث التاريخي . واذا ألقينا نظرة سريعة على كل

ما كتب عن أحيقار من كتب ومقالات وتعليقات لوجدنا مكتبة ضخمة بمختلف اللغات الاوربية (١) .

ثانياً - الادب السرياني في العصر المسيحي :

أما في العصر المسيحي ، فقد خلف الادب السرياني آثاراً قيمة في سائر العلوم ، ويمتاز بكونه أدباً مسيحياً نشأ وارتقى متأثراً بالمسيحية مديناً لها بالصبغة الدينية . لان المصنفات التي فيه يكاد مؤلفوها يكونون بلا استثناء من رؤساء الدين ومن علماء اللاهوت الذين تخرجوا من مدارس الأديرة .

وقد أخذت العلوم والآداب السريانية في الازدهار منذ القرن الرابع حيث انشأ السريان المدارس الشهيرة والمعاهد الفخمة ، والمكتبات الزاهرة ، وظل يسطع نورهم حتى القرن الثالث عشر وسمي عصرهم ذلك بـ (العصر الذهبي) .

قال البحاثة المدقق أحمد أمين وغيره من المؤرخين الثقات في كتابه « ضحى الاسلام » « كان للسريان في ما بين النهرين نحو خمسين مدرسة تعلم فيها العلوم السريانية واليونانية « وكانت هذه المدارس تتبعها مكتبات » وقال أيضاً : « ان السريان كانوا نقلة الثقافة اليونانية الى الامبراطورية الفارسية ثم الى الخلافة العباسية ، وقد اتسع نطاق الثقافة عندهم حتى أناف عدد مؤلفيهم في العصر الذهبي على أربعمائة كاتب أو مؤلف » (٢) .

(١) احيقار - حكيم من الشرق الادنى القديم - للدكتور انيس فريحة - المقدمة ص ٨ و ٩ .

(٢) مقالنا (تراثنا الفكري في الادب السرياني) في المجلة البطريركية بدمشق - السنة الاولى ١٩٦٢ - العدد الثالث - ص ١٢٦ .

أما المؤرخ الكبير جرجي زيدان فقال عن الآداب السريانية قبل الاسلام ما يلي : « والسريان أهل ذكاء ونشاط فكانوا كلما اطمأنت خواطرهم من مظالم الحكام وتشويش الفاتحين انصرفوا الى الاشتغال في العلم وأنشأوا المدارس للاهوت والفلسفة وتعلموا علوم اليونان ونقلوها الى لسانهم وشرحوا بعضها ولخصوا بعضها » . ثم يتكلم عن مدارسهم الشهيرة فيقول : « وأشهرها مدرسة الرها وفيها ابتدأ السريان يشتغلون بفلسفة اريسطو في القرن الخامس للميلاد ، وبعد أن تعلموها أخذوا في نقلها الى لسانهم ، فنقلوا المنطق في اواسط القرن المذكور ، ثم أتم دراسة المنطق سرجيس الراسعيني الطبيب المشهور ، وفي المتحف البريطاني بلندرا نسخ خطية من ترجمة الايساغوجي الى السريانية وكذلك مقولات أريسطو لفورفوريوس وكتاب النفس وغيرها »(١) .

وقد اشتهرت مدرسة قنسرين على الفرات منذ أواسط القرن السادس للميلاد وعلا شأنها في أوائل القرن السابع بتعليم فلسفة اليونان باللغة اليونانية ، فتخرج فيها من أكبر علماء السريان ومن جملتهم الفيلسوف الكبير مار سويرا سابوخت النصيبيني أسقف قنسرين (٦٦٧ +) الذي تعمق في درس الفلسفة والرياضيات واللاهوت وعلم فيها . وتلاميذه البطريرك مار أثناسيوس الثاني والعلامة الكبير مار يعقوب الرهاوي الذائع الصيت في كل علم وفن ، ومار جرجس أسقف العرب وغيرهم من جلة العلماء كالبطريرك ديونيسيوس التلمحري وأخيه ثاودوسيوس مطران الرها .

أما الطب فقد كان لهم فيه حظ وافر ، واشتهر فيهم من أهل هذه الصناعة كثيرون منهم سرجيس الراسعيني في النصف الاول من القرن

---

(١) تاريخ آداب اللغة العربية - جرجي زيدان - ج ١ و ٢ ص ٣٣٥

السادس الذي ترجم مؤلفات جالينوس ، ناهيك عن مؤلفات آل بختيشوع وآل حنين وغيرهما ، أما ابن العبري فعد من مشاهير الاطباء ، وقد وضع مبحثاً في العقاقير وشرحاً لكتاب « المسائل الطبية » .

يقول المستشرق شابو : « أنه كان للسريان ميل كبير للأدب الحكمي وقد خلفوا لنا مجموعات من الحكم الحقيقية أو المفترضة كحكم فيثاغوروس ، ووصايا افلاطون ، ونصائح تيانو ، وحكم مناندرس ، وكذلك مباحث كثيرة لافلاطون وسقراط ولا سيما بلوتراك »[1] .

ولم تهمل العلوم الطبية والرياضية كل الاهمال ، فهناك ترجمات عن اليونانية لعلم وظائف الاعضاء (فسيولوجيا) وعلم الفلاحة ، وقد كتب سرجيس الراسعيني عن الابراج وتأثير القمر وحركة الشمس ، وكتب مار سويرا سابوخت عن الاسطرلاب ، وعلى يده وصلت الارقام الهندية الى العرب ، أما ابن العبري فقد وضع مبحثاً في الحساب وآخر في الفلك في كتابه « الصعود العقلي » وما بقي مما كتبه علماء السريان في علم الكيمياء ، جمعه المستشرق الفرنسي روبنس دوفال في المجلد الثاني من كتاب « تاريخ الكيمياء في القرون الوسطى » لبرتلو . وانك لتجد عناصر علمي رسم العالم « كوزموغرافيا » والجغرافيا في شروح السريان لستة أيام الخلقة كشروح يعقوب الرهاوي وموسى بن كيفا ، وفي كتابه « الكنوز » لسويريوس يعقوب البرطلي مطران دير مار متى واذربيجان .

أما ترجمات الكتاب المقدس العديدة التي أنجزها علماء السريان ومنها البسيطة والفلكسينية والحرقلية والسبعينية ، فضلاً عن دياطسرون الفيلسوف ططيانس والتفاسير والشروح القيمة التي علقوها على الكتاب العزيز ، فحدث

---

(١) اللغات الآرامية وآدابها ص ٤٦ .

عنها ولا حرج . ومن أشهر المفسرين مار افرام (٣٧٣ +) ومار يعقوب السروجي (٥٢١ +) ومار فيلكسينوس المنبجي (٥٢٣ +) ومار دانيال الصلحي (٥٤٢ +) ومار يعقوب الرهاوي (٧٠٨ +) وايوانيس الداري (٨٦٠) ومار موسى بن كيفا (٩٠٣ +) ومار ديونيسيوس يعقوب بن صليبي (١١٧١ +) ومار غريغوريوس ابن العبري (١٢٨٦ +) وقد كتب هؤلاء العلماء وغيرهم في اللاهوت مجلدات ضخمة .

أما التاريخ فهو أكبر فروع الادب السرياني وأعمها فائدة ، وهناك تواريخ عامة تبتدىء من أول الخليقة ، وأشهر المؤرخين لدى السريان هم مار يوحنا الأفسسي (٥٨٧ +) ومار يعقوب الرهاوي ، ومار ديونيسيوس التلمحري بطريرك انطاكية (٨٤٥ +) والراهب القرتميني (٨١٩) والراهب الزوقنيني (٧٧٥) ومار ميخائيل الكبير (١١٩٩ +) وابن العبري . ومن المعاصرين الذين جودوا في التاريخ الكنسي الطيب الذكر البطريرك مار اغناطيوس افرام الاول (١٩٥٧ +) ومار اغناطيوس يعقوب الثالث البطريرك الانطاكي الحالي .

أما شعراء السريان فأشهرهم مار افرام ومار بالاي أسقف بلش ومار يعقوب السروجي ، ومار اسحق الانطاكي ، وانطون التكريتي وابن العبري ، وقد طرقوا أبواباً عدة من الشعر : التزهيد في الدنيا ، والدعوة الى التوبة ، والوصف والمديح والرثاء والهجاء والحكم والقصائد الفلسفية والاخوانيات والفخر والحماسة والنسب .

وممن كتبوا في تاريخ الادب السرياني من شرقيين ومستشرقين ، جرجي زيدان ومحمد عطية الابراشي ، ومراد كامل والبكري ، والسمعاني والاب يوحنا شابو الفرنسي ، وانطون بومشترك الالماني ، ووليم رايت الانكليزي ، والبطريرك افرام رحماني ، والمطران يوحنا دولباني ، والخوري

اسحق أرملة والقس ابراهيم كوناط الملباري الهندي وغيرهم ، بيد ان الذي بز الجميع هو البطريرك افرام الاول برصوم في كتابه « اللؤلؤ المنثور » الذي هو أدق وأضبط مؤلف في تاريخ العلوم والآداب السريانية .

أما المستشرقون فقد كتبوا في الادب السرياني بعد ان انصرفوا الى درس السريانية ، فنشروا ما راق لهم من المصنفات ونقلوها الى لغاتهم ، ولا تزال مكتبات الشرق والغرب تتضمخ بألوف من مخطوطات تراثنا السرياني.

أما في عصرنا هذا فهناك جمهرة من رجال الدين والعلمانيين السريانيين يعنون بآداب اللغة السريانية بعد أن أتقنوها كتابة وتكلماً وترجمة ، فضلا عن الذين يتكلمونها على لهجات متعددة باعتبارها لغتهم الأم .

وبالتالي فان البحث في امتداد هذا التراث ووصوله الينا منذ أجيال سحيقة في القدم يتطلب دراسات وافرة طويلة ، ومجلدات كبيرة اذا استهدفت كل ناحية من نواحيه على انفراد (١).

لهجات اللغة السريانية :

للغة السريانية منذ القديم لهجات كثيرة مختلفة مثل سائر اللغات ، وقد نشأت هذه اللهجات المختلفة من اختلاط الآراميين بالأمم المجاورة ، ولم تنشأ هذه اللهجات إلا رويداً كما هي الحالة في كل لغة عند تفرق المتكلمين بها ، وقد قال العلامة ابن العبري في هذا الصدد :

---

(١) مقالنا « تراثنا الفكري في الادب السرياني » في المجلة البطريركية بدمشق ـ السنة الاولى ١٩٦٢ ـ العددان الثاني والثالث ص ٧٤ ـ ٧٦ و ١٢٦-١٢٩.

« يجب أن نعلم أن اللغة السريانية ، انتشرت في بلاد قاصية أكثر من جميع اللغات وذلك مما سبب تشعبها ، حتى أن الذين يتكلمونها ، كانوا لا يفهمون على بعضهم إلا بواسطة ترجمان ، كأنهم يسمعون من بعضهم لغة غريبة ، فان سكان سورية كانوا يتكلمون لهجة غريبة عن لهجة فلسطين ، وكذلك المشارقة الذين ابتعدوا عن الاصل أكثر من هؤلاء واتبعوا اللهجة الكلدانية وانتسبوا اليها (١) .

ولما كانت اللغة الآرامية السريانية ، لغة أمم عظيمة منذ القديم ، لم يكن من الممكن حفظ هذه اللغة من التشعب الى لهجات شتى بحسب قابلية كل شعب من الشعوب المختلفة المتكلم بها ، لذلك نرى فروقاً عظيمة بين لهجاتها حتى لا يستطيع المتكلم بلهجة نينوى مثلاً أن يفهم المتكلم بلهجة الشام ، ولا هذان يستطيعان أن يفهما المتكلم بلسان فلسطين ، الامر الذي أثبته علماء هذه اللغة (٢) .

وقد انقسمت اللغة السريانية ، منذ القديم الى لهجات كثيرة ، حتى ان ابن بهلول في قاموسه يحصي السريانية ست عشره لهجة (٣) غير أننا لم نعرف الآن إلا بعض هذه اللهجات .

قسم بعض الباحثين في اللغة الآرامية وآدابها ، هذه اللغة الى لهجتين

---

(١) المدخل ـ لابن العبري ـ في الكلام عن اختلاف الحركات السريانية ـ الشرح ـ
(٢) المدخل ـ لابن العبري ـ التعليق على الكلام عن الحركات السريانية
(٣) قاموس ابن بهلول طبعة R. Duvad, p xxiv

عظيمتين ، الاولى وتسمى الشرقية ، لانها كانت شائعة عند الشرقيين في بلاد بابل ونينوى وما جاورهما ، والثانية ، وتسمى الغربية ، لانها كانت شائعة عند الغربيين من الآراميين ، وهم سكان الاقطار المعروفة اليوم بسورية ، وكان يفصل القسمين عن بعضهما نهر الفرات (١) .

أولاً ـ اللهجات الشرقية وفروعها :

ان أم اللهجات السريانية الشرقية هي اللغة السريانية الفصحى الشائعة يوماً في بلاد بابل وما جاورها من الامصار ، وفيها نزل جانب من سفر النبي دانيال وغيره من أسفار العهد القديم ، وهي عينها تعلمها اليهود في الجلاء أيام نبوخذنصر قبل الميلاد بسبعة قرون واستعملوها كذلك بعد رجوعهم من السبي (٢) .

مما يدل على أن اللهجة الشرقية كانت شائعة في ربوع بابل ونينوى وجميع أقطار ما بين النهرين ، وقد سماها العهد القديم آرامية صرفة ، وسماها « ربانيو » اليهود سريانية ويدعوها العهد الجديد « عبرانية » (٣) .

ويخلع ابن النديم على هذه اللهجة اسم « النبطية » « قال تيادوروس المفسر في تفسيره للسفر الاول عن التوراة : ان الله تبارك وتعالى ، خاطب آدم باللسان النبطي ، وهو أفصح من اللسان السرياني ، وبه كان يتكلم أهل بابل » (٤) وفي هذه اللهجة كتبت الترجومات اليهودية الكثيرة ، وهي تتضمن ترجمة أسفار العهد القديم من العبرانية الى اللغة البابلية السريانية ، غير

(١) اللغات الآرامية وآدابها ـ لشابو ـ ص ١١
(٢) اللمعة الشهية ص ٥١
(٣) اللمعة الشهية ص ٥١
(٤) الفهرست ص ١٨

ان أعظم أثر تركته اللهجة البابلية ، هو تلمود بابل [١] .

أما أهم اللهجات المتفرعة عن السريانية الشرقية فهي :

آ ـ اللهجة المانوية : وهي لهجة بابل مع بعض التغييرات التي طرأت عليها ، وماني مؤسس البدعة المانوية الشهيرة في التاريخ وضع بها تآليفه ، وقد انعدمت آثار هذه اللهجة الادبية ، كما كتب المانويون باللغة الفارسية والاحرف المقتبسة من السريانية ، وقد عثر حديثاً في أطراف تركستان الشرقية على شيء مهم من آثار هذا الادب الاخير الفارسي اللغة والسرياني الحرف [٢] .

ب ـ اللهجة المانديه : أو هي لهجة الصابئة [٣] الساكنين اليوم في ربوع العراق وهم قليلو العدد ، وان لغتهم محفوظة في كتبهم الدينية فقط ، غير ان اهلها قد تركوها وهم يتكلمون الآن العربية ، والادب الماندوي يقوم بمخطوطات وكتابات دينية صرفة ، وأهمها : سدرا رابا (السفر الكبير) وسفرا يحيى (سفر يوحنا) ودراشا دمالكي (ابحاث الملوك) وسفر ملوشي (سفر البروج) ولهذه اللهجة مكانة مهمة بالنسبة الى تاريخ الاديان الشرقية فقط ، وقد خصص المستشرق نولدكه لهذه اللهجة أوسع ابحاثه الصرفية القيمة [٤] .

ج ـ اللهجة النبطية : وربما تكون هي البابلية القديمة غير انها اتخذت اتجاهاً جديداً في العصور المتأخرة ، وأصبحت لهجة جديدة لها

---

(١) اللغات الآرامية وآدابها ـ شابو ـ ص ٣١ .
(٢) مجلة المشرق ـ الموصل ـ السنة الاولى ، العدد ١٥ ص ٦٩٥ .
(٣) راجع عددين الصابئة ولغتهم السريانية (اليعقوبي الجزء ١ ص ١٢٨) .
(٤) Madaisch grammatik (halle 1875) .

خواصها وميزاتها ، وكانت احط من السريانية الاصلية حسبما يخبرنا ابن العبري بعد ان يحدد لهجات اللغة السريانية يقول : « واسمجها الكلدانية النبطية [1].

والانباط كانوا سرياناً ولغتهم كانت على ما رواه المؤرخون الشرقيون قال المسعودي : « ونزل ماش بن ارم بن سام ارض بابل على شاطىء الفرات فولد نمرود بل ماش ، وهو الذي بنى الصرح ببابل وجسر بابل على الفرات .. وهو ملك النبط » وقال أيضاً : « وكان من أصل أهل نينوى ممن سمينا نبطاً وسريانيين ، والجنس واحد ، واللغة واحدة » [2] وقال الطبري : « فلما هلكت ثمود قيل لسائر بني ارم ، ارمان منهم النبط وهم ببابل .. وكلامهم السريانية » [3] ، وقال اليعقوبي : « ان ماش بن ارم بن سام بن نوح صار الى ارض بابل فولد نمرود الجبار ونبيط وهو ابو النبط .. وكان لسانهم جميعاً السرياني وهو لسان آدم » [4] وقد اضمحلت مملكة النبط باستيلاء الرومان عليها سنة ١٠٦ م وظهرت مخطوطات كثيرة نبطية ومصكوكات زادت حلقات كثيرة على تاريخهم وتاريخ لغتهم .

د ـ اللهجة اليهودية : كان في بلاد فلسطين أيام المسيح لهجتان مشهورتان مختلفتان الواحدة عن الاخرى ، اللهجة اليهودية ، ويتكلمها سائر اليهود واللهجة الجليلية وهي لهجة أهل الجليل بدليل قول الانجيل ، فان بطرس عندما أنكر أنه من تلاميذ المسيح أجابته الجارية « إنك جليلي

---

(١) مختصر الدول ص ١٨

(٢) مروج الذهب ـ المسعودي ـ ج ١ ص ١٠٥ و ج ٢ ص ٩٤

(٣) الطبري ج ١ ص ١٤٣ .

(٤) اليعقوبي ج ١ ص ١٣ .

ولهجتك تدل عليك » والوثائق الخاصة باللهجة اليهودية كثيرة أهمها :

١ - « مجلث تعنيث » أو تقويم الصوم .
٢ - ترجوم او نكلوس ، ولغته قريبة من آرامية الكتاب المقدس .
٣ - ترجوم يوناثان ، وهو شروح أسفار الانبياء .
٤ - تلمود - يحوي بعض الاحكام والالفاظ .
٥ - تاريخ المكابيين - ويحوي أخبار اضطهادات انطوخيوس انتيفانيوس لليهود وانتصار المكابيين .

وظهرت وثائق مبهمة باللهجة الجليلية ، عرفها المستشرقون فقد عددوها في كتبهم الصرفية للغة الآرامية وقواميسها عندهم ، وأشهر هذه الوثائق من :

١ - بعض أقسام آرامية من تلمود اورشليم .
٢ - قطع آرامية كثيرة .

وهناك لهجة متوسطة بين هاتين اللهجتين ، يتكلم بها يهود بابل وأشهر وثائقها الباقية هي :

١ - ثلاثة ترجومات خاصة باورشليم ، على التوراة وهي ناقصة .
٢ - ترجوم اورشليم ، على الانبياء ومؤلفي سير القديسين .
٣ - سفر طوبيا الآرامي ، ويرتقي تاريخه على الأرجح الى القرن السابع .
٤ - ترجمة آرامية لسفر الجامعة .
٥ - اضافات آرامية الى سفري دانيال واستير .
٦ - عدد من المواعظ الآرامية (هجادا) .

واستعملت في فلسطين لهجة أخرى ، إبان العهد المسيحي ، وهي قريبة من اللهجة اليهودية ، وقد ظهرت مخطوطات كثيرة لهذه اللهجة يرتقي

تاريخها الى ما بين القرنين الثامن والحادي عشر . ونشرت كل الآثار الكتابية لهذه اللهجة وهي :

١ ـ قراءات كثيرة من نصوص الكتاب المقدس لازمة في الطقوس الدينية وقسم من الرسائل وقطع من العهد القديم .

٢ ـ بقايا مخطوطات عثر عليها في مصر ورقوق وجدت في دمشق بالجامع الاموي سنة ١٩٠٠ وهي خلاصة من العهدين والطقوس الدينية والاسفار الابوكريفا ، وأخبار القديسين وأعمال الشهداء ، ومواعظ مترجمة عن اليونانية (١) .

هـ ـ اللهجة السامرية : وهي لهجة سكان السامرة ، وهم من بقايا السامريين القدماء الذين انفصلوا عن اليهود في عهد يوربعام بن نباط ، وغزاهم شلمناصر ملك أشور وجلاهم الى بلادهم سنة ٧٢١ ق.م. وأرسل ملك آشور الى بلادهم جماعات بابل وآشور (٢) فسكنوها ونشروا فيها اللغة السريانية ولكنهم مزجوا فيها كلمات عبرانية ، وهذا المزيج هو اللغة السامرية ، وأهم الآثار في هذه اللهجة هي أولا : الترجوم السامري الذي كتب بلهجة آرامية سامية ، ووضع هذا الترجوم على الارجح في القرن الرابع المسيحي ، وترجم السامريون ايضاً التوراة الى لغتهم وهم لا يقبلون سواها من الكتب المقدسة وظهرت في الادب السامري قطع طقسية معاصرة بعضها للترجوم ، وهي أقرب الى اللهجة الجليلية التي اذا بدأت الكلمة فيها

---

(١) مجلة المشرق ـ الموصل ـ السنة الاولى ـ العددان ١٦ و ١٧ ص ٧٥٠-٧٥٥ أخذاً عن اللغات الآرامية وآدابها لشابو ص ١٧ و ١٨ و ١٩ .

(٢) مختصر الدول ـ ص ٦٤.

بحرف ساكن زيدت في اللفظ ألف المفتوحة ، وليس لهم حركات لا خطية ولا نقط (١).

ثانياً : اللهجة الغربية :

وهي اللهجة الرهاوية كما يسميها العلامة ابن العبري ، وهي أفصح اللغات السريانية ، فقد كانت منتشرة في سورية كلها اعتباراً من الفرات ومدينة الرها ، ممتدة الى البحر الابيض المتوسط غرباً حتى ربوع لبنان كلها ، والفرق بين اللهجتين الشرقية والغربية فهو بالحركات ، غير ان هذه الحركات لها أهمية كبرى بالنسبة الى الالفاظ والمعاني ، وكانت اللهجة الغربية لغة الآداب دهراً طويلا ، وفيها تركت مؤلفات نفيسة منقطعة النظير . كما ظهرت آثار مهمة في هذه اللهجة ، وأقدمها ، هي المخطوطات الحجرية ، ومنها يستطيع الباحث أن يجد صورة عن اللفظ الغربي وطرق اشتقاق اللهجة ، وهناك مخطوطات أخرى اكتشفت في سورية الشمالية أهمها مخطوط (هدد) الذي يرجع الى القرن الثامن ق.م ومخطوطات بنامو ، وعثر على آثار أخرى في زنجرلي وهي الآن في متحف برلين ، وقد وجدت مسلتان في نيرب سنة ١٨٩١ وهما الآن في متحف اللوفر ، وعثر الباحثون في كيليكية على مخطوطات آرامية كثيرة يرتقي تاريخها الى القرن الثاني قبل المسيح . كما وجد (هوبر Huber) مخطوطات آرامية مهمة ومسلة في تيما سنة ١٨٨٠ وهي الآن في متحف اللوفر ، ويرتقي تاريخها الى القرن الخامس ، كما وجدت في مصر مخطوطات آرامية وهي الآن في المتحف البريطاني ، واكتشفت آثاراً أخرى آرامية غربية في بقايا المدن الآرامية أهمها الاسطوانات والمثاقيل والاختام (٢).

---

(١) مجلة المشرق ـ الموصل ـ العددان ١٦ و ١٧ ص ٧٥٦

(٢) اللغات الآرامية وآدابها ـ شابو ـ ص ١٢ و ١٣

وقد وجدت في أسوان أصداف كثيرة مغشاة بالكتابة الآرامية ، لا تقل عهداً عن الآثار المتقدم ذكرها ، وقد فاز كليرمون غانو (C. Ganneau) بمئات من هذه الاصداف وهي الآن في خزانته الخاصة .

وقد اكتشفت حديثاً بعض النقوش والكتابات الآرامية تدل على قدم الآثار السريانية ولغتها ومنها :

آ ـ نص منقوش على مذبح نذري عثر عليه في غوزرانة (تل حلف) عاصمة الدولة الآرامية (بيث بخياني) ويعود تاريخ النص الى القرن العاشر قبل الميلاد .

ب ـ نص شهادة مهداة الى الآله ملقارت (عبد خاصة في مدينة صور) عثر عليها بالقرب من حلب ويرجع تاريخها الى القرن التاسع قبل الميلاد .

حـ ـ نص مسلة زاكير ، ملك حماة الآرامية ، ولقد وجدت في آفس الواقعة بين سرمين وقنسرين ويرجع تاريخها الى منتصف القرن التاسع قبل الميلاد .

د ـ كتابات موجزة على الآجر عثر عليها في حماة ، من القرنين التاسع والثامن قبل الميلاد .

هـ ـ نصوص منقوشة على عدة مسلات اكتشفت في منطقة « السفيرة » جنوبي شرقي حلب ، وترجع الى منتصف القرن الثامن قبل الميلاد (١) .

هذه هي آثار اللهجة السريانية قبل المسيح . أما بعد المسيح فهي

١) المجلة العسكرية الفلسطينية ـ العدد الثالث ـ ايلول ١٩٧٢ السنة الاولى .

لغة الادب والدين والفلسفة واللاهوت والطقوس الكنسية في كل من سورية ولبنان كما أسلفنا .

ومن ميزات اللهجة الشرقية استعمالها الشدة كما في العربية ، ولها وزن فعل . أما اللهجة الغربية فلها وزن فاعل ، وتمتاز عن الشرقية بحركة « الزقاف » التي تلفظ كحرف O الافرنجي (١) .

الخط السرياني وأنواعه :

ذهب فريق من العلماء ان الخط السرياني أقدم خطوط الامم ، وان السريان هم الذين علموا الناس الكتابة الاولى ، ومنها أخذ الفينيقيون وغيرهم خطوطهم ، على اننا وان لم نجزم بهذا الرأي اذ يكاد يستحيل بحثه بحيث يقرر حقيقة وهو موضوع جد خطير تتنافس فيه وتتدارأ عليه بضعة امم ، نجتزيء بالقول ان خطنا السرياني من أقدم الخطوط ، وقد تقلب شكل حروفه على تراخي العصور ، ولم يبق أمامنا من آثاره قبل المسيح إلا سطور يسيرة لا تغني فتيلا ولا تنقع عليلا ، وجدت مزبورة على الحجارة في الرها وغيرها ونشرها يوحنا شابو وهنري بونيون ، أما بعد المسيح فعندنا منه أجل أقلامه واحسنها .

الاسطرنجيلي ، أو المفتوح ، ويقال له الخط الثقيل ، والرهاوي الذي استنبطه بولس ابن عرقا أو عنقا الرهاوي في أوائل القرن الثالث على ما نرى ؟ وهو أصل القلم العربي الكوفي ، ومعظم مخطوطاتنا القدمى

---

(١) البراهين الحسية ص ١٥ .

المصونة الى يومنا مكتوبة بهذا القلم ، ودام استعماله على التمادي حتى المئـة الرابعة عشرة ، والقلم الثاني هو :

السرياني الغربي : وضع في القرن التاسع مختلطاً بالاسطرنجيلي لسهولة استعماله ولم نزل يميزه حتى أمسى قائماً بنفـه في أثناء القـرن الثـاني عشر وأرى أنه القلم المسمى السرطـا (ܣܪܛܐ) وبه كنا نكتب الترسل ، ولم نزل عليه واقتصرنا على الاسطرنجيلي لتزين به رؤوس الفصول .

ومن أقلام الخط السرياني التي اختصت بها بعض البلاد الانواع التالية :

١ ـ المدرسي (اسكوليثا) وهو قلم المصاحف والتحرير المخفف ويقال له الشكل المدور ونظيره قلم الوراقين في ما قال ابن النديم (٩٨٧ م) في الفهرست (ص ١٨) .

٢ ـ الدقيق .

٣ ـ المقطع .

٤ ـ الاكري أو الاغري .

٥ ـ المضاعف أو المثنى .

٦ ـ الجمري نسبة الى دير جمرا الذي بنـاه ناسك نسطـوري حـــوالي سنة ٦٧٠ وورد ذكره في كتاب العفة ليشوعدناح البصري طبعـة بيجان (ص ٥٠٦) وذكرت هذه الاقلام في كتاب مصون في خزانة بطريركية الكلدان بالموصل عدد ١١١ .

أما الفرقتان الكلدانية والنسطورية فلهما قلم خاص يعرف بالشرقي ، وكذلك كان الروم الملكيين في سوريا وفلسطين قلم يتميز من القلمين الغربي والشرقي وهو الى الاسطرنجيلي أقرب ، مضى على بطلانه ثلاثة قرون منذ نقلوا كتبهم الطقسية الى العربية وتبرأوا من اللغة السريانية .

ان جميع الكتب السريانية القديمة المصونة اليوم في الخزائن الشرقية والاوربية هي أقدم مصاحف العالم ، كتبت بالقلم الاسطرنجيلي على أشكال ثلاثة ، غليظ ووسط ودقيق مع تفاوت ضئيل في الحسن بينها ، ولتجدن في كثير من مصاحفهم المستبدعة من التنميق والتأنق ما يحكي قطع الرياض ويضارع الوشي المحبر ، ومن الاتقان والتنسيق والجلاء ما يبهر الابصار ، وأغلبها على رقوق مصقولة بلغ فيها صناعها الغاية (١) .

وتكتب السريانية – كسائر اللغات السامية – من اليمين الى اليسار وقد دلل المستشرقون ان السبب في كتابة اللغات السامية من اليمين الى اليسار هو ان الكتابة في الاصل كانت تنقش على الاحجار بالمطرقة والازميل ، فمن طبع النقاش ان يمسك المطرقة بيده اليمنى ويطرق على الازميل ، لذا تكون الكتابة بحسب سهولة العمل ، من اليمين الى اليسار .

علاقة الخط الاسطرنجيلي بالخط العربي الكوفي (٢) :

لا نستطيع اعتبار اللغات الاكادية والبابلية والاشورية لغات عربية كما يقول البعض ، حيث ان هذه اللغات سبقت ظهور اللغة العربية بقرون عديدة ، كما يثبت الباحثون وعلماء اللغات ، إذ أن اللغة السامية الام تفرع عنها الآرامية السريانية والعربية والحبشية .

أما الخط الكوفي ، فهناك براهين ساطعة تؤكد انحدار الخط العربي الكوفي من الخط الاسطرنجيلي ، بل ان الاسطرنجيلي هو أصل للخط الكوفي ،

---

(١) اللؤلؤ المنثور ص ٣٥ – ٣٧ .

(٢) مقالنا المنشور في المجلة البطريركية بدمشق العدد المئة – السنة العاشرة – صفحة ٥٩٧ – ٦٠٠ .

كما ورد في كتاب اللؤلؤ المنثور في تاريخ العلوم والآداب السريانية ، للبطريرك افرام الاول برصوم ، حيث يقول : ذهب فريق من العلماء ان الخط السرياني أقدم خطوط الأمم ، وأن السريان هم الذين علموا الناس الكتابة الاولى ، ومنها أخذ الفينيقيون وغيرهم خطوطهم ، على أنا وإن لم نجزم بهذا الرأي ، اذ يكاد يستحيل بحثه ، بحيث يقرر حقيقة ، وهو موضوع جد خطير ، تتنافس فيه وتتدارأ عليه بضعة أمم ، نجتزىء بالقول أن خطنا السرياني من اقدم الخطوط ، وقد تقلب شكل حروفه على تراخي العصور ، ولم يبق أمامنا من آثاره قبل المسيح إلا سطور يسيرة لا تغني فتيلاً ولا تنقع غليلاً ، وجدت مزبورة على الحجارة في الرها وغيرها ، ونشرها يوحنا شابو وهنري بونيون (١) .

ويضيف قائلاً : وأما بعد المسيح فعندنا منه أجل أقلامه وأحسنها ، الاسطرنجيلي أو المفتوح ، ويقال له الخط الثقيل والرهاوي ، الذي استنبطه بولس بن عرقا أو عنقا الرهاوي في أوائل القرن الثالث على ما نرى ؟ وهو أصل القلم العربي الكوفي ، ومعظم مخطوطاتنا القدمى المصونة مكتوبة بهذا القلم (٢) .

ويؤكد قداسة البطريرك مار اغناطيوس يعقوب الثالث ـ عضو مجمع اللغة العربية بدمشق ـ اقتباس العرب الخط السرياني الاسطرنجيلي ، قائلاً في كتابه « البراهين الحسية على تقارض السريانية والعربية » في الفصل الثالث في أواصر الأخوة ما بين السريانية والعربية ما يلي : في القرن

---

(١) اللؤلؤ المنثور في تاريخ العلوم والآداب السريانية ، للبطريرك افرام الاول برصوم ـ طبعة ثانية ص ٣٥ و ٣٦ .

(٢) المصدر نفسه ص ٣٦ .

الاول قبل الاسلام اقتبست العربية من الخط السرياني الاسطرنجيلي أبجديتها وخطها ، الذي عرف بالكوفي ، فاستعمل بعدئذ بكتابة القرآن الكريم ، شأن الاسطرنجيلي عند السريان بالنسبة الى الانجيل المقدس [١] .

وقبل التاريخ المسيحي بأربعة قرون نرى الآرامية تنتشر بشدة في البلاد العربية للعلاقات الوثيقة التي نشأت بينها وبين العرب ، وذلك منذ قيام الامارة الآرامية العربية في البطراء ، والمعروفة بامارة الانباط ، واستعمالها الآرامية لجميع مرافق حياتها [٢] .

ونحن نعلم ان هذه الامارة نشأت سنة ٣١٢ قبل الميلاد ، وامتد نفوذها الى المناطق المجاورة ، حتى قرضتها جيوش الرومان ، في عهد طريانس قيصر سنة ١٠٦ م ، وفيها تمازج العرب والآراميون ونشأت لديهم لغة خاصة اشتقت منها العربية مادة غزيرة [٣] .

وأجل ما استفاده العرب من الانباط هو الخط ، فمن المقرر اليوم ان منشأ الخط العربي وأصله الآرامي مستمد منهم ، في عهد امارة البطراء وبعدها ، وكان لذلك أثر عظيم في الحضارة العربية الجاهلية وفي تكوين المادة اللغوية العربية في شمالي الجزيرة [٤] .

---

(١) البراهين الحسية ص ١٢ نقلاً عن الآداب السامية للأبراشي ص ١٦٩ الى ١٩٧ وتاريخ التمدن الاسلامي للبحاثة جرجي زيدان ، واللؤلؤ المنثور للبطريرك افرام الاول برصوم ص ٢٦ طبعة اولى .

(٢) تاريخ اللغات السامية لاسرائيل ولفنسون ص ١٣٥ .

(٣) صفحة ٢١٥ Cook North Semitic Inscripion .

(٤) ولفنسون ص ١٣٧ .

ويعقد المطران غريغوريوس بولس بهنام ، فصلاً في علاقة اللغة الآرامية السريانية بالعربية في العهدين الوثني والمسيحي في كتابه (تحقيقات تاريخية لغوية ، في حقل اللغات السامية) ، فيقول :

(أما من الوجهة الفنية في الكتابة فمما لا شك فيه ان العرب أخذوا خطهم الذي نراه اليوم من الخط النبطي الآرامي وليس الخط العربي الكوفي إلا الخط الاسطرنجيلي الآرامي بتطور يسير)[١].

أما المستشرق الأب يوحنا شابو ، فيقول في كتاب (اللغة الآرامية وآدابها) ما يلي : وقد انتشر الخط الآرامي انتشاراً خارقاً ، وامتد أكثر من امتداد اللغة نفسها ، فانه قد اتخذ صوراً خاصة تتفاوت في البعد عن الصورة الاصلية وفقاً للازمنة والامكنة عند التدمريين والنبطيين والسريان ، وزاد على ذلك انه استعمل عند الفرس في عهد الامبراطورية الساسانية لكتابة لغتهم نفسها ، ونقله المانويون الى أواسط آسيا الوسطى ، واقتبس المغول أبجديتهم من السريان الشرقيين الذين أنشأوا طوائف مسيحية زاهرة حتى في الصين منذ قبل القرن الثامن ، ولسنا نستطيع أن نبين كيفية اشتقاق الابجديات الآرامية الواحدة من الاخرى وكيفية تطورها ، مع ميل مستمر الى الاشكال الدائرية إلا اذا رسمنا صور الحروف نفسها ، ودرس ما طرأ من الاختصار على الخط النبطي ، الذي غدا الخط العربي[٢].

وقد حصل العبرانيون على أبجديتهم من أجدادنا الآراميين بين القرنين السادس والرابع قبل الميلاد ، أما الحروف المربعة التي تطبع بها اليوم

---

(١) تحقيقات تاريخية لغوية ص ٢٧ نقلاً عن ولفنسون ص ١٧١ .

(٢) اللغات الآرامية وآدابها ص ٥١ و ٥٢ .

كتب التوراة العبرانية فقد نشأت من الكتابة الآرامية ، وأخذ عرب الشمال ابجديتهم من الآرامية ، التي استعملها الانباط (١) .

وهناك جدول من كتاب (داي شرفت) للعالم الالماني هانس جنسن ، يبين بوضوح تسلسل الابجدية الآرامية فالنبطية ، فمشتقاتها الاخري حتى النسخية العربية (٢) .

ويقول الاستاذ محمد عطية الابراشي : (واللغة العربية الفصحى التي نحن بصدد الكلام فيها ، نشأت من الآرامية في الشمال ، والسبئيـــة في الجنوب ، إلا أن آرامية الشمال تغلبت على السبئية في القرون القريبـــة من الاسلام) (٣) .

ونتيجة لذلك يتضح لنا بجلاء ان الخط الاسطرنجيلي الآرامي هـو أصل للخط الكوفي العربي ، كما أثبتنا أعلاه خدمة لمحبي البحث والاستقصاء عن الحقيقة .

خواص اللغة السريانية :

للغة السريانية ميزات خاصة تختص بها وتميزهـا عن سائر اللغـات السامية منها :

أولاً ـ ان اللغة السريانية ليس لها أداة تعريف للأسماء.

---

(١) جولتي لأبروهوم نورو ص ١٠٠

(٢) جولتي ص ١٢٢

(٣) لغة العرب للأبراشي ص ١٢٢

ثانياً – لها أداة خصوصية لاضافة الاسم الى اسم آخر وهي حرف الدال

الذي يدخل على المضاف اليه مثل : ܟܬܒܐ ܕܡܠܦܢܐ

كتاب المعلم .

ثالثاً – انّ ميم الجمع تقلب فيه الى نون ، مثل : ܟܬܒܝܗܘܢ كتبهم .

رابعاً – لم يبق من المثنى في اللغة السريانية إلا ما ندر .

خامساً – ان اسم المفرد وجمع المؤنث السالم اذا لم يلحق بهما شيء يطلق آخرهما بالالف ، مثل : ܐܚܐ ، ܡܠܟܘܬܐ .

سادساً – ان في اللغة السريانية صيغة فعلية لا توجد إلا فيها وقد ضاعت في سائر اللغات السامية حتى العربيـــة وهي صيغة سفعل أو شفعل ، مثل ܫܥܒܕ و ܫܡܠܝ .

سابعاً – يسقط حرف النون بالسريانية لفظاً لا كتابة اذا جاء ساكناً في وسط الكلمة ، مثل : ܡܕܝܢܬܐ ، ܫܢܬܐ .

أما العناصر اللغوية التي فقدتها السريانية فهي :

١ – تبتدى الكلمة في السريانية الفصحى الحاليـة ، بالاســكان نحو ܠܡܢܐ ܫܒܩܬܢܝ لم تركتني ، وذلك ليس من خصائص اللغة الساميـة الأم التي كانت الكلمة فيها تبتدىء بحركة على الاطلاق ، كما هي الحـال في العربية وفي السريانية القديمة ، ويتضح ذلك من لهجتها الفلسطينية نحو ܠܡܢܐ ܫܒܩܬܢܝ .

٢ – تسكن السريانية الحالية نون الوقاية بين الفعل والضمير المتصل للمفــرد المتكلم نحو ܫܒܩܬܢܝ بينما كانت اللغة السامية الأم تكسرها تمامـاً كالعربية نحو ܫܒܩܬܢܝ . وكذلك تسكن كاف المخاطب والمخاطبة رغم إضافة ياء للمخاطبة نحو ܩܛܠܟ ܩܛܠܟܝ . بينما في اللغــة الأم لم تكن بالاسكان بل بكسرها كالعربية ، كما تدل الياء المتصلة بكاف المخاطبة ، وتسكن أيضاً في أمر المخاطبة ما قبل الياء نحو ܩܘܡܝ ،

بينما كان مكسوراً في اللغة الام كالعربية كما تدل لهجتها الفلسطينية نحو ܛܠܡܬܐ ܗܘܫܒܢ .

٣ ـ ان السريانية الحالية تسكن أول المضارع في الأجوف نحو ܢܩܘܡ بخلاف ما كانت عليه اللغة الام كما هو اليوم في العربية .

وقد ظلت خصائص السريانية هذه متغلبة حتى اليوم في سورية ولبنان على اللهجة العربية العامية التي حلت محلها .

٤ ـ ان حرف المضارعة للمفرد المذكر الغائب في السريانية الحالية هو نون نحو ܢܟܬܘܒ وفي هذا يتساوى والجمع المتكلم بينما كان هذا الحرف في اللغة الام ياء كما في العربية نحو ܝܥܩܘܒ من ܥܩܒ عقب ܝܘܣܦ من ܝܣܦ ازداد . وعلى هذه القاعدة تمشت اللهجة الفلسطينية فانها تقول ܝܦܠܘܚ ، ܝܫܐܠ ، ܝܫܬܐܠ ، ܝܚܘܐ ولهجة معلولا اليوم كقولهم ܝܐܟܘܠ بدل من ܢܐܟܘܠ [1] .

الترقيم بالسريانية :

ان علامات الاعداد عند السريان هي الحروف الهجائية نفسها ، وان لهذه الحروف قيمة عددية ، ولم يستعملوا الارقام الهندية إلا حديثاً ، وطريقة الحروف هي المعروفة عند العرب والتي يستعملها اليونان إذ أن الحروف التي يكتبون بها لغتهم هي في الاصل سريانية .

يبدأ الترقيم من حرف الألف الى الطيث من واحد الى تسعة ومن اليوذ الى القاف (المقود) فاليوذ وقيمته العددية عشرة والكاف

---

(١) البراهين الحسية ص ١٠ و ١١

عشرون واللام ثلاثون وهكذا الى القاف مئة ، والراء مئتان والشـــين ثلاثمئة والتاء أربعمئة .

وقد أوضح العالم الرياضي الفرنسي الدكتور فرانسوا نو (François Nau) ان الارقام (١ و ٢ و ٣ و ٤ و ٥ و ٦ و ٧ و ٨ و ٩ و ١٠) قد أدخلها العالم الرياضي السرياني الشهير « ساويرا سابوخت » (٦٦٧) من الهندية الى السريانية فالعربية [١]

وجدير بالذكر ان السريان حتى يومنا هذا يستعملون الاحرف الابجدية في حساب التواريخ والارقام . فمثلاً :

ܠܒ ،	ܩܕ ،	ܣܙ ،	ܨܗ ،	ܥܓ ،	ܟܒ ،	ܦܚ ،	ܪܐ ،
٣٢	١٠٤	٦٧	٩٥	٧٣	٢٢	٨٨	٢٠١

ܫܘ ،	ܬܝܐ ،	ܝܛ ،	ܐ̱ܨܥܓ .
٣٠٦	٤١١	١٩	١٩٧٣

وإليك جدولاً يوضح ذلك بالقيمة العددية للابجدية السريانية :

---

(١) جولتي . ص ٢٥٢ .

الأحرف السريانية	ما يقابلها في العربية	قيمتها العددية	الأحرف السريانية	ما يقابلها في العربية	قيمتها العددية
ܐ	ا	١	ܠ	ل	٣٠
ܒ	ب	٢	ܡ	م	٤٠
ܓ	ج	٣	ܢ	ن	٥٠
ܕ	د	٤	ܣ	س	٦٠
ܗ	ه	٥	ܥ	ع	٧٠
ܘ	و	٦	ܦ	ف	٨٠
ܙ	ز	٧	ܨ	ص	٩٠
ܚ	ح	٨	ܩ	ق	١٠٠
ܛ	ط	٩	ܪ	ر	٢٠٠
ܝ	ي	١٠	ܫ	ش	٣٠٠
ܟ	ك	٢٠	ܬ	ت	٤٠٠

علاقة السريانية بالعربية :

العربية والسريانية لغتان شقيقتان منحدرتان من أرومة واحدة ، متكاتفتان في سبيل النمو والتكامل ، مكملتان الواحدة للاخرى ، ذلك ان الطالب العربي مهما تعمق في اصول العربية وآدابها ، فان دراسته تكون ولا شك ناقصة ما لم يطلع على اصول وآداب اللغة السريانية والعكس بالعكس ، وقد تآزرت هاتان اللغتان منذ أجيال سحيقة في رفع مشعل العلم والحضارة العالمية [1] فلا غرو إذن ان تتأثر احداهما بالاخرى ، أو تقرض احداهما ما تحتاج اليه الاخرى ، لذلك درج العرف في مصر ، على من يرغب في الحصول على دكتوراه أو ماجيستر في النحو العربي ، ان يلم أولاً بالسريانية [2] .

صرح أحد أساتذة جامعة كولومبيا في الولايات المتحدة بقوله : ان الذي لا يفهم السريانية لا يعرف قيمة الكتابات اليونانية والعربية . وأجاب أحد كبار أساتذة جامعة المانيا على السؤال التالي : ما هي الاسباب التي تدفعكم لتعلم السريانية قال :

أولاً ـ كي نستطيع ان نطلع على جذور اللغة العربية والعبرانية .

ثانياً ـ ولا ننسى ان اللغة السريانية كانت يوماً ما جسراً مرت عليه فلسفة اليونان الى الجانب الذي يمثل الفكر العربي .

ثالثاً ـ ان بعض المؤلفات اليونانية الفلسفية فقدت ، ولكن ترجمتها بقيت باللغة السريانية [3] .

---

(١) المجلة البطريركية بدمشق ـ السنة السابعة ـ العدد ٦٩ ص ٤٨٨ .

(٢) المصدر السابق ـ السنة الثامنة ـ العدد ٧٨ ص ٤١٥ .

(٣) المصدر السابق ـ السنة الثالثة ـ العدد ٣٠ ص ٥٥٦ .

وقد أثبت الدكتور احمد شوكت الشطي في مقال له عن « السريان وأثرهم في الحضارة العربية الاسلامية » ان الرسول العربي أول من وجه الى تعلم السريانية فقد جاء في الصفحة ١٦٥ من الجزء الاول من صبح الاعشى قوله : وروى محمد بن عمر المدائني في كتابه القلم والدواة قول الرسول لزيد بن ثابت : أتحسن السريانية ؟ قال : لا ، قال : تعلمها ، فتعلمها زيد(١) .

ويضيف في مقاله ، ولقد نتج من امتزاج العرب بالسريان خاصة وبغيرهم من الامم ان تزاوجت العقول المختلفة ، كما تقاربت الاصول العديدة ، فنتج عن هذا الزواج الحضارة العربية الاسلامية ، وهكذا داراً على العلوم في العصر الاموي تقدم يرجع الى رغبة العرب في الاستفادة من فتوحاتهم بالوقوف على آثار المدنيات لامم ذات حظ من العلوم غير قليل كان السريان في طليعتها (٢) .

وهذه العلاقة الوثقى والصلات الطيبة بين السريان والعرب المسلمين تقوم على التقائهم في عقيدة التوحيد ، والحياة الروحية الكريمة ، ومحبة العلم ، فضلا عن وحدة الجنس ، بدت طلائعها منذ الفتح العربي المبين ، وأخذت تقوى وتشتد حتى بلغت اوجها في عهد الخلفاء العباسيين . وكانت القبائل العربية النصرانية المنتمية الى الكنيسة السريانية قد انضمت الى الجيوش العربية الفاتحة في المملكة الفارسية ، وأبدت شجاعة واخلاصاً .

وفي عهد الخلفاء الامويين تولى بعض أبناء السريان وظائف حساسة في الدولة فاخلصوا في واجبهم ، ولما جاء الخلفاء العباسيون رفعوا ألوية

(١) المصدر السابق ــ السنة الثالثة ١٩٦٤ ــ العدد ٣٠ ص ٥٥٠ .

(٢) المصدر السابق ص ٥٥٣ .

العلم حاملين مشاعل الادب والفلسفة ، وجدوا في علماء السريان ضالتهم المنشودة فأبقوا على مدارسهم في انطاكية والرها وقنسرين وحران وغيرها . واستعانوا بهم في ترجمة معظم العلوم اليونانية الى اللغة العربية ، وكانت تلك الحركة الكبرى في تاريخ الفكر البشري جسراً مرت عليه الحضارة الشرقية الى الغرب [1].

كان للسريان تمدن قديم ، وكان لهم فيما بين النهرين نحو خمسين مدرسة وكانت تعلم كل العلوم العقلية والنقلية ، وقد نقل أطباء السريان كثيراً من كتب الطب من اليونانية الى السريانية حتى في أثناء اشتغالهم بنقلها الى العربية ، لانهم كانوا كثيراً ما ينقلونها الى السريانية فقط او الى السريانية والعربية معاً [2] ويبدو أنه من المؤكد أن العلوم الطبية قد وصلت الى العرب عن طريق الترجمات السريانية ، ولعل ذلك شأن العلوم الفلكية والرياضية .

أما الفلسفة ، فكانت مؤلفات أرسطو معروفة في اللغة السريانية ، ومعها شروح وملحقات بعضها مؤلف بالسريانية ، وترجم بعضها الآخر عن اليونانية ، ولم يضطلع علماء العرب بدراسة فلسفة أرسطو دراسة جادة قائمة على دراسة النص إلا بعد وفاة هرون الرشيد بوقت ما . إن تعاليم أرسطو كانت مستقاة من الترجمات والشروح السريانية .

والظاهر ان العرب قد استقوا أولى معلوماتهم عن أرسطو من المصادر السريانية ، وكانت هذه المعلومات قاصرة على مؤلفاته في المنطق ، وكانت هذه المؤلفات قد ترجمت الى السريانية [3].

---

(١) التعاليم الدينية التاريخية ـ طبعة ثانية ـ ص ٤٤ و ٤٥

(٢) تاريخ آداب اللغة العربية ـ لجرجي زيدان ـ ج ١ و ٢ ص ٣٣٥ و ٣٣٦

(٣) علوم اليونان وسبل انتقالها الى العرب ، تأليف د. لاسي أوليري ص ٢٠٨ و ٢١١ و ٢١٧

ومن أثر اللغة السريانية في العربية بضع مئات من الالفاظ دخلت المعاجم العربية ونحتت نحتاً عربياً ، ومعظمها يختص بالدين المسيحي ، وقد جمع العلامة البطريرك افرام الاول نحو ٨٠٠ كلمة في كتاب أسماه « الألفاظ السريانية في المعاجم العربية » نشره المجمع العلمي العربي بدمشق ،وهو ثروة قيمة في هذا المضمار ، كما نشر العلامـــة مار اغناطيوس يعقوب الثالث بعض البحوث النفيسة بهذا الصدد ، وقد انتهى حديثاً من وضع كتاب « البراهين الحسية على تقارض السريانيه والعربية » ، انه فتح مبين في عالم اللغتـــين السريانية والعربية . فمن الكلمات التي أوردها في بحثه المذكـور كلمـــة « زقفونا » أي صلبونا وقد وردت في رسالة الغفران للمعري ، و « اللصوت» أي اللصوص الواردة في عهـد عمر لأهـل ايليا ، و « يقلسون » أي يمدحون الواردة في تاريخ البلاذري ، ومن أسمـاء المدن « الكوفة » أي عاقولاء (شوكة) « الحيرة » أي القصر « المعرة » أي المغارة ، « تكريت » أي التجارة و « مكة » أي الارض المنخفضة (١) .

كما أثرت السريانية في اللهجة العربية العامية وبخاصة في اللهجـات السائدة في سورية ولبنان ، ذلك أن كثيراً من الكلمات في هذه المنـاطق تبتدىء بالسكون بحسب اللهجة السريانية كقولنا « كبير ، صغير ، نزوح ، نزور ، بريد » ومن الثابت أن الكلمة العربية لا تبتدىء بالسكون مطلقاً ، فضلاً عن أسماء عشرات المدن والقرى في سورية ولبنان وفلسطين والعراق سريانية بحتة ، مثل « صوران ، مورك ، معرة ، رمثا ، اشطورا ، برطلة ، وكلمة « كفر » التي تسبق أسماء بعض القـرى مثل كفر حلب ، وكفـر جنة ، وكفر تخاريم ، وكفر زبد وغيرها ...

---

(١) المجلة البطريركية بدمشق ـ السنة الثالثة ١٩٦٤ ـ ص ٣٧٣ و ٣٧٤ .

ومن التأثير الواضح في اللهجة العربية العامية كلمة شوب وزبون أي الحر ، المشتري .

هذا وأن السريانية أمدت شقيقتها العربية بالنحو أيضاً ، ذلك أن أبا الاسود الدولي واضع علم النحو العربي ، استعان في وضع نحوه باللغة السريانية ، حيث اقتبس الكثير من نحوها ، ومن ذلك تقسيم الكلمة الى اسم وفعل وحرف ، كما اقتبس النقاط السريانية التي تتميز بها الكلمات ، ولا صحة لما يقال أن النحو العربي مقتبس من اليونانية .

وبعد الفتح العربي اقتبست السريانية من العربية كثيراً من فرائد الادب مثل ܪܕܐ ܥܠ ܬܪܝܢ ܩܦܣܘܗܝ (Rdo A al Trein Qfosaw أي ، عرج على الجانبين ، ܕܚܝܠ ܨܘܒܐ (Dhil Soubo) أي ، مرهوب الجانب ، وقد اشتهر العلامة ابن العبري في إدخال هذه التعابير العربية الى السريانية حيث كان متضلعاً من اللغتين .

أما التقاء الشقيقتين فيظهر في مئات بل آلاف من الالفاظ المتشابهة معنى ولفظاً كقولنا ܐܒܐ Abo أب ، ܐܝܕܐ Eido يد ، ܦܘܡܐ Foumo فم ، ܟܬܒ Ktab كتب ، ܒܝܬܐ Bayto بيت ، ܥܝܢܐ Ayno عين وما اليها (١) .

هذه هي اللغة السريانية ، وهذه هي قيمتها ومكانتها التاريخية العلمية والادبية .

أسباب تقلص اللغة السريانية :

كتب الدكتور يوسف حمارة مقالا بعنوان « طرفة أثرية تتلاشى »

---

(١) المصدر السابق ص ٤٩٠

نشر في المجلة البطريركية بدمشق قال : على أن ما يؤسف له حقاً أن تسير بقية هذه اللغة الاثرية التاريخية بخطى مسـرعة نحو الانقراض حتى في معاقلها المنيعة الاخيرة ، وهذا العالم رايخ يقول في كتابه « دراسات حول القرى الآرامية في سلسلة جبال لبنان الشرقية » : « ان السريانية سوف تتلاشى بعد جيل أو جيلين على ما يظهر كما سبق ان حدث في لبنان الشمالي إذ لم يبق فيها أغانٍ تعبر عن خلجات النفس وأول كلمة أو أغنية أو تحية يسمعها الطفل من أمه أو أبيه هي عربية ، ثم أنهم في مجالسهم العامة وحينما يريدون أن يتحدثوا في موضوع هام أو يلقوا خطاباً يلجأون الى اللغة العربية » .

وجاء في كتاب « الريف السوري » للبحاثة وصفي زكريا ان أسباب اندحار السريانية (اللهجة الآرامية الغربية) أمام العربية هي :

١ ـ تناقص عدد المسيحيين واعتناق قرى بخعا وجبعدين وعين التينـة الاسلام منذ ثلاثة أو أربعة قرون .

٢ ـ الروابط الاقتصادية التي تصل هذه القرى بالمراكز العربية كدمشق ويبرود فكل الصناعات مفقودة لديهم وحاجتهم تدفعهم رجالاً ونساء لغشيان تلك المراكز دوماً والعمل فيها في مختلف المهن سعياً وراء العيش مما يؤدي الى غلبة العربية ونسيان السريانية .

٣ ـ المواصلات ، فبعد ان كانت هذه صعبة لا يرى أهل تلك القرى أحداً ولا يراهم أحد سهلتها عليهم السيارات الحديثة التي عم استعمالها في سورية منذ عام ١٩٢٠ وقربت المسافات .

٤ ـ المدارس التي لا تعلم إلا بالعربية والكنائس التي لا تقيم الطقوس الدينية إلا بالعربية .

٥ ـ عامل نفساني لان الاهلين هناك لا يفخرون بهذه اللغة .

ولا شك ان تناسي الآرامية نهائياً سيكون خسارة علمية وسياحية فادحة لا تعوض ، وحبذا لو انتبه المسؤولون الى ذلك ففرضوا تعليمها في مدارس قرى القلمون الثلاث السالفة الذكر الى جانب اللغة العربية ، انهم يساعدن بذلك على الاحتفاظ بكنز ثمين مرتبط بتاريخ البلاد ، وله قيمة كبيرة لدى علماء اللغات ورجال الدين المسيحي في كل مكان (١).

مقارنة اللغات السامية :

تنقسم مقارنة اللغات السامية الى قسمين كبيرين ، يعرف أولهما بالمقارنة اللفظية الفنية ، ويسمى الثاني بالمقارنة المعنوية الادبية .

وترجع مقارنة اللغات مقارنة لفظية فنية بالنسبة للغات السامية وبالنسبة لسائر المجاميع اللغوية الى مقارنة الالفاظ والقواعد ، أما مقارنة لغة بالفاظ لغة أو لغات اخرى فيراعي فيها تحديد أنواعها الاسمية والفعلية والحرفية ، ومعانيها الدالة عليها بصيغها ، وادراك ما في ذلك كله من تقارب أو تباعد . أما مقارنة القواعد فتبتدىء بمقارنة الحروف والحركات

---

(١) المجلة البطريركية بدمشق ـ السنة الثانية ١٩٦٣ ـ العدد ١٤ ـ ص ١٩٣ و ١٩٤ .

ثم تنتقل الى أقسام الكلمات وكيفيات الاشتقاق وعلامات التثنية والجمع ، والصحة والاعلال ، وصيغ الافعال ، والاسماء وتركيب الجملة ، وفيما يلي جدول للمقارنة اللفظية يشتمل على مادة لغوية مقتبسة من جميع اللغات السامية ، ومنه تتضح مسافة البعد أو القرب بين هذه اللغات ، وتمثل السريانية جميع اللهجات الآرامية ، والعبرية جميع اللهجات الكنعانية ، والحعزية جميع لهجات جنوب بلاد العرب والحبشة (١) .

(١) اقتبسنا هذا الجدول من قاموس اللغات السامية الذي ذيل الدكتور ولفنسون به كتابه (تاريخ اللغات السامية) .

عربي	سرياني	اشوري بابلي	عبري	لغات جنوب الجزيرة والحبشة
أب	أبا (١)	أبو	أب	أب
ابن	برا	بنو	بن	بن
أخ	أحا	أخو	أح	احو
أخذ يأخذ	أحد نحود	إخوز	أحز ياحز	أخز ياخز
أذن	اودنا	أزنو	ازن	ازن
اثنان	ترين	شنا	شنايم	سنيت
ارض	ارعا ، أرقا	أرصتو	إرص	أرض
اربع	أربع	أربعو	أربع	أربع
إسم	شما	شومو	شم	سم
ام	اما	أمو	إم	أم
انسان	ناشا	نشو	انوش	انش
انف	أبايا	أبو	أف	أنف
انثى	أتتا	أششتو	إشه	أنست
بئر	برا	بورو	بور	بئر (مبئي)
بعل	بعلا	بلو	بعل	بعل
بكى	بكا نبكه	إبكي	بخا يبكه	بكا يبكي
بنت	برتا	بنتو	بت	بنت
بيت	بيتا	بتو	بيت	بيت
جمل	جملا	جملو	جمل	جمل
دم	دما	دمو	دم	دم
هيكل	هيخل	هيكلو	هيخال	هيكل
هو	هو	سو	هو	هو
و- حرف عطف	و	و	و u	و

(١) استعملنا الفتحة الشرقية حفاظاً على تركيب الالفاظ .

عربي	سرياني	اشوري بابلي	عبري	لغات جنوب الجزيرة والحبشة
ود ، يود	يد	ود	يدد	ود
ورق	يرقا	ورقو	يرق يرق	ورق (الذهب)
وقر ، وقار	ايقر نيقر	وقرو	يقر	وقر
ولد ، يلد	إيلد نيلد	ولد	يلد يلد	ولد يلد
زرع	زرعا	زرو	زرع	زرع
حبل	حبلا	إبلو	حبل	حبل
حفر يحفر	حفر	حفر	حفر يحفر	حفر
حم	حما	أمو	حام	حم
حمار	حمارا	إمرو	حمور	حمار
طحن، يطحن	طحن نطحن	إطن	طحن يطحن	طحن
طعم	طعما	طمو	طعم	طعم
طيب	طبا	طبو	طوب	طيب
يد	إيد	إدو	يد	أد
يمين	يمينا	إمنو	يمين	يمن
يوم	يوما	أمنو	يوم	يوم
كبد	كبدا	كبتو	كبد	كبد
كرش	كرسا	كرشو	كرس	كرش
كلب	كلبا	كلبو	كلب	كلب
كوكب	كوكبا	كاكبو	كوكب	كوكب
لب (قلب)	لبا	ابو	لب	لب
لبس	لبش	لبش	لبش يلبش	لبس
لسان	لشنا	لشانو	لشون	لسان
لهب	شلهب	لابو	لهب	لهب

عربي	سرياني	اشوري بابلي	عبري	لغات جنوب الجزيرة والحبشة
ليل	لليا	ليلتو	ليله ، ليل	ليلة
ماء	مايا	مو	مايم	ماي
مائة	ماء	مأتو	مأه	ما أت
متى	إمت،	متى	متي	مت
ملك	ملكا	ملكو	ملخ	ملكي
موت	موتا	موتو	موت	موت
نسر	نشرا	نشرو	نشر	نشر
نفخ	نفح	نفخ	نفح	نفخ
نفس	نفشا	نفشتو	نفش	نفس
نمر	نمرا	نمرو	نمر	نمر
سبع (٧)	شبع	سبو	شبع	شبعو
ست (٦)	شتا	ششو	شش	سسو
سكر	شكرا	شكرو	شخر	سكر
سلام	شلما	شلمو	شلم شلوم	سلام
سن	شنا	شنو	شن	سن
سنبلة	شبلتا	شوبلتو	شبلت	سبل
سأل	شأل	إشأل	شأل	سال
سماء	شمايا	شمو	شمايم	سماي
عشر (١٠)	عسر	عشرو	عسر	عشرو
عظم	عطما	عصمتو	عصم	عضم
عقرب	عقربا	عقربو	عقرب	عقرب
على	عل	ألي	عل	على
عنب	عنبتا	إنبو	عنب	عنب

عربي	سرياني	اشوري بابلي	عبري	لغات جنوب الجزيرة والحبشة
عين	عينا	أنو	عين	عين
فتح	فتح	إيت	فتح	فتح
فم	بوما	يو	به	أف
صرخ	صرح	صرخ	صرح	صرخ
قرب	قرب	قرب	قرب	قرب
قرن	رنا	قرنو	قرن	قرن
قمح	قمحا (دقيق)	قمو	قمح (دقيق)	قمح (فاكهة)
قوس	قشتا	قشتو	قشت	قشت
رأس	ريشا	رشو	روش	راس
رحم	رحم (أحب)	إرم	رحم	رحم
رحض	رحص	رحص	رخص	رحض
ركب	ركب	ركب	رخب	ركب
شمس	شمشا	شمشو	شمس	شمس
شعر	سعرا	شرتو	سعر	سعرت
تسع	تشع	تشو	تشع	تشع
ثلاث	تلات	شلاشو	شلوش	شلاس
ثور	تورا	شورو	شور	سور
خمس[٥]	حمشا	خمشو	حمش	خمس
خنزير	حزيرا	خمسر	حزير	خنزير
ذئب	دابا	زيبو	زأب	زاب
ذباب	دبوبا	زبو	زبوب	ذبب
ذنب	دونيا	زباتو	زنب	زناب
ضرة	عرتا	صرتو	صره	ضر
ظفر	طفرا	صبرو	صبرن	ظفر
ظل	طلا	صلو	صل	صللوت

يتضح للباحثين بهذه المقارنة أن أصول كلماتها واحدة مشتركة ، وكثيراً ما تكون معاني هذه الكلمات الاصلية لا تغير فيها ، فهي بمعنى كذا في اللغة العربية مثلاً ، وبه نفسه في السريانية أو العبرية أو أية لغة سامية أخرى ، وفي بعض الكلمات نلحظ الاشتراك اللفظي مع تحوير في المعنى بأن تدل الكلمة من هذا النوع في العربية مثلاً على معنى خاص ، ولكنها تدل على معنى غير المعنى الذي في السريانية ، مع أن لفظها هو عينه لم يتغير في سائر اللغات السامية . وبالبحث والاستقراء نستطيع الوقوف على العلاقة التي تربط هذين المعنيين ، ونستنتج من ذلك أن تغيير المعنى للكلمة الواحدة في لغتين ساميتين إنما حدث وفقاً لقواعد التطور المعروف في معاني الكلمات ، وبفضل المقارنة اللفظية في اللغات السامية اهتدينا الى أن جميع اللغات السامية الداخلة في مجموعة واحدة هي لهجات متقاربة تقارباً وثيقاً ، والى أن هذه اللهجات منبثقة عن لغة واحدة أولى ، هي أم هذه اللهجات .

أما المقارنة المعنوية الأدبية ، فلا صلة لها بالمفردات ومدلولاتها ، وإنما يعود الى المعاني العامة وأنواع التفكير ، ونريد به المجهود العقلي الأدبي المدون باللغة ، سواء أكان دينياً ، أم علمياً ، أم فنياً ، أم فلسفياً .

وإن بعض ما جاء في التراث العربي الجاهلي من شعر ونثر قد يستعصي علينا فهمه حق الفهم ، لأن كتبنا اللغوية لم توفق في شرحه ، فلا يبقى أمامنا سوى الاستعانة بأخوات اللغة العربية لاجتلاء معنى ما

غمض من لغتنا ، ثم ان علماء العرب قد تجادلوا كثيراً في تفسير كثير من الكلمات وتحليلها كالضمائر وأسماء الاشارة والموصول ، واذا كان لهذه الكلمات ما يقابلها في اللغات السامية الاخرى سهل علينا ان نقارن بينها ، فنرد الالفاظ الى اصولها(١) .

---

(١) دروس اللغة العبرية ـ ربحي كمال ـ ص ٢٤ ـ ٣١ .

اقسام اللسان السرياني

ولهجاته المتعددة من الطوفان حتى اليوم

الاكدي ٤٠٠٠ ق. م

الكنعاني ٣٠٠٠ ق. م

البابلي ـ الآشوري ـ العاموري ـ العبري ـ الفينيقي ـ القرطاجي ـ
الآدومي ـ المؤآبي ـ العموني ـ الآرامي ٢٠٠٠ ق. م .

لهجة ما بين النهرين الشرقية — لهجة سورية الغربية

لهجة ما بين النهرين الشرقية: الرهاوي — عبرانيو بابل

لهجة سورية الغربية: التدمري — النبطي

الشرقي النصيبيني — السريان المسيحي — الفلسطيني

النسطوري الكلداني — الغربي الرهاوي — السامري الجليلي — اليهودي العبراني

لهجة وان وأروميا — السرياني الكتابي — لغة المسيح — لغة الكتاب المقدس

واذربيجان وقرى الموصل — الطوراني والجزراوي

(لهجات اللغة السريانية في أيامنا)

نقلنا هذا الجدول عن أصله السرياني من كتاب للاستاذ ابروهوم كبرئيل صوما عن الادب السرياني [1] المنشور في بونس ايرس ـ الارجنتين .

---

(١) كتاب أدب السريان ـ الجزء الاول ص ١٧٣ .

القسم الثاني

في

القواعد والتطبيق

في اللغـــة الســريانية

ܡܫܚܐ ܕܐܪܐܡ

ܣܝܡܐ

ܠܗܘܢ ܡܡܠܠܐ

ܕܥܡܐ ܣܘܪܝܝܐ

ܐܬܘ̈ܬܐ ܕܗܓ̈ܝܐ : حروف الهجاء

الحروف السريانية الغربية					
في أول الكلمة	في الوسط	في آخر الكلمة	مجردة	أسماؤها بالسريانية	ما يقابلها بالعربية
ܐ	ܐ	ܐ	ܐ	أولف	ا
ܒ	ܒ	ܒ	ܒ	بيث	ب
ܓ	ܓ	ܓ	ܓ	كومل	ج (مصرية)
ܕ	ܕ	ܕ	ܕ	دولث	د
ܗ	ܗ	ܗ	ܗ	هي بالامالة	ه
ܘ	ܘ	ܘ	ܘ	واو	و
ܙ	ܙ	ܙ	ܙ	زين	ز
ܚ	ܚ	ܚ	ܚ	حيث } بالامالة	ح
ܛ	ܛ	ܛ	ܛ	طيث } بالامالة	ط
ܝ	ܝ	ܝ	ܝ	يوذ	ي
ܟ	ܟ	ܟ	ܟ	كوف	ك
ܠ	ܠ	ܠ	ܠ	لومذ	ل
ܡ	ܡ	ܡ	ܡ	ميم	م
ܢ	ܢ	ܢ	ܢ	نون	ن
ܣ	ܣ	ܣ	ܣ	سمكث	س
ܥ	ܥ	ܥ	ܥ	عِي } بالامالة	ع
ܦ	ܦ	ܦ	ܦ	فِي } بالامالة	ف
ܨ	ܨ	ܨ	ܨ	صودي	ص

الحروف السريانية الغربية

في اول الكلمة	في الوسط	في آخر الكلمة	مجردة	اسماؤها بالسريانية	ما يقابلها بالعربية
ܩ	ܩ	ܩ	ܩ	قوف	ق
ܪ	ܪ	ܪ	ܪ	ريش	ر
ܫ	ܫ	ܫ	ܫ	شين	ش
ܬ	ܬ	ܬ	ܬ	تاو	ت

وهذه الحروف تتصل بما قبلها في الكتابة ، وتتصل كلها أيضاً بما بعدها إلا هذه وهي : ܐ . ܕ . ܗ . ܘ . ܙ . ܨ . ܪ . ܬ . فانها لا تتصل بما بعدها ، واذا اتصلت الحروف بما قبلها أو بما بعدها يصيب أغلبها شيء من التغيير كما يتضح من الحروف المتصلة بالألف والتي تقبل الاتصال بما بعدها : ܒܐ . ܓܐ . ܚܐ . ܛܐ . ܝܐ . ܟܐ . ܠܐ . ܡܐ . ܢܐ . ܣܐ . ܥܐ . ܦܐ . ܩܐ . ܫܐ .

كما ان كل الحروف متصلة بحرف البيت على الشكل التالي :

ܒܐ . ܒܒ . ܒܓ . ܒܕ . ܒܗ . ܒܘ . ܒܙ . ܒܚ . ܒܛ . ܒܝ . ܒܟ .
ܒܠ . ܒܡ . ܒܢ . ܒܣ . ܒܥ . ܒܦ . ܒܨ . ܒܩ . ܒܪ . ܒܫ . ܒܬ .

ويلاحظ :

١ ـ ان الحرفين (ܐ و ܠ) يشبهان الحرفين (ܐ و ܠ) ولكنها أقصر منها .

٢ ـ الفرق بين ܕ (دولث) وبين ܪ ريش ان الاولى توضع تحتها نقطة ، ولكن الثانية توضع فوقها نقطة .

٣ ـ الفرق ܟ (كوف) وبين ܒ (بيث) أن الاولى أصغر من الثانية .

٤ ـ تكتب لومذ أولف هكذا : ܠܐ .

٥ ـ تتصل جميع الحروف بما قبلها وبما بعدها بخط صغير أفقي (ـ) ما عدا حرف تاو ܬ وطيث ܛ فبواسطة خط مائل يصل الى أعلى الحرف هكذا : ܬܐ و ܛܐ.

ܕܘܪܫܐ تمرين - ١ -

إقرأ الحروف الآتية :

ܟ . ܡ . ܘ . ܢ . ܒ . ܫ . ܩ . ܘ . ܐ . ܠ . ܥ .

ܣ . ܗ . ܚ . ܦ . ܒ . ܦ . ܢ . ܢ . ܪ . ܝ . ܬ . ܫ . ܙ .

ܟ . ܝ . ܬܐ . ܪ . ܣ . ܦ . ܕ . ܩ . ܐ . ܢ . ܐ . ܦ . ܗ .

ܛܐ . ܒ . ܟ . ܟ . ܡ . ܗ . ܥ .

ܙܘܥܐ - الحركات

ان الواقع الحقيقي للحركات عند السريان ، هو كما عدها ابن العبري في كتابه « المدخل » وجعلها خمسة ، ولها طريقتان :

١ ـ الطريقة السريانية : وهي نقط توضع في مواضع مختلفة فوق الحرف أو تحته .

٢ ـ طريقة العلامات المستعارة من الحروف اليونانية وقد اخترعها النحوي اللغوي مار يعقوب الرهاوي (٧٠٨ +) وهي أفضل من النقط لسهولة القراءة ، ولأن التحريك بطريقة النقط تمنع أحياناً كثيرة أن يميز قراءة الحروف بين لفظيه « اللين والقاسي » لأن الحرف الذي له نقطة من فوق ونقطة من تحت لا يمكن ان توضع له نقطة التركيخ ولا نقطة التقشية ، غير ان السريان درجوا على وضع هذه النقطة بالحبر الاحمر زيادة في الايضاح ؛ وهاتان الطريقتان تستعملان أحياناً من غير فرق ، وإليك جدولاً بالحركات السريانية :

الحركات المقتبسة	الحركات السريانية	اسم الحركة	النطق
ܕܰ	ܕܲ	ܦܬܵܚܵܐ الفتاح	بَ
ܕܳ	ܕܵ	ܙܩܵܦܵܐ الزقاف	بو(بالضمة المفتوحة)Bo
ܕܶ	ܕܸ أو ܕܹ	ܪܒܵܨܵܐ الرباص	بِ (بالامالة) Be
ܕܺ	ܕܝܼ أو ܕܼܝ	ܚܒܵܨܵܐ الجباص	بِي
ܕܽ	ܕܘܼ أو ܕܘ	ܥܨܵܨܵܐ العصاص	بُو

ويلاحـــظ :

١ - ان العصاص يليها بالسريانية واو (ܘ) دائماً إلا في كلمـتـين وهما ܟܽܠ بمعنى كل ، و ܡܶܛܽܠ بمعنى لأن أو بسبب .

٢ - وان الحباص يليها بالسريانية يوذ (ܝ) في أغلب الاحيان .

٣ - ܡܒܰܛܠܳܢܳܐ (الخطيط) وهو خط افقي صغير يوضع فوق الحرف أو تحته للدلالة على انه لا يلفظ نحو ܐܢ̱ܬ (أنت) ܫܢ̱ܬܐ (سنة) ܒܪ̱ܬܐ (بنت) وهناك خط افقي طويل يمتـــد فوق حرفين للدلالة على اختصار الكلمة بحذف الجزء الاخير منهـا نحو ܩܕ̄ - ܩܰܕܺܝܫܳܐ (قديس) ܫܘ̄ - ܫܽܘܒܚܳܐ (مجد) .

٤ - ليس في السريانية علامة للسكون ، وتنحصر الحركات السريانيـــة الخمسة في جملة ܐܽܘܪܗܳܝ ܗ̱ܝ ܐܶܡܰܢ (الرها هي امنا) أو في جملة ܚܰܘܳܝܢ ܟܺܐܢܽܘܬܶܗ (أظهر لي عدالته) .

ܕܽܘܪܳܫܳܐ تمرين - ١ -

إقـــرأ :

ܒܽ . ܓܐ . ܕ . ܗܘ . ܙܰ . ܚ . ܛܳ . ܝܽ . ܟܗ . ܠܶ . ܕ .

ܡܳ . ܢ . ܣ . ܥ . ܦܗ . ܨ . ܩ . ܪ . ܫܗ . ܬܳ .

ܕܽܘܪܳܫܳܐ تمرين - ٢ -

إقرأ الكلمات الآتية :

ܚܰܕ . ܢܳܡ . ܩܽܘܡ . ܣܺܝܡ . ܗܰܒ . ܪܽܘܚ . ܦܠܰܚ

واحد . نام . قم . ضع . هب . روح . فلح

ܡܶܢ . ܚܕܳܐ . ܐܳܦ . ܐܺܝܬ . ܠܶܗ . ܝܰܘܡ . ܥܰܠ . ܚܽܘܪ .

من . واحدة . أيضاً . يوجد . له . يوم . على . انظر .

ܬܳܐ . ܬܶܒ . ܪܕܺܝ . ܗܰܘ . ܗܝ . ܣܰܩ . ܬܰܡܳܢ . ܡܰܢ .

تعال . أجلس . اتجه . ذاك . هي . اصعد . ثمَّ . مَن .

ܦܽܘܩ . ܠܺܝ . ܥܰܡ . ܙܶܠ . ܗܽܘ . ܪܳܡ . ܥܽܘܠ . ܠܳܐ . ܐܺܝܢ .

اخرج . لي . مع . اذهب . هو . عالٍ . دخل . لا . نعم .

ܐܬܘܬܐ ܚܠܝܡܬܐ ܘܟܪܝܗܬܐ ـ الحروف الصحيحة والمعتلة

١ ـ تنقسم الحروف الى قسمين صحيحة ومعتلة .

٢ ـ الحروف المعتلة ثلاثة وهي : ܐ ، ܘ ، ܝ

٣ ـ الحروف الصحيحة هي ما بقي من الحروف الهجائية .

٤ ـ الحروف حسب مخارجها تقسم الى :

أ ـ ܓܓܪܬܢܝܬܐ (الحلقية) وهي : ܐ . ܗ . ܚ . ܥ . ܪ

ب ـ ܫܪܝܩܝܬܐ (الصفيرية) وهي : ܨ . ܣ . ܙ . ܫ

ج ـ ܣܦܘܢܝܬܐ (الشفوية) وهي : ܒ . ܘ . ܡ . ܦ

د ـ ܚܢܟܢܝܬܐ (الحنكية) وهي : ܓ . ܝ . ܟ . ܩ

هـ ـ ܠܫܢܝܬܐ (اللسانية) وهي : ܕ . ܛ . ܠ . ܢ . ܬ

ܬܘܪܓܡܐ تمرين ـ ١ ـ

ميز بين الحروف المعتلة والاحرف الحلقية في الكلمات الآتية :

ܐܰܒܳܐ . ܐܰܚܳܐ . ܒܪܳܐ . ܚܳܠܳܐ . ܕܳܕܳܐ . ܣܳܒܳܐ . ܚܡܳܐ . ܒܥܠܳܐ .

أب . أخ . ابن . خال . عم . جد . حم . زوج .

ܚܬܢܐ . ܝܠܘܕܐ . ܫܒܪܐ . ܛܠܝܐ . ܥܠܝܡܐ . ܐܡܐ .

صهر . وليد . طفل . صبي . شاب . أم .

ܚܬܐ . ܒܪܬܐ . ܚܠܬܐ . ܥܡܬܐ . ܣܒܬܐ . ܚܡܬܐ . ܒܥܠܬܐ .

اخت . ابنة . خالة . عمة . جدة . حماة . زوجة .

ܟܠܬܐ . ܥܪܬܐ . ܒܬܘܠܬܐ . ܒܢܝܐ . ܒܢܬܐ . ܐܒܗܐ

كنة (عروس) . ضرة . بتول . بنون . بنات . آباء

ܐܡܗܬܐ . أمهات .

ܫܘܚܠܦܐ - الضمير

١ - ܚܠܦ ܫܡܐ أو ܫܡܐ ܫܘܚܠܦܐ (الضمير) وهو اسم مبهم ينوب عن الاسم الظاهر ، وهو إما لمتكلم ܦܪܨܘܦܐ ܡܡܠܠܐ أو لمخاطب ܦܪܨܘܦܐ ܠܘܬܝܐ أو لغائب ܦܪܨܘܦܐ ܠܒܪܝܐ .

٢ - الضمير نوعان : الضمير الظاهر ܓܠܝܐ هو الذي يظهر في اللفظ مثل ܐܢܐ ܐܠܦܬܟ أنا علمتك .

٣ - الضمير المستتر ܟܣܝܐ هو الذي لا يظهر في اللفظ كما في ܩܪܐ قرأ .

٤ - الضمير الظاهر يقسم الى ܦܪܝܫܐ (منفصل) و ܢܩܝܦܐ (متصل) .

٥ - الضمائر المنفصلة قسمان ܚܠܦ̈ܐ ܦܪ̈ܝܫܐ مرفوعة نحو ܐܢܐ ܐܢܐ ܢܘܗܪܐ ܫܪܪܐ (أنا نور الحق) و ܣܡ̈ܝܟܐ ܦܪ̈ܝܫܐ (منصوبة) نحو ܒܥܝܬ ܐܢܘܢ ܘܩܪܝܬ ܐܢܘܢ طلبتهم ودعوتهم .

٦ - متى اتصلت الضمائر المنفصلة بالاسم المسند تتغير نحو : ܡܗܰܠܠܳܐ ܐ̱ܢܐ بدل ܡܗܰܠܠܳܐ ܐܶܢܳܐ و ܡܗܰܠܶܠ ܐ̱ܢܐ بدل ܡܗܰܠܶܠ ܐܶܢܳܐ .

ضمائر الرفع المنفصلة ܕܰܟܘܳܬܳܐ ܡܦܰܪ̈ܫܳܐ - المتكلم ܦܰܪܨܘܦܳܐ ܩܰܕܡܳܝܳܐ

المفرد		الجمع	
ܐܶܢܳܐ	أنا	ܚܢܰܢ	نحن - للمذكر والمؤنث

ܦܰܪܨܘܦܳܐ ܬܪܰܝܳܢܳܐ - المخاطب

ܐܰܢ̱ܬ	أنت	ܐܰܢ̱ܬܽܘܢ	أنتم	للمذكر والمؤنث
ܐܰܢ̱ܬܝ	أنتِ	ܐܰܢ̱ܬܶܝܢ	أنتنّ	

ܦܰܪܨܘܦܳܐ ܬܠܺܝܬܳܝܳܐ - الغائب

ܗܽܘ	هو	ܗܶܢܽܘܢ	هم	للمذكر والمؤنث
ܗܺܝ	هي	ܗܶܢܶܝܢ	هنّ	

ܢܩܘܦ̈ܐ ܡܦܪ̈ܫܐ - ضمائر النصب المنفصلة

ܐܶܢܽܘܢ لجمع الغائب نحو : ܚܙܰܝܬ ܐܶܢܽܘܢ رأيتهم
ܐܶܢܶܝܢ لجمع الغائبة نحو : ܚܙܰܝܬ ܐܶܢܶܝܢ رأيتهن

الامثلة :

ܐܶܢܳܐ { ܐܶܢܳܐ ܐ̱ܢܳܐ ܪܳܥܝܳܐ ܛܳܒܳܐ : أناهو الراعي الصالح
ܐܶܢܳܐ ܚܰܟܺܝܡ ܐ̱ܢܳܐ : أنا حكيم

ܐܢܬ : ܐܢܬ ܓܢܒܪܐ ܐܢܬ : أنت البطل

ܐܢܬܝ : ܐܢܬܝ ܗܘܝ ܐܢܬܬܐ ܡܕܒܪܢܝܬܐ : أنتِ امرأة مدبرة

ܗܘ : ܙܐܗܝ ܒܣܝܡ ܗܘ ܡܢ ܚܒܪܗ : زاهي أطيب من صديقه

ܗܝ : ܗܝ ܐܘܡܬܐ ܡܝܬܪܬܐ ܗܝ : هي امة مفضلة

ܚܢܢ : ܚܢܢ ܦܠܚ̈ܐ ܕܚܝ̈ܠܐ : نحن جنود أشداء

ܐܢܬܘܢ : ܐܢܬܘܢ ܬܠܡ̈ܝܕܐ ܚܦ̈ܝܛܐ : أنتم تلامذة مجتهدون

ܐܢܬܝܢ : ܐܢܬܝܢ ܒܬ̈ܘܠܬܐ ܡ̈ܝܬܪܬܐ : انتن عذارى فاضلات

ܗܢܘܢ : ܗܢܘܢ ܚܒܢ̈ܢܐ : هم كسالى

ܗܢܝܢ : ܗܢܝܢ ܣܟ̈ܠܬܐ : هنّ جاهلات

ويلاحـــظ :

١ - تكرار الضمير أحياناً للتأكيد، نحو : ܐܢܬ ܡܠܦܢܐ ܐܢܬ أنت هو المعلم.

٢ - عندما يسبق الضمير ܗܘ حركة زقاف تقلب الى فتاح نحو : ܥܒܕܐ فاننا نقول ܥܒܕܐ ܗܘ (عبداو).

٣ - ܕ (دولث) تأتي بمعنى اسم موصول (الذي). وعلامة للاضافة فتفصل بين المضاف والمضاف اليه نحو : ܐܢܬܘܢ ܐܢܘܢ ܣܒܪܐ ܕܐܬܪܐ أنتم أمل الوطن . ܐܢܬܝܢ ܐܢܝܢ ܐܡܗܬܐ ܕܥܬܝܕ أنتن أمهات المستقبل .

٤ - ܢܘܩܙܐ (النقط) ترسم نقطة واحدة فوق الحروف أو تحتها لتمييز معانيها اللغوية نحو ܗܘ (ذلك) ܗܘ (هو) ܗܝ (هي) وفوق ܗ ضمير المفرد المؤنث المتصل مفرداً وجمعاً نحو ܢܦܫܗ (نفسها)

ܐܰܒ݂ܳܗ̈ܰܝܗ (آباؤها) .

٥ – ومن أنواع النقط (ܣܝܳܡܶܐ) (السيامي) وهو نقطتان توضعان فوق الكلمة للدلالة على الجمع المذكر والمؤنث نحو : (ܡܰܠ̈ܟܶܐ ܡܰܠ̈ܟܳܬ݂ܳܐ ملوك ، ملكات) وفوق الافعال والصفات المجموعة المؤنثة نحو : ܐܶܙ̈ܰܠ (ذهبن) ܐܳܬ݂̈ܝܳܢ (آتيات) ܛܳܒ̈ܳܢ (جيدات) وفوق اسم الجمع نحو ܡܰ̈ܝܳܐ (ماء) ܥܳܢ̈ܳܐ (غنم) .

وحينما يوضع (السيامي) فوق حرف (الريش) يكتفي بنقطتين بدلاً من ثلاث نحو : ܪ̈ܚܡܶܐ (أصدقاء) ܨܽܘܪ̈ܳܬ݂ܳܐ (صوَر)

ܫܡ̈ܳܗܶܐ ܬܰܚܘܝܳܝܶܐ - أسماء الإشارة

أسماء الاشارة :	الأمثلة
ܗܳܢܳܐ هذا : للمذكر القريب	نحو : ܗܳܢܳܐ ܒܰܝܬ݂ܳܐ (هذا البيت)
ܗܳܕܶܐ هذه : للمؤنث القريب	نحو : ܗܳܕܶܐ ܡܰܠܦܳܢܺܝܬ݂ܳܐ (هذه المعلمة)
ܗܳܠܶܝܢ هؤلاء : وأولاء للمذكر والمؤنث	نحو : ܗܳܠܶܝܢ ܬܰܠܡܺܝ̈ܕܶܐ (هؤلاء التلاميد) وܗܳܠܶܝܢ ܢܰܟ݂ܦ̈ܳܬ݂ܳܐ (أولاء العفيفات)
ܗܰܘ ذلك : للمذكر البعيد	نحو : ܗܰܘ ܐܳܬ݂ܳܐ (ذلك الحروف)
ܗܳܝ تلك : للمؤنث البعيد	نحو : ܗܳܝ ܬܰܘܳܢܳܐ (تلك الغرفة)
ܗܳܢܽܘܢ أولئك : لجمع المذكر	نحو : ܗܳܢܽܘܢ ܚܰܟ̈ܺܝܡܶܐ (أولئك الحكماء)
ܗܳܢܶܝܢ أولئك : لجمع المؤنث	نحو : ܗܳܢܶܝܢ ܫܰܦܺܝܪ̈ܳܬ݂ܳܐ (أولئك الجميلات)

١ – ܗܳܢܳܐ بجزم فتصبح ܗܳܢ

٢ – ܗܳܢܳܐ ܗܽܘ هذا يكون تكتب هكذا : ܗܳܢܘ

٣ - ܗܳܕܶܐ ܗ̄ܝ (هذه تكون) تكتب هكذا : ܗܳܕܶܐܝ

٤ - يشار الى المكان بـ ܗܳܪܟܳܐ هنا نحو ܗܳܪܟܳܐ ܩܽܘܡ (قف هنا)

٥ - تضاف لفظة ܗܳܘ الى ܬܰܡܳܢ و ܠܗܰܠ (ثَمَّ ، هناك) فيقال ܗܳܘ ܬܰܡܳܢ ، ܗܳܘ ܠܗܰܠ هنالك نحو ܗܳܘ ܬܰܡܳܢ ܟܽܘܚܳܐ (هنالك الكوخ) ܗܳܘ ܠܗܰܠ ܐܰܪܥܳܐ (هنالك الارض)

ܕܽܘܪܫܳܐ تمرين - ١ -

ضع اسم اشارة مناسباً في المكان الحالي :

... ܐܰܚܳܐ ، ... ܥܠܰܝܡܬܳܐ ، ... ܒܰܪܬܳܐ ، ... ܒ̈ܢܳܬܳܐ ،

... ܟܽܘܚܳܐ ، ... ܒܰܝܬܳܐ ، ... ܐܰܚ̈ܘܳܬܳܐ ، ... ܡܰܠܟܳܐ .

ܕܽܘܪܫܳܐ تمرين - ٢ -

ترجم الى السريانية :

هذا العم ، هذه الخالة ، ذاك التلميذ ، تلك المعلمة ، هؤلاء الاخوال ، أولئك الفاضلات ، هذا هو البيت ، هنالك الجبل ، هناك النهر ، تلك هي الام ، هــــذه الارض ، هؤلاء التلاميذ .

ܫܡ̈ܗܳܐ ܡܫܰܐܠܳܢ̈ܝܳܐ - أسماء الاستفهام

اسماء الاستفهام	الامثلة
ܐܰܝܢܳܐ أيّ للمفرد المذكر للعاقل	ܐܰܝܢܳܐ ܗ̄ܘ ܐܰܒܽܘܟ݂ أيّ هو أبوك
ܐܰܝܕܳܐ أيّة للمفرد المؤنث ـ	ܐܰܝܕܳܐ ܗ̄ܝ ܐܶܡܳܟ݂ أيّة هي أمك
ܐܰܝܠܶܝܢ أيّ لجمع المذكر والمؤنث ـ	ܐܰܝܠܶܝܢ ܐܶܢܶܝܢ ܐܰܚ̈ܘܳܬܶܟ݂ܝ أيّ هن اخواتك

ܡܰܢ "مَنْ" ܡܰܢ ܐܰܢ̱ܬ "مَنْ أنتَ" ܡܰܢ ܐܶܬ݂ܳܐ "مَن جاء" .

ܐܰܝܢܳܐ ܗܽܘ ܐܰܬ݂ܪܶܗ ما هو بلده

ܐܰܝܕܳܐ ܗ̱ܝ ܥܶܠܬ݂ܳܐ أيّة علة

ܠܡܳܢܳܐ ܡܶܬ݂ܥܰܩܰܬ݂ مِمَّ تضجّر

ܡܳܐ "ما" ܡܳܐ ܠܳܟ݂ ما شأنك

ܡܳܢܳܐ ماذا ܡܳܢܳܐ ܫܽܘܠܛܳܢܳܐ أي سلطان ܡܳܢܳܐ ܐܶܟ݂ܰܠܬ݂ ماذا أكلت

ܐܰܝܟܰܢܳܐ كيف للحال ܐܰܝܟܰܢܳܐ ܐܰܢ̱ܬ . ܐܰܝܟܰܢܳܐ ܐܺܝܬ݂ܰܝܟ كيف أنت

ܐܶܡܰܬ݂ܝ متى للزمان ܐܶܡܰܬ݂ܝ ܡܺܝܬ݂ متى مات

ܐܰܝܟܳܐ أين للمكان ܐܰܝܟܳܐ ܣܳܡ ܝܰܥܩܽܘܒ ܓܰܙܶܗ أين وضع يعقوب محفظته

ܐܰܝܡܶܟܳܐ من أين للمكان ܐܰܝܡܶܟܳܐ ܐܶܬ݂ܳܐ من أين جاء

ܟܡܳܐ كم للعدد ܟܡܳܐ ܙܽܘܙܶܐ ܐܺܝܬ݂ ܠܳܟ݂ كم درهما عندك

---

١ - ܐܰܝܢܳܐ و ܡܰܢ و ܡܳܢܳܐ و ܐܰܝܟܳܐ متى تبعتها ܗܽܘ تختفي الهاء وتكتب: ܐܰܝܢܽܘ و ܡܰܢܽܘ و ܡܳܢܽܘ و ܐܰܝܟܽܘ

٢ - حرف الاستفهام ܟܰܝ « أ . هل . يا ترى » قبل أو بعد المستفهم عنه نحو ܐܶܬ݂ܳܐ ܟܰܝ ܐܰܒ݂ܽܘܟ݂ (أجاء أبوك) ܐܶܕ݂ܢܰܝܟ݂ܽܘܢ ܟܰܝ ܝܰܩܺܝܪ̈ܳܢ (أآذانكم ثقيلة) .

٣ - يأتي ܟܰܝ للاستفهام الانكاري فيجعل النفي إثباتاً نحو : ܚܰܒ݂ܺܝܒ݂ ܟܰܝ ܠܳܐ ܫܳܦܰܪ ܠܳܟ݂ (ألا يعجبك حبيب) .

٤ - يجوز زيادة ܟܰܝ بعد أسماء الاستفهام كلها نحو ܡܰܢܽܘ ܟܰܝ ܗܳܢܳܐ «من هو هذا»

ܦܐܖ̈ܐ ܘܐܒܒ̈ܐ - الفواكه والثمار

ܚܙܘܪܐ	التفاح	ܠܘܙܐ	اللوز
ܐܓܢܨܐ	الاجاص	ܩܫܡܫܐ	الزبيب
ܩܘܡܬܪܐ	الكمثري	ܬܡܪܐ	التمر
ܦܛܝܚܐ	البطيخ	ܬܘܬܐ	التوت
ܐܬܪܘܓܐ	البرتقال	ܦܣܬܩܐ	الفستق
ܐܣܦܪܓܠܐ	السفرجل	ܫܘܫܡܐ	السمسم
ܠܝܡܘܢܐ	الليمون	ܩܢܝܐ	القصب
ܪܘܡܢܐ	الرمان	ܒܠܘܛܐ	البلوط
ܡܘܙܐ	الموز	ܚܣܐ	الخس
ܩܘܪܣܝܐ	الكرز، قرسيا	ܢܢܥܐ	النعنع
ܩܘܫܝܬܐ	الخيار	ܦܘܠܐ	الفول
ܥܢܒܐ	العنب	ܚܡܨܐ	الحمص
ܬܐܢܐ	التين	ܚܪܘܒܐ	الخرنوب
ܙܝܬܐ	الزيتون	ܛܠܦܚܐ	العدس
ܡܫܡܫܐ	المشمش	ܚܛܐ	الحنطة
ܒܛܛܐ	البطاطا	ܣܥܪܐ	الشعير
ܒܕܢܓܢܐ	الباذنجان	ܣܡܝܕܐ	البرغل
ܛܡܛܡܐ	الطماطم	ܪܘܙܐ	الرز
ܓܘܙܐ	الجوز		

ܕܘܪܫܐ تمرين - ١ -

ضع اسم استفهام مناسباً في المكان الخالي :

... ܐܙܠ ، ... ܟܬܒܢ ، ... ܐܘܪܚܝ ، ... ܡܛܠܬܟܝ ، ...
ܣܦܪ ، ... ܥܬܐ ܐܬܐ ܠܡܕܝܢܬܐ ܕܡܘܨܠ ، ... ܟܬܒܬ ، ...
ܐܬܝܬܘܢ ، ... ܐܬܝܬܘܢ ، ... ܙܒܢܝܢ ܗܘ̈ܝܢ .

ܕܘܪܫܐ تمرين - ٢ -

ترجم الى العربية :

ܡܢ ܐܢܬ ܚܝܠܬܐ ، ܒܝܬܐ ܡܢܘ ܐܬܐ ܐܙܠ ܐܝܟ ، ܐܬܘ ܟܬܒܘ
ܒܬܒܐ ܐܘ ܠܐܢܬܐ ، ܐܡܪܝܢ ܪܒܐ ܣܦܪܐ ܐܘ ܐܠܗܢܘܬܐ ، ܟܬܒܘ
ܡܛܠ ܕܫܡܥܬܘܢ ، ܐܬܝܢ ܥܡܟ ܟܬܒܐ ، ܐܡܬܐ ܟܘ
ܗܘܐ ، ܐܡܬܝ ܐܬܝܬ .

ܝܘ̈ܡܬܐ ܕܫܒܘܥܐ - أيام الاسبوع

ܚܕ ܒܫܒܐ الاحد ، ܬܪܝܢ ܒܫܒܐ الاثنين ، ܬܠܬܐ ܒܫܒܐ الثلاثاء ،
ܐܪܒܥܐ ܒܫܒܐ الاربعاء ، ܚܡܫܐ ܒܫܒܐ الخميس ، ܥܪܘܒܬܐ الجمعة ،
ܫܒܬܐ السبت .

ܙܒ̈ܢܐ - الفصول

ܬܐܪܐ الربيع ، ܣܬܘܐ الشتاء ، ܩܝܛܐ الصيف ، ܬܫܪܝܬܐ الخريف.

ܫܡܐ ܕܓܢܣܐ ܘܫܘܡܗܐ - اسم الجنس والعلم

١ - اسم الجنس هو الذي يطلق على كل فرد من أفراد الجنس نحو : ܓܒܪܐ رجل ܐܢܬܬܐ امرأة .

٢ - اسم العلم هو ما دل على شخص أو شيء غير متناول ما أشبهه نحو : ܫܡܥܘܢ شمعون ، ܕܪܡܣܘܩ دمشق ، ܕܩܠܬ دجلة .

ويكون إما مفرداً نحو ܦܘܠܘܣ بولس ܡܪܝܡ مريم أو مركباً نحو ܒܪܨܘܡܐ برصوم ܟܦܪ ܚܠܒ كفر حلب ، أو علماً من وضعه نحو ܠܒܢܢ لبنان ، أو منقولاً عن مصدر نحو : ܕܢܚܐ دنحا ، ܡܪܘܬܐ ماروثا .

٣ - وينقسم الى اسم وكنية ولقب ، فالاسم نحو ܝܘܣܦ يوسف ܚܢܐ حنّة .

٤ - الكنية ما ابتدأ بلفظة ܐܒܐ أو ܐܡܐ أو ܒܪܐ نحو ܐܒܐ ܕܥܡܡܐ «ابو الشعوب» كنية ابراهيم الخليل . ܐܡܐ ܕܚܝܐ «أم الحياة» كنية العذراء مريم ܒܪ ܐܒܕܢܐ «ابن الهلاك» كنية الدجال .

٥ - اللقب ما أفاد مدحاً أو ذماً نحو : ܢܘܗܪܐ ܕܥܠܡܐ «نور العالم» لقب المسيح ܩܛܘܠ ܐܢܫܐ «قاتل الناس» لقب الشيطان .

٦ - ومن الاعلام اسماء الاشهر كلها وهي :

ܝܪ̈ܚܐ - الاشهر

ܟܢܘܢ ܐܚܪܝ	كانون الثاني	ܬܡܘܙ	تموز
ܫܒܛ	شباط	ܐܒ	آب
ܐܕܪ	آذار	ܐܝܠܘܠ	ايلول
ܢܝܣܢ	نيسان	ܬܫܪܝ ܩܕܝܡ	تشرين الأول
ܐܝܪ	أيار	ܬܫܪܝ ܐܚܪܝ	تشرين الثاني
ܚܙܝܪܢ	حزيران	ܟܢܘܢ ܩܕܝܡ	كانون الأول

ܕܘܪܫܐ تمرين - ١ -

ميّز العلم المفرد من المركب : والاسم من اللقب والكنية :

ܡܘܫܐ موسى	ܐܒܐ ܕܦܘܪܩܢܐ أبو الفرج	ܪܝܫ ܥܝܢܐ رأس العين
ܝܘܪܕܢܢ الاردن	ܒܪ ܐܢܫܐ ابن الانسان	ܦܪܬ الفرات
ܒܝܬ ܨܝܕܐ بيت صيدا	ܥܒܕܝܫܘܥ عبديشوع	ܦܪܘܩܐ الفاروق

ܫܡܐ ܕܚܒܝܫܐ - اسم الموصول

ان اسم الموصول بالسريانية هو الدولث « ܕ » وحدها أو مسبوقة بأسماء الاستفهام أو الاشارة نحو ܛܠܝܐ ܗܘ ܕܐܬܐ (الولد الذي جاء) ܡܐ ܕܒܫܡܝܐ ܘܕܒܐܪܥܐ (ما في السماء وما في الارض) ܗܠܝܢ ܐܝܠܝܢ ܕܠܐ ܐܬܡܚܝܘ (هؤلاء الذين لم يضربوا) ܟܠ ܡܢ ܕܐܡܪܘ ܘܐܡܪܝܢ (كل من قالوا ويقولون) ܒܕܘܟܬܐ ܗܝ ܕܐܣܗܕܘ ܒܗ (في المكان الذي استشهدوا فيه) ܐܢܬܘܢ ܕܦܚ ܪܝܚܟܘܢ (انتم الذين فاح عرفكم) ܛܘܒܘܗܝ ܠܡܢ ܕܪܚܡ ܠܐܠܗܐ (طوبى للذي يحب الله) ܒܝܬܐ ܕܥܡܪ ܐܢܬ ܒܗ (البيت الذي تسكنه) .

ܕܘܪܫܐ تمرين - ١ -

ترجم الجمل التالية الى اللغة العربية :

ܥܠܡ ܕܒܒܪ . ܐܬܪܐ ܕܐܦܪܝܩܝ . ܐܬܟܢܫ ܕܐܬܐ . ܗܘ ܒܪܬܐ ܕܐܬܟܪܝܬ ܒܟܘܪܗܢܐ . ܗܘ ܕܒܪܝܢ ܒܟܠ ܟܘܪܗܢ . ܡܠܟܐ ܗܘ ܐܡܝܢܐ ܕܚܝܐ . ܗܠܝܢ ܐܢܝܢ ܕܒܟܬܒܘܗܝ . ܐܬܐ ܕܢܚܡ .

ܐܢܬܘܢ ܥܡ ܒܢ̈ܝܐ ܘܒܢܘܗܝ ܡ̈ܠܟܐ ܐܢܘܢ ܐܬܦܢܝܘ ܐܝܟ
ܕܢܗܪ ܟܘܟܒܐ .

ܦܘ̈ܢܝܐ ܡܕܒ̈ܩܐ - الضمائر المتصلة

١ ـ الضمائر المتصلة مشتركة بين الافعال والاسماء والحروف وهي إما مرفوعة نحو: ܟܬܒܬ كتبتُ وإما منصوبة كما في ܥܒܕܬܟ عملتك ، أو مضافة نحو ܥܒܕܝ عملي . ففي الاولى التاء وهي ضمير الفاعل وفي الثانيـــة الكاف ضمير المفعول ، وفي الثالثة ܥܒܕܐ مضافة الى (ܝ) .

تصريف الفعل ܟܬܒ في الماضي مع الضمائر المرفوعة

المفرد		الجمع	
ܐܢܐ ܟܬܒܬ	كتبتُ	ܚܢܢ ܟܬܒܢ أو ܟܬܒܢܢ	كتبنا
ܐܢܬ ܟܬܒܬ	كتبتَ	ܐܢܬܘܢ ܟܬܒܬܘܢ	كتبتم
ܐܢܬܝ ܟܬܒܬܝ	كتبتِ	ܐܢܬܝܢ ܟܬܒܬܝܢ	كتبتن
ܗܘ ܟܬܒ	كتبَ	ܗܢܘܢ ܟܬܒܘ أو ܟܬܒܘܢ	كتبوا
ܗܝ ܟܬܒܬ	كتبتْ	ܗܢܝܢ ܟܬܒ̈ܝ أو ܟܬܒ̈ܝܢ	كتبنَ

وفي تصريف مطاوعه

المفرد		الجمع	
ܐܬܟܬܒܬ	إنكتبتُ	ܐܬܟܬܒܢ	انكتبنا
ܐܬܟܬܒܬ	إنكتبتَ	ܐܬܟܬܒܬܘܢ	انكتبتم
ܐܬܟܬܒܬܝ	إنكتبتِ	ܐܬܟܬܒܬܝܢ	انكتبتن
ܐܬܟܬܒ	انكتبَ	ܐܬܟܬܒܘ ، ܐܬܟܬܒܘܢ	انكتبوا
ܐܬܟܬܒܬ	انكتبتْ	ܐܬܟܬܒ̈ܝ ، ܐܬܟܬܒ̈ܝܢ	انكتبن

ܕܘܪܫܐ تمرين - ١ -

صرّف الافعال الآتية مع الضمائر :

ܕܢܚ ظهر   ܦܩܕ أمر   ܛܡܪ طمر

ܩܪܒ قرب   ܓܪܦ جرف   ܦܪܥ كافأ

تصريف المضارع مع الضمائر المرفوعة

المفرد		الجمع	
ܐܢܐ ܐܟܬܘܒ	أكتبُ	ܚܢܢ ܢܟܬܘܒ	نكتب
ܐܢܬ ܬܟܬܘܒ	تكتبُ	ܐܢܬܘܢ ܬܟܬܒܘܢ	تكتبون
ܐܢܬܝ ܬܟܬܒܝܢ	تكتبين	ܐܢܬܝܢ ܬܟܬܒܢ	تكتبن
ܗܘ ܢܟܬܘܒ	يكتب	ܗܢܘܢ ܢܟܬܒܘܢ	يكتبون
ܗܝ ܬܟܬܘܒ	تكتب	ܗܢܝܢ ܢܟܬܒܢ	يكتبن

تصريف الامر مع الضمائر المرفوعة

ܐܢܬ ܟܬܘܒ أكتب   ܐܢܬܝ ܟܬܘܒܝ أكتبي

ܐܢܬܘܢ ܟܬܘܒܘ او ܟܬܘܒܘܢ أكتبوا

ܐܢܬܝܢ ܟܬܘܒܝ او ܟܬܘܒܝܢ أكتبن

١ - تضاف الضمائر الى الاسماء بعد حذف ألف الاطلاق من آخرها وإسكانه مع الضمائر المتحركة كما في ܟܬܒܟܝܢ كتابكن وتحريكه بحركة مناسبة مع الضمائر الساكنة كما في ܟܬܒܗ و ܟܬܒܟܘܢ إلا في ضمير المتكلم الساكن أبداً نحو ܟܬܒܝ . ܒܪܝ .

٢ - إذا اتصلت الضمائر بالجمع المذكر تسبقها (ܝ) مفتوح ما قبلها :

نحو ܟܬܳܒ̈ܰܝܟܝ كتبكِ إلا مع ضمير الغائبة فيقال ܟܬܳܒ̈ܶܝܗ̇ بالرباص ،
وقد تختفي اليوذ (ܝ) كما في ܫܡܰ̈ܝܟܝ سماواتكِ أو تبدّل بواو كما في ܐܺܝܕ̈ܰܘܗ̄ܝ يداه .

تصريف الاسم ܟܬܳܒܳܐ مع الضمائر المضافة

المفرد		الجمع	
ܟܬܳܒܝ	كتابي	ܟܬܳܒܰܢ	كتابنا
ܟܬܳܒܳܟ	كتابكَ	ܟܬܳܒܟ݂ܽܘܢ	كتابكم
ܟܬܳܒܶܟܝ	كتابكِ	ܟܬܳܒܟ݂ܶܝܢ	كتابكن
ܟܬܳܒܶܗ	كتابه	ܟܬܳܒܗܽܘܢ	كتابهم
ܟܬܳܒܳܗ̇	كتابها	ܟܬܳܒܗܶܝܢ	كتابهن

تصريف ܟܬܳܒ̈ܶܐ مع الضمائر

المفرد		الجمع	
ܟܬܳܒ̈ܰܝ	كتبي	ܟܬܳܒ̈ܰܝܢ	كتبنا
ܟܬܳܒ̈ܰܝܟ	كتبكَ	ܟܬܳܒ̈ܰܝܟ݂ܽܘܢ	كتبكم
ܟܬܳܒ̈ܰܝܟܝ	كتبكِ	ܟܬܳܒ̈ܰܝܟ݂ܶܝܢ	كتبكن
ܟܬܳܒ̈ܰܘܗܝ	كتبه	ܟܬܳܒ̈ܰܝܗܽܘܢ	كتبهم
ܟܬܳܒ̈ܶܝܗ̇	كتبها	ܟܬܳܒ̈ܰܝܗܶܝܢ	كتبهن

ܕܘܪܫܐ تمرين - ١ -

صرّف الاسماء الآتية مع الضمائر المضافة مفرداً وجمعاً
ܡܰܠܟܳܐ ، ܡܰܠܟ̈ܶܐ ملك ، ملوك ܕܽܘܪܫܳܐ ܕܽܘܪ̈ܫܶܐ درس ، دروس

ܡܰܢܕܺܝܠܳܐ ، ܡܰܢܕܺܝ̈ܠܶܐ ، منديل ܙܰܒܺܝܠܳܐ ، ܙܰܒܺܝ̈ܠܶܐ ، حقيبة ، حقائب

يلاحظ :

١ ـ اذا اجتمع ساكنان في الاسم جاز تحريك أولهما نحو : ܟܳܗܢܰܝ كاهني ، ܟܬܳܒܟܽܘܢ كاتبكم . وتختص هذه القاعدة بما هو على وزن ܟܬܳܒܳܐ .

٢ ـ يعاد الى الاسماء التي حذف منها أحد حروفها متى اضيفت الى الضمائر ومن ذلك ܐܰܒܳܐ ، ܐܰܚܳܐ ، ܚܰܡܳܐ فيقال ܐܰܒܽܘܗܝ ، ܐܰܚܽܘܗܝ ، ܚܰܡܽܘܗܝ . غير انها تختفي مع ضمير المتكلم المفرد فيقال ܐܰܒܝ ، ܐܰܚܝ ، ܚܰܡܝ .

اضافة الضمائر الى حروف الجر

١ ـ حروف الجر وتسمي (ܐܶܣܳܪ̈ܶܐ) وتقسم الى قسمين ، فالقسم الاول وتضاف اليها الضمائر التي يأخذها اسم المفرد المضاف وهي : ܒ ، ܠ ، ܡܶܢ من ، ܥܰܡ مع ، ܠܘܳܬ الى ، ܐܰܟܘܳܬ مثل ، ܒܳܬܰܪ بعد

تصريف حرف ܥܰܡ مع الضمائر

المفرد		الجمع	
ܥܰܡܝ	معي	ܥܰܡܰܢ	معنا
ܥܰܡܳܟ	معكَ	ܥܰܡܟܽܘܢ	معكم
ܥܰܡܶܟܝ	معكِ	ܥܰܡܟܶܝܢ	معكن
ܥܰܡܶܗ	معه	ܥܰܡܗܽܘܢ	معهم
ܥܰܡܳܗ̇	معها	ܥܰܡܗܶܝܢ	معهن

يشذ حرف ܩܕܳܡ أمام ، عند اضافته الى ضمير الاسم المفرد المخاطب والمخاطبة والغائب والغائبة وجمع المتكلم فيصبح ܩܕܳܡܰܝܟ ، ܩܕܳܡܰܝܟܝ ، ܩܕܳܡܰܘܗܝ ، ܩܕܳܡܶܝܗ ، ܩܕܳܡܰܝܢ ،

وحرف ܡܶܛܽܠ لأن ، يغيّر قبل اضافته الى ضمير الاسم المفرد الى ܡܶܛܽܠܳܬ نحو : ܡܶܛܽܠܳܬܶܗ ، ܡܶܛܽܠܳܬܝ والخ . .

أما حرف ܟܠ ، فيضاف الى ضمير المفرد كالعادة غير أنه مع ياء المتكلم يشكل هكذا ܟܽܠܝ كلّي .

٢ – أما القسم الثاني وتضاف اليها الضمائر التي يأخذها الجمع المذكر وهي : ܥܰܠ على ، ܓܰܒ جانب ، ܚܠܳܦ بدلاً من ، ܬܚܽܘܬ تحت ، ܚܕܳܪ حول .

٣ – فعل واحد جامد في السريانية وهو ܐܺܝܬ (كائن) ويصرّف كالأسماء المجموعة ، ويقال في نفيه بدلاً من ܠܳܐ ܐܺܝܬ : ܠܰܝܬ وتصريفه مثل ܐܺܝܬ نحو :

المفرد		الجمع	
ܐܺܝܬܰܝ	أنا أكون	ܐܺܝܬܰܝܢ	نحن نكون
ܐܺܝܬܰܝܟ	أنتَ تكون	ܐܺܝܬܰܝܟܘܢ	أنتم تكونون
ܐܺܝܬܰܝܟܝ	أنتِ تكونين	ܐܺܝܬܰܝܟܶܝܢ	أنتن تكنّ
ܐܺܝܬܰܘܗܝ	هو يكون	ܐܺܝܬܰܝܗܘܢ	هم يكونون
ܐܺܝܬܶܝܗ	هي تكون	ܐܺܝܬܰܝܗܶܝܢ	هنّ يكنّ

١ – ܥܠ ܡܠܬܐ – المفعول المطلق

يصاغ المفعول المطلق بزيادة ܳܐܝܬ على كل الصفات ܫܰܪܺܝܪܳܐܺܝܬ

(بقداسة) ܟܐܢܐܝܬ (بعدل) ܓܠܝܐܝܬ (بوضوح) ܓܘܢܐܝܬ (عامة) ܣܪܝܩܐܝܬ (باطلاً) .

٢ - ܡܥܢܘܐ ܕܕܪܓܐ - ظروف الدرجة : وهي ܐܝܟ ، ܐܝܟܢܐ ، ܐܝܟܢ (مثل) ܐܦ (أيضاً) ܗܟܢܐ (هكذا) ܛܒ (جداً) ܒܠܚܘܕ ، ܒܠܚܘܕ (فقط) .

٣ - ܡܥܢܘܐ ܕܙܒܢܐ ظروف الزمان وهي : ܐܟܚܕܐ (معاً) ܐܡܬܝ (متى) ܐܬܡܠܝ (امس) ܡܢ ܩܕܡ ܐܬܡܠܝ (اول أمس) ܒܚܪܬܐ (أخيراً) ܒܬܪܟܢ (بعدئذ) ܗܫܐ (الآن) ܗܝܕܝܢ (حينئذ) ܝܘܡܢܐ (اليوم) ܡܚܪ أو ܠܡܚܪ (غداً) ܩܕܡ (قدام) ܡܚܕܐ (حالاً) ܡܬܘܡ (أبداً) ܠܐ ܥܕܟܝܠ (ليس الآن) ܥܕܡܐ ܠܐܡܬܝ (حتى متى) ܥܕܡܐ ܠܗܫܐ أو ܥܕ ܟܥܢ (حتى الآن) ܡܟܝܠ (من الآن) .

٤ - ܡܥܢܘܐ ܕܐܬܪܐ - ظروف المكان وهي : ܐܝܟܐ (أين) ܡܟܐ (من هنا) ܥܕܡܐ ܠܐܝܟܐ (الى أين) ܥܕܡܐ ܠܗܪܟܐ (الى هنا) ܬܡܢ (ثم ، هناك) ܠܥܠ (فوق) ܠܬܚܬ (تحت) ܐܝܡܟܐ (من أين) ܠܟܐ (الى هنا) ܗܪܟܐ (هنا) ܠܗܠ (هنالك) .

الاضافة الى الاسم الظاهر

تكون الاضافة بالسريانية إما بالجزم أي بالاسناد وإما بالأداة .

فالاضافة بالجزم أن تجزم المضاف وتسنده الى المضاف اليه نحو ܬܪܥ ܪܚܡܐ (باب الرحمة) ܟܬܒܝ ܩܪܝܢܐ (كتب القراءة) ܒܢܬ ܚܘܐ (بنات حواء) .

وأما إضافة الاداة ، وهي ان يدخل حرف (ܕ) على المضاف بدون الجزم نحو ܫܥܬܐ ܕܫܘܪܐ (ساعة الحائط) ܢܡܘܣܐ ܕܚܡܘܪܒܝ (شريعة حمورابي) ܡܘܬܒ̈ܐ ܕܥܡܐ (مجالس الشعب) ܣܘܟ̈ܝܐ ܕܐܘܡܬܐ (آمال الامّة) .

الاضـــافة اللفظية في السريانية كما في العربية وهي ان تضاف الصفة الى فاعلها أو مفعولها نحو : ܩܛܝܪ ܬܐܓ̈ܐ (عاقد التيجان) ܥܒ̈ܕܝ ܫܠܡܐ (صانعو السلام) ܚܠܐ ܩܠܐ (شجي الصوت) ܫܦܝܪܬ ܩܘܡܬܐ (رشيقة القد)

ܓܘ̈ܢܐ - الالوان

ܚܘܪܐ	أبيض	ܫܡܩܐ	أسمر
ܐܘܟܡܐ	أسود	ܝܪܘܩܐ	أخضر
ܣܘܡܩܐ	أحمر	ܙܪܩܐ	أزرق
ܫܥܘܬܐ	أصفر	ܫܡܩܪܢܐ	أشقر
ܐܪܓܘܢܐ	أرجواني	ܐܪܘܠ	أشهل
ܩܛܡܢܐ	رمادي	ܡܢܝܫܟܢܐ	بنفسجي

ܕܟܪܐ ܘܢܩܒܬܐ - المذكر والمؤنث

١ - الاسم باعتبار جنسه نوعان مذكر نحو ܐܝܠܐ (أيَل) ومـؤنث نحـو ܐܝܠܬܐ (أيلة)

٢ - يقسم الاسم المذكر والمؤنث الى قسمين ܫܪܝܪܐ (حقيقـي)

وهو ما كان في جنسه ذكر وأنثى نحو: ܓܒܪܐ رجل ܐܢ̄ܬܬܐ امرأة.

ܘܠܐ ܫܪܝܪܬܐ مجازي وهو ما لم يكن كذلك وانما عرف بالوضع والاصطلاح نحو ܣܦܬܐ شفة ܟܐܦܐ حجر.

٣ ـ كما يقسم الى ܒܪܩܠܐ (لفظي) وهو ما كانت علامة التأنيث ظاهرة فيه وهي التاء في آخر الاسم نحو ܚܟܝܡܬܐ حكيمة و ܣܘܟܠܐ (معنوي) ما كانت علامة التأنيث فيه مقدرة نحو ܐܡܐ أم ܥܝܢܐ عين.

الاسماء المؤنثة المعنوية هي:

١ ـ أسماء الحروف الابجدية كلها.

٢ ـ أسماء الجهات والبلدان والمدن والقرى نحو: ܡܕܢܚܐ المشرق ܒܝܬ ܢܗܪܝܢ ما بين النهرين ܩܘܦܪܘܣ قبرص ܡܒܘܓ منبج.

٣ ـ أسماء أعضاء الحيوانات المزدوجة نحو: ܐܝܕܐ يد ܟܬܦܐ كتف ܪܓܠܐ رجل ما عدا ܓܦܐ جناح ܕܪܥܐ ذراع ܥܪܠܐ مرفق ܦܟܐ فك ܬܕܝܐ ثدي.

٤ ـ كل اسم آخره ياء وغير مختوم بألف الاطلاق نحو ܛܥܝܘ ضلالة ܬܢܝ شرط.

٥ ـ كل اسم علم لمؤنث حقيقي نحو ܡܪܝܡ مريم ܫܘܫܢ سوسن.

ܕܘܪܫܐ تمرين ـ ١ ـ

بيّن المذكر الحقيقي من المجازي في الكلمات الآتية:

مثلاً: ܐܝܠܐ مذكر حقيقي ܫܡܫܐ مذكر مجازي.

ܛܠܝܐ	صبي	ܩܘܪܐ	برد	ܟܘܟܒܐ	كوكب
ܣܝܦܐ	سيف	ܐܪܝܐ	أسد	ܣܘܣܝܐ	حصان
ܝܡܐ	بحر	ܦܠܚܐ	شق	ܟܘܕܢܐ	بغل
ܚܐܪܐ	حرّ	ܬܘܪܐ	ثور	ܬܪܢܓܠܐ	ديك
ܒܝܬܐ	بيت	ܡܫܩܠܐ	منقل	ܫܪܒܠܐ	سروال

ܕܘܪܫܐ تمرين - ٢ -

ترجم الجمل الآتية الى العربية :

ܚܘܡܐ ܒܐܝܪ ܗܘܐ ܗܘܡܟܐ ، ܬܘܪܐ ܕܟܐ: ܩܛܝܢܐ ، ܒܥܡܠܐ ܣܡܝܟܝܢ ܚܘܪܐ ، ܐܝܟ ܟܢ ܬܪܢܓܠܐ ، ܛܠܝܐ ܐܪܟ ܣܘܣܝܐ ܡܘܕܝܐ ܠܟܢ: ، ܐܪܝܐ ܠܐ ܕܚܠ ܡܢ ܣܝܦܐ ، ܒܒܝܬܝ ܗܘܐ ، ܝܡܐ ܣܘܡܩܐ ، ܟܘܟܒܐ ܢܗܝܪܐ ، ܩܘܪܐ ܩܫܝܐ ، ܦܠܚܐ ܕܟܘܬܐ ܣܓܝܐ ܪܒܐ ، ܫܪܒܠܐ ܕܡܫܩܠܐ ܒܒܝܬܐ .

ويلاحظ :

١ ـ لا علامة للاسم المذكر لأنه الاصل ، وأما المؤنث فعلامته التاء الزائدة اللاحقة آخر الاسماء للتأنيث نحو ܒܬܘܠܬܐ بتول ، أو عدم انتهائه بألف الاطلاق نحو ܬܒܝܠ دنيا ܐܪܥ راء .

٢ ـ لا تعم هذه القاعدة الاسماء كلها لان منها ما يختم بألف الاطلاق وهو مؤنث وغيرها في جنسه مذكر ومؤنث وهو إما مذكر فقط أو مؤنث .

الاسماء المؤنثة الشاذة (١)

ܐܰܓܳܢܳܐ	اجانة	ܐܶܕܢܳܐ	اذن	ܐܽܘܪܕܥܳܐ	ضفدعة
ܐܽܘܪܚܳܐ	طريق	ܐܺܝܕܳܐ	يد	ܐܶܟܕܢܳܐ	أفعى
ܐܶܣܛܘܳܐ	رواق	ܐܶܣܦܺܩܳܐ	غربة	ܐܶܥܠܳܐ	ضلع
ܐܶܠܦܳܐ	سفينة	ܐܶܣܠܳܐ	طنفسة	ܐܶܢܫܠܬܳܐ	عروة
ܐܶܣܛܠܳܐ	حلّة	ܐܶܣܦܽܘܓܳܐ	اسفنجة	ܐܶܣܦܶܣ	صلّ
ܐܶܣܦܺܝܪܳܐ	كتيبة	ܐܶܣܬܺܪܳܐ	استار ، درهم	ܐܶܦܥܳܐ	ضبع
ܐܶܦܛܽܘܪܳܐ	تخمة	ܐܰܪܢܒܳܐ	أرنب	ܐܰܪܥܳܐ	أرض
ܐܶܫܟܳܐ	خصية	ܐܰܬܳܢܳܐ	اتان	ܒܺܐܪܳܐ	بئر
ܒܽܘܡܳܐ	بوم	ܒܶܢܨܪܳܐ	البنصر	ܓܙܳܪܳܐ	قطيع
ܓܶܗܰܢܳܐ	جهنم	ܓܽܘܒܳܐ	جود ماء	ܓܽܘܢܝܳܐ	زاوية
ܓܶܠܓܠܳܐ	عجلة	ܓܶܪܒܝܳܐ	شمال	ܕܽܘܬܳܐ	حصة
ܕܰܝܬܳܐ	حداة	ܕܰܦܢܳܐ	جنب	ܙܽܘܕܳܐ	زوادة
ܙܶܩܳܐ	زق	ܚܶܢܟܳܐ	حنك	ܚܶܨܪܳܐ	الخنصر
ܚܰܩܠܳܐ	حقل	ܛܰܝܪܳܐ	طير	ܛܶܦܪܳܐ	ظفر
ܝܰܘܢܳܐ	حمامة	ܝܰܡܺܝܢܳܐ	يمين	ܝܳܪܽܘܪܳܐ	ابن آوى
ܟܺܐܦܳܐ	حجر	ܟܰܒܕܳܐ	كبد	ܟܽܘܐܠܳܐ	فلك
ܟܺܝܡܳܐ	ثريّا	ܟܰܟܪܳܐ	وزنة	ܟܶܢܦܳܐ	كنف
ܟܦܳܐ	حزمة	ܟܰܪܣܳܐ	كرش	ܟܢܽܘܫܝܳܐ	فيلق
ܠܽܘܚܳܐ	لوح	ܟܳܣܳܐ	صحن	ܡܰܓܠܳܐ	منجل

(١) يكفي الطالب أن يطالع هذه الاسماء مطالعة فقط .

ܡܘܒܠܐ	حمل	ܡܘܣܚܐ	بقرة	ܡܠܚܐ	ملح
ܡܟܬܐ	مخضب	ܢܘܗܪܐ	نور	ܢܥܡܬܐ	نعامة
ܢܦܫܐ	نفس	ܢܩܝܐ	نعجة	ܟܝܠܐ	مكيال
ܣܟܝܢܐ	سكين	ܣܟܪܐ	ترس	ܣܡܠܐ	شمال
ܣܦܣܝܪܐ	اصمصام	ܣܦܪܐ	رسالة	ܥܕܬܐ	ذوابة
ܥܝܢܐ	عين	ܥܠܥܠܐ	عاصفة	ܥܢܐ	ضان
ܥܢܢܐ	سحابة	ܥܦܬܐ	عرف	ܥܩܪܐ	فنن ، عرق
ܥܩܒܐ	عقب	ܥܪܒܐ	غربة	ܥܪܒܐ	صحراء
ܥܪܣܐ	سرير	ܥܪܦܠܐ	ضباب	ܦܕܢܐ	فدان
ܦܣܬܐ	اخمص القدم	ܦܪܟܐ	معبد للأصنام	ܨܦܪܐ	عصفور
ܩܕܪܐ	قدر	ܦܚܪܬܐ	جبة	ܩܠܡܐ	قملة
ܩܪܢܐ	قرن	ܪܓܠܐ	رجل	ܪܘܡܚܐ	رمح
ܪܘܡܝܬܐ	خازي	ܪܘܥܬܐ	رغوة	ܪܘܚܐ	ريح
ܪܟܫܐ	خيل	ܪܡܟܐ	قطيع	ܩܘܣܬܐ	صدأ
ܥܕܪܐ	قطيع خنازير	ܫܠܕܐ	جثة	ܫܪܐ	سرة
ܬܘܠܥܬܐ	دودة	ܬܝܡܢܐ	جنوب		

الاسماء التي يجوز فيها التذكير والتأنيث

ܐܐܪ	هواء	ܐܣܪܐ	مرجل	ܐܦܕܢܐ	قصر
ܐܣܦܝܪܐ	صك	ܒܥܝܪܐ	بهيمة	ܒܩܐ	بقة
ܓܘܒܐ(١)	جسر ، جب	ܓܡܠܐ	جمل	ܓܪܓܪܐ	جرجر

(١) بتركيخ الباء هي مؤنث ومعناها جسر ، وبتقشيتها مذكر ومعناها جب .

ܘܺܠܳܐ	ستر	ܚܡܳܪܳܐ	حمار	ܚܪܒܐ(١)	خراب ، سيف
ܟܢܘܬܐ	جماعة	ܝܬܐ	ذات	ܡܕܢܚܐ	مشرق
ܡܥܪܒܐ	مغرب	ܡܥܐ	دانق	ܦܠܓܐ	دف ، فئة
ܨܒܥܐ	اصبع	ܨܚܚܐ	اصحاح	ܩܘܦܕܐ	قنفذ
ܩܪܘܒܐ	قارب	ܪܘܚܐ	روح	ܪܬܝܬܐ	رعدة
ܫܘܫܦܐ	منديل	ܫܡܝܐ	سماء	ܫܡܫܐ	شمس
ܫܢܐ	سنّ	ܦܪܘܕܐ	رفات	ܬܦܪܐ	جفن
ܬܡܪܐ	تمرة	ܫܘܪܐ(١)	قفر (الاقلق)	ܡܠܬܐ(١)	كلمة

ܕܘܪܫܐ تمرين – ١ –

ترجم الجمل الآتية الى العربية ودلّ على المؤنث منها :

ܬܒܥܬܐ ܕܒܢ̈ܬܐ ܒܫܢܝܢ ܕܟܫܝܪܘܬܐ ܕܗܕܐ ܒܒܪ̈ܬܐ
ܐܟܠܝܢ ܚܠܒܐ ܘܚܡܐܬܐ (زبدة) ܡܢ ܥܢ̈ܐ ܕܪܥܝܢ ، ܘܠܐ
ܐܫܬܝܢ ܫܪ̈ܝܗܘܢ . ܘܡܪܒܝܢ ܠܒܝܘ̈ܠܦܢܐ ܫܡܫܗܘܢ ،
ܘܡܫܡܫܝܢ ܐܢܘܢ ܒܡܠܝܠܘܬܐ (بالفصاحة) ܘܦܫܝܩܘܬܐ ܐܘܟܝܬ
ܦܫܝܩܘܬܐ ܚܕܬܐ . ܡܛܠ ܕܐܝܬ (لا سيما) ܟܬܝܒܘܬܐ
ܘܫܟܚܬ ܐܒܘܬܝܢ . ܗܘ ܕܝܢ ܕܡܫܟܚܢܘܬܐ (اختراع)

---

(١) بتركيخ الكومل مؤنث ومعناها جوقة وبتقشيتها مذكر معناها دف.
(٢) بالمعنى الاول مذكر وبالثاني مؤنث .
(٣) تذكر اذا جاءت بمعنى الاقنوم الثاني .

ܐܡܝܢܐ ܕܫܘܬܦܘܬܐ : ܘܟܘܟܒ̈ܐ ܕܫܡܝܐ (النجوم)
ܘܬܘܪܓܡܐ ܐܬܬܣܝܡܘ ܕܗܘܘ ܒܗܝ .

ܬܢܝܬܘܬܐ ܕܫܡܗ̈ܐ - تأنيث الاسماء

١ - تؤنث الصفة عموماً باسكان آخرها وإلحاق (ܬܐ) مزقوقة به نحو ܙܕܝܩܐ ، ܙܕܝܩܬܐ صدّيق ، صدّيقة ܪܒܐ ، ܪܒܬܐ عظيم ، عظيمة ، ܝܪܘܬܐ ، ܝܪܬܬܐ وارث ، وارثة ܒܝܫܐ ، ܒܝܫܬܐ شرير شريرة.

٢ - اذا توالى ساكنان في الحشو يحرك أولهما بحركة اختلاس نحو ܢܟܦܐ ، ܢܟܦܬܐ عفيف ، عفيفة ، أو بأخذ حركة ظاهرة نحو ܪܚܡܬܐ ܬܪܥܬܐ ܛܥܝܬܐ (مُحبّة ، بوابة ، ضالة) من ܪܚܡܐ ܬܪܥܐ ܛܥܝܐ .

٣ - الصفات التي على وزن ܟܬܒܐ الصحيحة اللام يؤنث اكثرها بنقل الفتح عن أولها الى ثانيها نحو : ܬܩܢܐ ܬܩܢܬܐ (متقن ، متقنة) ܛܠܝܐ ، ܛܠܝܬܐ (طفل ، طفلة) .

٤ - الصفات المعتلة اللام ينقل الفتح الى ثانيها ويقلب خفضاً لمناسبة الياء نحو ܓܒܝܐ ، ܓܒܝܬܐ (مختار ، مختارة) ܒܗܝܐ ، ܒܗܝܬܐ (بهي ، بهية).

٥ - الصفات المزيدة يفتح ما قبل آخرها لتعدد السواكن فيصاغ من ܡܫܒܚܐ ، ܡܫܒܚܬܐ ممجَّد ، ممجدة ܡܒܪܟܐ ، ܡܒܪܟܬܐ مبارك، مباركة ܡܣܬܪܗܒܐ ، ܡܣܬܪܗܒܬܐ مستعجل ، مستعجلة ܡܫܡܠܝܐ ܡܫܡܠܝܬܐ متمم ، متممة . إلا اذا انتهت بنون مزقوقة فتحبص نونها طويلاً نحو : ܫܡܝܢܐ ، ܫܡܝܢܝܬܐ سماوي سماوية ، ܡܠܦܢܐ ܡܠܦܢܝܬܐ معلم معلمة .

ܡܘܬܪ̈ܬܐ - فوائد

١ - الصفة تتبع الموصوف في التذكير والتأنيث والافراد والجمع .

٢ - يقال في تأنيث ܙܒܘܢܐ مبيع ܡܣܟܢܐ مسكين ܐܚܪܢܐ آخر، ܙܒܘܢܝܬܐ ، ܡܣܟܢܝܬܐ ، ܐܚܪܬܐ باسقاط النون في الاولين لفظاً وفي الثالث لفظاً وخطاً .

٣ - بعض الاسماء لا يصاغ منها مؤنث فيستعار لها أسماء مؤنثة من غير مادتها نحو ܓܒܪܐ رجل ܐܒܐ أب ܕܟܪܐ كبش فنقول ܐܢܬܬܐ امرأة ܐܡܐ أم ܢܩܝܐ نعجة ، وكذلك ܬܝܫܐ تيس ܥܢܙܐ عنزة ܥܒܕܐ عبد ܐܡܬܐ أمة .

٤ - يشذ على القواعد العامة فقط ܐܚܐ ܚܬܐ أخ أخت ܒܪܐ ܒܪܬܐ ابن ابنة .

ܕܘܪܫܐ تمرين - ١

أنث الاسماء والصفات الآتية مثلاً : ܒܬܘܠܐ ܒܬܘܠܬܐ

ܒܬܘܠܐ ܒܢܝܢܐ	ܡܠܟܐ ܫܪܘܒܝܐ
ܛܠܝܐ ܒܥܝܪܐ	ܡܠܘܐ ܡܗܘܢܐ
ܫܘܫܢܐ ܐܘܟܡܐ	ܫܒܪܐ ܛܒܝܐ
ܪܘܚܐ ܫܦܝܪܐ	ܬܪܥܐ ܡܬܒܢܝܢܐ
ܫܘܪܐ ܥܒܪܝܐ	ܥܒܕܐ ܐܚܪܢܐ
ܫܠܝܐ ܛܒܥܐ	ܒܪܐ ܡܣܟܝܢܐ
ܥܒܕܐ ܪܡܫܝܐ	ܐܪܝܐ ܚܝܠܬܢܐ

ܪܘܫܡܐ تمرين - ٢ -

رد الصفات الآتية الى صورة المذكر :

ܕܝܪܝܬܐ	راهبة	ܩܕܝܫܬܐ	قديسة	ܪܓܝܓܬܐ	شهية
ܐܚܪܬܐ	أخرى	ܕܓܠܬܐ	كاذبة	ܚܠܝܬܐ	حلوة
ܗܢܝܬܐ	هنيئة	ܣܟܠܬܐ	جاهلة	ܡܝܬܪܬܐ	فاضلة
ܡܪܒܝܢܝܬܐ	مربية	ܒܪܝܬܐ	مخلوقة	ܛܒܬܐ	جيدة
ܙܥܘܪܬܐ	صغيرة	ܡܥܠܝܬܐ	مرتفعة	ܡܚܪܡܬܐ	محرومة
ܚܛܝܬܐ	خاطئة	ܫܒܒܬܐ	جارة	ܩܪܝܒܬܐ	قريبة
ܪܚܝܩܬܐ	بعيدة	ܡܣܠܝܬܐ	مرذولة	ܚܝܛܬܐ	خياطة
ܡܢܗܪܢܝܬܐ	مشرقة	ܡܫܬܡܥܢܝܬܐ	مطيعة	ܪܕܝܬܐ	مؤدبة

ܣܘܓܐܐ أو ܣܘܓܝܐܐ - الجمع

١ - الجمع : هو ما دلّ على اكثر من اثنين وكان له مفرد من لفظه نحو ܓܒܪܐ رجال .

٢ - الجمع قسمان ܡܫܠܡܐ (سالم) نحو ܗܘܢܐ ܗܘܢܐ̈ عقل عقول وهو ما ربض آخره (ܬܒܝܪܐ وجمع تكسير) هو الذي لم يسلم فيه بناء مفرده سواء كان مذكراً أو مؤنثاً بل يدخله تغيير في أحرفه أو حركاته نحو ܪܥܘܬܐ رعاة من ܪܥܝܐ .

٣ - الجمع السالم قسمان : جمع سالم غير منتهٍ بتاء التأنيث نحو ܟܬܒܐ̈ كتب من ܟܬܒܐ وجمع سالم منتهٍ بتاء التأنيث نحو ܡܠܟܬܐ̈ ملكات من ܡܠܟܬܐ .

ܕܘܪܫܐ تمرين – ١ –

ميّز المفرد من الجمع :

ܣܗܕ̈ܐ	شهود	ܫܘܬ̈ܦܐ	شركاء	ܣܦܪ̈ܐ	كتّاب		
ܨܘܪܐ	عنق	ܣܘܟܠܐ	معنى	ܟܣܐ	كأس		
ܪ̈ܓܫܐ	حواس	ܡܗܝ̈ܪܢܐ	علماء	ܣܘܪ̈ܚܢܐ	نقائص		
ܪܚܡܐ	صديق	ܨܘܪܬܐ	صورة	ܦܝܠܣܘܦܐ	فيلسوف		

١ تختص قاعدة جمع السالم غير المنتهي بتاء التأليث بالاسماء المؤنثة المعنوية وبعض المصادر المنتهية بالتاو من المضاعف والناقص نحو ܡܠܟܝܢ ܡܠܟܬܝܢ ملكين ملكتين ، وقال غيرهم بل انه كان يصاغ بزيادة ياء ونون مكسور ما قبلها نحو ܡܠܟܝܢ ܡܠܟܬܝܢ إلا ان الآراميين السريان أهملوا استعمال المثنى وعوضوا عنه بلفظة ܬܪܝܢ اثنان للمذكر و ܬܪܬܝܢ (اثنتان) للمؤنث يضعونها مع الاسم المجموع نحو ܬܪܝܢ ܟܬܒ̈ܐ كتابان ܬܪܬܝܢ ܢܫ̈ܐ إمرأتان .

٢ – وقد جاءت بعض الكلمات تدل على المثنى بذاتها مكسورة ما قبل الياء والنون مثل ܬܪܝܢ و ܬܪܬܝܢ و ܡܐܬܝܢ مئتان و ܣܐܬܝܢ مكيالان و ܡܨܪܝܢ مصر . ويظهر انها من صيغة المثنى القديمة ، والكسر فيها يؤيد أصحاب القول الثاني .

٣ – يوجد نوع من الاسماء يدعى ܫܡܐ ܟܢܘܫܝܐ (اسم الجمع) وهو ما كان مفرداً باللفظ وجمعاً بالمعنى نحو : ܥܡܐ شعب ، ܡ̈ܝܐ مياه ، ܓܘܕܐ جوقة .

ܕܘܪܫܐ تمرين - ١ -

اجمع الاسماء التالية :

ܝܠܘܕܐ وليد ܓܒܪܐ رجل ܨܒܘܥܐ صباغ
ܚܝܠܐ قوة ܢܚܬܐ ثوب ܕܘܪܫܐ درس
ܦܘܡܐ فم ܚܘܣܪܢܐ ضرر ܐܚܐ أخ
ܡܘܬܪܢܐ مفيد ܡܠܐܟܐ ملاك ܢܡܘܣܐ شريعة

ܕܘܪܫܐ تمرين - ٢ -

اجمع الاسماء الآتية :

ܚܒܪܐ رفيق ܒܬܘܠܬܐ عذراء ܐܕܢܐ أذن
ܝܘܢܐ حمامة ܨܘܪܬܐ صورة ܣܗܪܐ قمر
ܙܘܝܬܐ زاوية ܟܐܦܐ حجر ܥܒܕܐ عبد

١ - تجمع الاسماء المختومة بتاء التأنيث جمعاً سالماً بزحف ما قبل التاء وإسكان الحرف الذي قبله ، أو بعبارة اخرى تجمع الاسماء والصفات بارجاعها الى صورة المذكر وابقاء تائها مزقوفة نحو ܡܘܗܒܬܐ ܡܘܗ̈ܒܬܐ موهبة ، مواهب ܬܟܫܦܬܐ ܬܟܫ̈ܦܬܐ تضرع تضرعات ܥܣܩܬܐ ܥܣܩ̈ܬܐ صعبة صعوبات ܛܠܝܬܐ ܛܠܝ̈ܬܐ صبية صبايا .

ܕܘܪܫܐ تمرين - ١ -

اجمع هذه الاسماء :

ܨܘܪܬܐ صورة ܥܩܪܬܐ عاقر ܚܠܬܐ خالة

ܦܳܪܰܚܬܳܐ طائر ܒܪܺܝܬܳܐ مخلوقة ܡܩܰܒܰܠܬܳܐ مقبولة

ܡܳܐܟܽܘܠܬܳܐ طعام ܡܰܚܫܰܒܬܳܐ فكر ܬܰܚܘܝܬܳܐ برهان

ܓܒܺܝܬܳܐ مختارة ܥܺܕܬܳܐ كنيسة ܣܶܓܕܬܳܐ سجدة

ܕܘܪܫܐ تمرين - ٢ -

ترجم الجمل الآتية الى السريانية :

أنتنّ مخلوقات . الطيور تسكن الجبال . تلاميذ المدرسة هم اخوة . جارة شوشان حكيمة . القمر بعيد عنا . كأس الموت مرّ . هذا لوح عتيق . كم كتاباً عندك ؟ متى جاء الشركاء ؟ سقط الحجر على رجله . أنا حرّ . هل (ܐܝܬ ܠܗܘܢ) لخالاتك أولاد ! نعم . أين هم ! في الغربة .

ܣܘܓܐܐ ܬܒܝܪܐ - جمع التكسير

١ - ان جمع التكسير لا ضابط له على الاطلاق وإنما بعضه قد ينحصر في قياس .

٢ - كل اسم ثلاثي مذكر مختوم بيوذ وهو مفتوح الاول وساكن الوسط يجمع بنقل الفتاح الى الحرف الثاني فقط نحو ܓܰܒܝܳܐ (مختار) ܓܒܰܝܶܐ ، ܓܰܕܝܳܐ (جَدْيٌ) ܓܕܰܝܶܐ ، ܕܰܟܝܳܐ (طاهر) ܕܟܰܝܶܐ ، ܫܰܦܝܳܐ (بهيّ) ܫܦܰܝܶܐ .

٣ - الموصوفات المنتهية بيوذ المتحركة الاول والساكنة الثاني تجمع غالباً بقلب اليوذ الى ܘܳܬܳܐ وفتح ما قبلها نحو : ܐܳܣܰܘܳܬܳܐ أطباء ܟܽܘܪܣܰܘܳܬܳܐ كراسي ܐܽܘܪܰܘܳܬܳܐ مذاود ، من ܐܳܣܝܳܐ و ܟܽܘܪܣܝܳܐ و ܐܽܘܪܝܳܐ .

أما ܪ̈ܕܝܐ و ܛܥ̈ܝܐ و ܫܘ̈ܝܐ فمن ܪܕܝܐ و ܛܥܝܐ و ܫܘܝܐ (جدول ، ضالّ ، مستحق) .

٤ – كل صيغة في أولها ميم زائدة وآخرها يوذ تجمع بفتح الحرف الذي قبل اليوذ فقط نحو ܡܣܠܝܐ (مرذول) ܡܣܠ̈ܝܐ ، ܡܬܥܠܝܐ (مرتفع) ܡܬܥܠ̈ܝܐ ، ܡܫܡܠܝܐ (متكمّل) ܡܫܡܠ̈ܝܐ .

ܪܘܫܡܐ تمرين – ١ –

إقرأ وانتبه الى الاسماء الشاذة :

ܛܠܝ̈ܐ ܒܢ̈ܝ ܩܪܝܬܐ ܕܟܠ ܫܢܬܐ ܘܢܦܩܘ ܠܡܫܬܥܝ̈ܬܐ .
ܐܙܠ ܠܫܘܩܐ ܘܙܒܢ ܠܗ ܡܫ̈ܠܐ (مِسال) ܐܝܟ ܕܢܣܒܘܢ
ܠܡܛܠ̈ܝܬܗܘܢ ܗܠܝܢ ܕܒܣܬܪܐ . ܘܐܝܬܝܐ ܠܗ ܐܘܣܛܐ ܘܩܝܣ
ܩܝ̈ܣܐ ، ܚܕ ܕܐܪ̈ܙܐ ، ܘܐܚܪܢܐ ܕܒܝܬ ܢܝܐ ܒܡܫܬܥܝܘܬܐ ܕܫܘܚܠܦܐ
ܐܝܟ ܕܢܣܒܘܢ ܛܠ̈ܠܐ ܚܘܪ̈ܐ (ظلات) ܗܘܘ ܥܡ ܒܢ̈ܝܢܫܐ ܕܠܐ
ܡܫܬܐܠܐ ܥܡܗܘܢ ܕܟܠܗ ܝܘܡܐ ، ܘܢܦܩܘ ܡܢ ܦܐܬܐ ܐܝܬܐ
ܘܐܒܗ̈ܝܗܘܢ ܗܕܝܐ ܠܡܫܬܐ . ܒܢ̈ܝܐ ܐܬܚܕܝܘ ܠܐܒܗ̈ܝܗܘܢ
ܘܠܡܠܦ̈ܢܝܗܘܢ : ܕܢܗܪܝܢ ܐܒܗ̈ܝܐ ܘܒܠܝܘ̈ܬܐ ܡܛܠ
ܡܢ ܓܘܝܗܘܢ .

ܪܘܫܡܐ تمرين – ٢ –

اجمع الكلمات الآتية :

ܣܢܝܐ مكروه ܓܠܝܐ جليل ܪܘܝܐ سكران

ܓܘܪܝܐ	جرو	ܢܩܝܐ	نعجة	ܚܘܝܐ	حيّة
ܪܥܝܐ	راعي	ܣܘܣܝܐ	حصان	ܐܘܪܝܐ	مذود
ܡܠܝܐ	مملوء	ܡܪܝܐ	سيّد	ܩܨܝܐ	كِسْرة

ܐܣ̈ܛܝܬܐ ܕܟܘܢܫܐ ܠܫܡܐ ܢܩܒܬܐ ـ ضوابط جمع التكسير المؤنث

١ – كل اسم مؤنث يبتدىء بميم ساكنة وهو على وزن ܡܩܛܠܬܐ مصفاة يجمع بحذف التاو وربص ما قبلها فيقال ܡܩ̈ܛܠܐ نحو ܡܓܠܬܐ (مجلة) ܡܓ̈ܠܐ ، ܡܥܪܬܐ (مغارة) ܡܥܪ̈ܐ ، ܓܢܬܐ (جنينة) ܓ̈ܢܐ ، ܓܘܡܪܬܐ (جمرة) ܓܘܡܪ̈ܐ .

٢ – كل اسم لا يبتدىء بالزقاف وفيه عصاص يجمع في الغالب بالحاق يوذ مزقوفة قبل التاو نحو : ܕܘܟܬܐ (مكان) ܕܘܟ̈ܝܬܐ ، ܙܥܘܪܬܐ (صغيرة) ܙܥܘܪ̈ܝܬܐ .

ܕܘܪܫܐ تمرين – ١ –

اجمع الاسماء التالية :

ܡܛܠܬܐ	مظلة	ܡܠܬܐ	كلمة	ܡܬܩܘܠܬܐ	ميزان
ܩܢܝܢܬܐ	قارورة	ܚܙܘܪܬܐ	تفاحة	ܣܟܬܐ	سكة
ܣܘܣܬܐ	فرس	ܕܩܠܬܐ	نخلة	ܢܘܩܙܬܐ	نقطة
ܟܘܬܐ	كوّة	ܫܥܬܐ	ساعة	ܡܐܣܪܬܐ	رباط

ܫܘܠܡܐ ـ ملحق

١ – من الاسماء ما له أكثر من جمع نحو ܐܚ̈ܐ من ܐܚܐ

و ܐܺܝ̈ܕܳܝܳܬܳܐ أيدي اصطناعية ܥܰܝܢܳܐ (عين) ܥܰܝ̈ܢܶܐ (عيون) ܥܰܝ̈ܢܳܬܳܐ عيون ماء ܪܺܫܳܐ رأس ܪ̈ܺܫܶܐ رؤوس ܪ̈ܺܫܳܢܶܐ رؤساء . ܪ̈ܽܘܚܶܐ (رياح) ܪ̈ܽܘܚܳܬܳܐ (أرواح) من ܪܽܘܚܳܐ .

٢ ـ اسم الجمع ، ما دلّ على كثرة ولا مفرد له نحو ܚܰܝ̈ܶܐ حياة ܡܰܝ̈ܳܐ (مياه) ܪ̈ܰܚܡܶܐ (مراحم) ܪܰܘܪ̈ܒܳܬܳܐ (عظائم) ܦ̈ܠܰܛܝܳܬܳܐ (شوارع) .

٣ ـ لا تجمع اسماء الاعلام والتي تأخذ ألف الاطلاق نحو ܥܳܠܡܳܐ دنيا ܬܢܳܝܳܐ شرط ܟܺܐܢܽܘܬܳܐ صدق ܚܽܘܢܳܢܳܐ رأفة ܙܶܕܩܳܐ احق ܣܺܐܡܳܐ فضّة ܐܳܪܳܙܳܐ رز ܚܠܺܝܽܘܬܳܐ حلاوة ܬܽܘܡܳܐ توم ܬܰܪܒܳܐ شحم ܕܝܽܘܬܳܐ حبر ܫܰܥܘܳܐ شمع .

ܕܽܘܪܳܫܳܐ تمرين ـ ١ ـ

ردّ هذه الجموع الى صورة المفرد :

ܕܰܝܪ̈ܳܝܳܬܳܐ	راهبات	ܐܶܣܛܰܪ̈ܕܳܬܳܐ	ستارات	ܨܠ̈ܰܘܳܬܳܐ	صلوات
ܚܶܣܪ̈ܳܢܳܬܳܐ	حسرات	ܒܺܝܫ̈ܳܬܳܐ	رذائل	ܣܽܘܒ̈ܳܪܳܬܳܐ	بشارات
ܕܺܝܠܳܝ̈ܳܬܳܐ	خاصيات	ܚܰܕ̈ܬܳܬܳܐ	جديدات	ܡܰܥܠܝ̈ܳܬܳܐ	فضائل
ܦܶܣ̈ܬܳܐ	مناصب	ܚܛ̈ܳܗܶܐ	آثام	ܦܶܬ̈ܳܝܳܬܳܐ	ساحات

ܟܢܽܘܫܝܳܐ ܕܫܡܳܗ̈ܶܐ ܡܪܰܟ̈ܒܶܐ ـ جمع الاسماء المركبة

١ ـ الاسم المركب هو الحاصل من كلمتين أو أكثر نحو ܒܥܶܠܫܡܳܐ (سَميّ) من ܒܥܶܠ صاحب و ܫܡܳܐ اسم ، وتجمع جمعاً قياسياً بربص

الآخر نحو ܚܕ̈ܢܝܐ (الآحاد) ܒܥܠܕܒ̈ܒܐ (أعداء) ܡܬܟܫ̈ܦܢܘܬܐ (تكلّفات) ܡܬܦܪ̈ܥܢܘܬܐ (عقوبات) أو يجمع الاسم الاول فقط نحو ܒܪ̱ ܐ̱ܢܫܐ (البشر) ܐܬܠܬܝܢ (ثلاثون) ܒܢ̈ܝ ܙܘ̈ܥܐ (الحركات) أو يجمع الاسمين نحو ܪܒ ܒܝܬܐ (وكيل) ܪ̈ܒܝ ܒ̈ܬܐ (وكـلاء) ܒܪ ܩܠܐ (لفظة) ܒܢ̈ܝ ܩ̈ܠܐ (الفاظ).

٢ ـ الاسماء الاعجمية : إن كانت على أوزان الكلام السرياني فتجمع على القواعد السريانية نحو : ܐܦܝܣܩܘܦܐ (اسقف) ܐܦܝܣ̈ܩܘܦܐ، ܠܘܟܝܬܐ حربة ܠܘ̈ܟܝܬܐ حراب.

٣ ـ كل اسم ينتهي بحباص أو بفتـاح يلحق آخره سمكث مفتوح ما قبلها نحو ܓܠܐܢܝ حمّام ܓܠܐܢ̈ܝܣ، ܕܝܬܝܩܝ عهد ܕܝܬ̈ܝܩܣ، ܐܘܣܝܐ جوهر ܐܘ̈ܣܝܣ.

أما اذا انتهى بميم فيجمع بزيادة ܛܐ عليه نحو ܒܐܡܐ (منـبر) ܒܐܡ̈ܐܛܐ، ܕܘܓܡܐ (عقيدة) ܕܘܓ̈ܡܛܐ.

٤ ـ كل اسم آخره ܘܣ يجمع بقطع السمكث ومد حركته نحـو ܣܘܢܗܕܘܣ (مجمع) ܣܘܢ̈ܗܕܘ. أما اذا انتهى بواو ونون ܘܢ يجمع بحذف النون وفتح آخره ملحقاً بألف نحو : ܐܘܢܓܠܝܘܢ (انجيل) ܐܘܢ̈ܓܠܝܐ، إلا المنتهـية بـ (ܣܣ) يسـتوي فيها المفرد والجمع عدا العلامة نحو : ܗܪܣܝܣ (بدعة) ܗܪ̈ܣܝܣ (بدع).

ܕܘܪܫܐ تمرين - ١ -

اجمع الاسماء الآتية :

ܒܥܠܕܒܒܐ محارب ܫܢܐ ܕܦܝܠܐ عاج ܚܕܒܫܒܐ يوم الاحد

ܒܪ ܚܐܪܐ حر ܒܪܬ ܩܠܐ لفظة ܪܒ ܚܝܠܐ قائد

ܒܪܢܫܐ ابن الانسان ܒܥܠܕܝܢܐ خصم ܪܒ ܒܝܬܐ وكيل

ܫܡܗܐ ܕܡܢܝܢܐ - أسماء العدد

١ - ܡܢܝܢܐ (العدد) أصوله اثنتا عشر لفظة وهي من ܚܕ واحد الى ܥܣܪܐ عشرة و ܡܐܐ مئة ، ܐܠܦܐ ألف .

للمذكر		للمؤنث	
ܚܕ	واحد	ܚܕܐ	واحدة
ܬܪܝܢ	اثنان	ܬܪܬܝܢ	اثنتان
ܬܠܬܐ	ثلاثة	ܬܠܬ	ثلاث
ܐܪܒܥܐ	اربعة	ܐܪܒܥ	اربع
ܚܡܫܐ	خمسة	ܚܡܫ	خمس
ܫܬܐ	ستة	ܫܬ	ست
ܫܒܥܐ	سبعة	ܫܒܥ	سبع
ܬܡܢܝܐ	ثمانية	ܬܡܢܐ	ثمان
ܬܫܥܐ	تسعة	ܬܫܥ	تسع
ܥܣܪܐ	عشرة	ܥܣܪ	عشر

٢ – ܡܪܟܒܐ (المركب) كما في العربية من أحـد عشر الى تسعة عشر وهي :

للمذكر		للمؤنث	
ܚܕܥܣܪ	احد عشر	ܚܕܥܣܪܐ	احدى عشرة
ܬܪܥܣܪ	اثنا عشر	ܬܪܬܥܣܪܐ	اثنتا عشرة
ܬܠܬܥܣܪ	ثلاثة عشر	ܬܠܬܥܣܪܐ	ثلاث عشرة
ܐܪܒܥܣܪ	أربعة عشر	ܐܪܒܥܣܪܐ	أربعة عشرة
ܚܡܫܥܣܪ	خمسة عشر	ܚܡܫܥܣܪܐ	خمس عشرة
ܫܬܥܣܪ	ستة عشر	ܫܬܥܣܪܐ	ست عشرة
ܫܒܥܣܪ	سبعة عشر	ܫܒܥܣܪܐ	سبع عشرة
ܬܡܢܥܣܪ	ثمانية عشر	ܬܡܢܥܣܪܐ	ثماني عشرة
ܬܫܥܣܪ	تسعة عشر	ܬܫܥܣܪܐ	تسع عشرة

وقد تدخل ܬ على هذه الاعداد المركبة ما عدا الاول والثاني منها فتقول :
ܐܪܒܬܥܣܪ ، ܚܡܫܬܥܣܪ ، ܫܬܬܥܣܪ ، ܬܫܬܥܣܪ ،
وكذا يستعمل للمؤنث ܐܪܒܬܥܣܪܐ، ܫܬܬܥܣܪܐ، ܬܫܬܥܣܪܐ.

٣ – ܥܣܪ̈ܝܬܐ (العقود) ويستوي فيهـا المذكر والمؤنث كما في العربية وهي من عشرين الى تسعين ، وهذه صورها :

ܥܣܪܝܢ عشرون ܚܡܫܝܢ خمسون ܬܡܢܝܢ ثمانون

ܬܠܬܝܢ ثلاثون ܫܬܝܢ ستون ܬܫܥܝܢ تسعون

ܐܪܒܥܝܢ أربعون ܫܒܥܝܢ سبعون

٤ ـ ܡܢܝܢܐ ܕܥܛܘܦܐ (المعطوف) وهو من واحد وعشرين الى تسعة وتسعين فالعقود فيها لا تتغير ، أما المعطوف فيختلف بين المذكر والمؤنث اختلاف المفردات كما في العربية ، ويتقدم فيه غالباً العدد الكبير على الصغير نحو ܫܒܥܝܢ ܘܬܪܝܢ اثنان وسبعون ، ܚܡܫܝܢ ܘܐܪܒܥܐ أربعة وخمسون ، ܫܬܝܢ ܘܫܒܥ سبع وستون ، ܬܫܥܝܢ ܘܬܡܢܝܐ ثمانية وتسعون ، ܐܪܒܥܝܢ ܘܬܠܬ ثلاث وأربعون .

٥ ـ أما ܡܐܐ فهي مؤنث ابداً واذا تكررت المئات بقيت ܡܐܐ مفردة كما هي (إلا في المثنى فيقال ܡܐܬܝܢ) والعدد اللاحق بها هو مؤنث نحو ܬܠܬ ܡܐܐ ثلاث مئة ، ܬܠܬܐ ܐܠܦܝܢ ثلاثة آلاف ، وتجمع ܡܐܐ ـ ܡܐܘܬܐ ، و ܐܠܦܐ ، ܐܠܦܝ̈ܢܐ و ܐܠܦܝܢ

ويقال ܪܒܘܬܐ (ربوة) للعشرة آلاف . وفي الجزم ܪܒܘ وجمعها ܪ̈ܒܘܬܐ و ܪ̈ܒܘܢ .

٦ ـ واذا أراد السريان أن يشيروا الى تقسيم العدد كرروا اسم العدد نحو : ܚܕ ܚܕ (واحداً واحداً) ܬܪܝܢ ܬܪܝܢ و ܬܪܬܝܢ ܬܪܬܝܢ (مثنى) والخ .

٧ ـ ܡܢܝܢܐ ܛܟܣܢܝܐ العدد الترتيبي أو نسبة العدد ܕܡܘܬܗ ܕܡܢܝܢܐ

للمذكر		للمؤنث	
ܩܕܡܝܐ	الأول	ܩܕܡܝܬܐ	الاولى
ܬܪܝܢܐ	الثاني	ܬܪܝܢܝܬܐ	الثانية
ܬܠܝܬܝܐ	الثالث	ܬܠܝܬܝܬܐ	الثالثة
ܪܒܝܥܝܐ	الرابع	ܪܒܝܥܝܬܐ	الرابعة
ܚܡܝܫܝܐ	الخامس	ܚܡܝܫܝܬܐ	الخامسة
ܫܬܝܬܝܐ	السادس	ܫܬܝܬܝܬܐ	السادسة
ܫܒܝܥܝܐ	السابع	ܫܒܝܥܝܬܐ	السابعة
ܬܡܝܢܝܐ	الثامن	ܬܡܝܢܝܬܐ	الثامنة
ܬܫܝܥܝܐ	التاسع	ܬܫܝܥܝܬܐ	التاسعة
ܥܣܝܪܝܐ	العاشر	ܥܣܝܪܝܬܐ	العاشرة

وهكذا في العقود فنقول ܥܣܪܝܢܝܐ ، ܐܪܒܥܝܢܝܐ ، ܫܬܝܢܝܐ ، ܬܡܢܝܢܝܐ . العشرون ، الاربعون ، الستون ، الثمانون .

٨ – غير أن السريان بدل هذه الصفات المشتقة يستعملون غالباً أسماء العدد نفسها مقرونة بحرف ܕ التي هي علامة الاضافة فيقولون مثلاً : ܫܢܬܐ ܕܚܕܐ (السنة الأولى) ܦܣܘܩܐ ܕܬܪܝܢ (الفصل الثاني) ܝܘܡܐ ܕܐܪܒܥܝܢ (اليوم الاربعون) والخ .

٩ – ومن أسماء الاعداد الاصلية اشتقوا أسماء لأجزاء الواحد وهي بعد ܦܠܓܐ (نصف) ܬܘܠܬܐ (ثلث) ܪܘܒܥܐ (ربع) ܚܘܡܫܐ (خمس) .

ܦܘܠܓܐ ܕܡܠܬܐ - أقسام الفعل

١ - صيغ الفعل المتصرف ثلاث وهي : الماضي والحال والمستقبل .

٢ - ܡܶܠܬ݂ܳܐ ܙܰܒ݂ܢܳܐ ܕܥܒ݂ܰܪ (الفعل الماضي) مثل : ܪܚܶܡ أحبَّ ܚܣܰܪ خسر .

وهو نوعان مجرد ومزيد .

١ - ܡܠܬܐ ܫܚܝܡܬܐ (الفعل المجرد) وهو الخالي من الزيادة وهو إما ثلاثي مثل ܨܒܰܥ صبَغَ ܛܥܰܢ حمَلَ أو رباعي مثل ܬܰܪܓܶܡ ترجم ܥܰܪܛܶܠ عرّى .

٢ - ܡܠܬܐ ܡܬܝܬܪܬܐ (الفعل المزيد) وهو نوعان قياسي وغير قياسي .

ܡܫܘܚܬܐ (القياسي) هو ما زيد على أصله حركة أو ضمّ الى أوله بعض حروف الزيادة المجتمعة في ܡܬܐܫ ما عدا وزن ܦܥܠܠ فبتكرار الحرفين الاخيرين ، وأصل ميزان الثلاثي ܦܥܰܠ فعَلَ نحو :

ܦܥܰܠ	ܩܛܰܠ	ܐܶܬ݂ܦܥܶܠ	ܐܶܬ݂ܩܛܶܠ
ܦܰܥܶܠ	ܫܰܒܰܚ	ܐܶܬ݂ܦܰܥܰܠ	ܐܶܫܬܰܒܰܚ
ܐܰܦܥܶܠ	ܐܰܦܪܶܫ	ܐܶܬ݁ܬ݂ܰܦܥܰܠ	ܐܶܬ݁ܬ݂ܰܦܪܰܫ
ܫܰܦܥܶܠ	ܫܰܥܒܶܕ	ܐܶܫܬܰܦܥܰܠ	ܐܶܫܬܰܥܒܰܕ
(أو) ܣܰܦܥܶܠ	ܣܰܓܒܶܕ)	ܐܶܣܬܰܦܥܰܠ	ܐܶܣܬܰܓܒܰܕ
ܦܰܥܠܶܠ	ܫܰܡܠܶܠ	ܐܶܬ݂ܦܰܥܠܰܠ	ܐܶܫܬܰܡܠܰܠ

ܠܐ ܩܝܳܣܳܝܳܐ (غير القياسي) وهو ما زيد على أصله بعض من أحرف الزيادة المذكورة أو غيرها بلا قياس مثل : ܥܰܪܒܶܒ أرعب ܥܰܪܓܶܠ دحرج من ܥܓܰܠ ، ܥܓܶܠ .

وأصل ميزان المزيد الرباعي : ܦܰܥܠܶܠ فعلَلَ نحو ܬܰܪܓܶܡ وان معظم الافعال الرباعية ثلاثية الاصل وتصاغ من الفعل ، إما بتكرار الحرف الاخير نحو ܥܰܪܩܶܩ وعرّق العظم ، ܩܰܪܪܶܪ برّد ، وإما بتكرار الحرفين نحو ܦܰܫܦܶܫ شرّح ، ܪܰܒܪܶܒ عظّم ؛ ويصاغ سماعياً بزيادة أحد الحروف المجتمعة في كلمة ܫܘܬܪܢܝܗ فيختلف غالباً معناه عن الثلاثي :

ܫ	ܫܰܡܟܰܪ	استحى	ܡܰܣܟܶܢ	أفقر
ܘ	ܟܰܘܡܶܪ	لوي	ܓܰܘܙܶܠ	ألهب
ܬ	ܬܰܘܚܰܪ	أخّر	ܬܰܠܡܶܕ	تلمذ
ܪ	ܥܰܪܓܶܠ	دحرج	ܥܰܪܙܶܠ	شبك
ܢ	ܣܰܝܒܰܪ	صبر	ܦܰܪܢܶܣ	قات
ܝ	ܩܰܫܝܶܢ	قاسي	ܥܰܪܒܶܒ	أرعب
ܗ	ܗܰܝܡܶܢ	آمن		

ܕܘܪܫܐ تمرين - ١ -

ردّ الافعال الآتية الى المجرد :

ܐܰܩܒܶܠ	قابلَ	ܩܰܫܝܶܢ	قاسى	ܐܰܩܪܶܒ	حارب
ܐܰܡܪ	رتّل	ܐܶܬܡܰܚܰܠ	ضعُفَ	ܡܰܙܰܓ	مزج
ܐܶܬܩܛܶܠ	قُتل	ܪܰܟܶܒ	ركّب	ܐܶܬܩܪܺܝ	قُرِىء

ܕܘܪܫܐ تمرين – ٢ –

اجعل المجرد الثلاثي مزيداً بحركة أو بحرف :

ܪܚܶܡ	أحبَّ	ܢܛܰܪ	حفَظ	ܪܦܰܣ	هجم
ܫܠܶܡ	كمُل	ܙܟܳܐ	غلَبَ	ܫܡܰܛ	استلّ
ܟܬܰܒ	كَتَبَ	ܦܫܰܛ	بَسَطَ	ܣܡܰܟ	اتّكأ
ܒܕܰܪ	بدّد	ܪܗܶܛ	ركض	ܕܢܰܚ	أشرق

ܡܠܬܐ ܫܠܡܬܐ ܘܡܪܥܠܬܐ - الفعل الصحيح والمعتل

١ – اذا سلمت أصول الفعل من حروف العلة والهمزة والتضعيف ولم يبدأ بنون سمّي ܡܠܬܐ ܫܠܡܬܐ (الفعل السالم) ، أما الصحيح هو ما خلت أصوله من حروف العلة فقط ويكون ܢܘܢܝܬܐ (نونياً) نحو ܢܫܰܪ نشر ، أو ܟܦܺܝܠܬܳܐ مضاعفاً نحو ܚܰܠ خلّ ܚܰܠܚܶܠ خلخل ، أو ܚܫܺܝܠܬܳܐ ܐܳܠܰܦ (مهموزاً) نحو ܐܶܟܰܠ أكَلَ ܫܐܶܠ سألَ .

٢ – أما المعتل فهو ما كان أحد أصوله حرف علة نحو ܝܒܶܫ يبس ، ويكون :

أ – ܡܪܰܥܠܰܬ ܦܐ ܝܘܕ : معتل العين نحو ܝܬܶܡ يتم .

ب – ܡܪܰܥܠܰܬ ܡܨܰܥܬܳܐ : (الأجوف) معتل الياء نحو ܩܳܡ قام .

ج – ܡܪܰܥܠܰܬ ܫܘܠܳܡܳܐ: (الناقص) معتل الدال نحـو ܒܥܳܐ طلَبَ.

و - ܡܩܪܒܬܐ ܟܝܢܝܬܐ : (لفيف مقرون) وجود حرفي علة مقترنين نحو : ܛܘܐ شوى .

ه - ܡܦܪܫܬܐ ܟܝܢܝܬܐ : (لفيف مفروق) وجود حرفي علة مفترقين نحو : ܝܥܐ نبتَ .

ܕܘܪܫܐ تمرين - ١ -

بيّن السالم والصحيح والمعتل من الافعال الآتية :

ܐܚܕ	مسك	ܩܢܐ	اقتنى	ܣܪܝ	نَتِن
ܢܦܠ	سقط	ܝܨܦ	اهتم	ܐܡܪ	قال
ܫܒܚ	سبّح	ܐܒܕ	ضاع	ܢܦܩ	خرج
ܒܠܒܠ	بلبل	ܝܥܐ	نبَتَ	ܩܪܐ	قرأ

ܡܠܬܐ ܕܒܝܬܐ ܘܡܥܒܪܢܝܬܐ - الفعل اللازم والمتعدي

١ - الفعل اللازم : هو ما استقر حدوثه في نفس الفاعل نحو : ܐܬܐ ܡܠܦܢܐ جاء المعلم .

٢ - الفعل المتعدي : هو الذي يتجاوز حدوثه من فاعل الى مفعول به نحو : ܟܬܒ ܘܠܝܬܐ كتب الوظيفة .

يلاحظ :

١ - يتعدى الفعل اللازم بزيادة حركة أو همزة وبالالحاق والحرف نحو : ܩܪܒ ، ܐܩܪܒ ، ܩܪܒ ܠܘܬܝ من ܩܪܒ و ܦܫܩ

غلّط من ܦܓܰܡ غَلَطَ .

ب ـ اذا زيدت هذه على الفعل المتعدي الى واحد تعدّى الى اثنين نحو : ܐܰܟܬܒܶܗ ܐܶܓܪ̈ܳܬܰܢ كتّبه رسالتنا .

ج ـ ان الهمزة اذا دخلت على المهموز الاول تحوّل ما بعدها الى واو غالباً نحو : ܐܰܘܪܶܩ أورق ، ܐܰܘܚܶܕ أمسك ، من ܝܪܰܩ و ܐܚܰܕ

ܕܽܘܪܳܫܳܐ تمرين ـ ١ ـ

ميّز بين اللازم والمتعدي في الافعال الآتية :

ܒܟܳܐ	بكى	ܐܰܥܬܰܪ	أغنى	ܡܠܳܐ	ملأ
ܒܰܛܶܠ	بطّل	ܐܰܥܡܶܕ	عمّد	ܐܰܫܢܝ	هاجر
ܓܠܳܐ	كشف	ܦܪܰܫ	ميّز	ܫܗܰܪ	سهر

ܡܶܠܬܳܐ ܥܒܽܘܕܳܝܬܳܐ ܘܚܰܫܽܘܫܬܳܐ ـ المبني للمعلوم والمبني للمجهول

١ ـ المبني للمعلوم هو : ما ذكر فاعله نحو : ܢܦܰܠ ܓܰܒܪܳܐ ܡܶܢ ܫܽܘܪܳܐ سقط الرجل من السور .

٢ ـ المبني للمجهول هو ما بُني للمفعول وحذف فاعله نحو : ܐܶܬܚܪܰܪ ܐܰܣܺܝܪܳܐ حُرّر السجين .

ويصاغ من الثلاثي بزيادة (ܐܶܬ) في أوله وربص ( ) ما قبل آخره ما لم يكن منتهياً بحرف حلق نحو ܩܛܰܠ ܐܶܬܩܛܶܠ (قتَلَ ، قُتِلَ) واذا انتهى بحرف حلق يفتح ما قبل آخره نحو : ܦܬܰܚ ܐܶܬܦܬܰܚ (فتَحَ ، فُتِحَ) .

ويصاغ من الرباعي بزيادة (ܐܶܬ) في أوله وفتح ما قبل آخره على الاطلاق نحو ܩܰܕܶܫ ܐܶܬܩܰܕܰܫ (قدّسَ ، قُدِّسَ) ܪܰܘܪܶܒ ܐܶܬܪܰܘܪܰܒ (عَظَّمَ ، عُظِّمَ).

يلاحظ :

آ - في وزن أفعل تقلب الهمزة تاءً نحو ܐܰܘܣܶܦ ܐܶܬܬܰܘܣܰܦ (أضاف، اضيف) .

ب - اذا بدأ الثلاثي بحروف (ܕ ، ܛ ، ܬ) تدغم بها تاء (ܐܶܬ) لفظاً نحو : ܐܶܬܕܟܰܪ ، ܐܶܬܛܒܰܥ ، ܐܶܬܬܪܰܥ فتلفظ ܐܶܕܕܟܰܪ ، ܐܶܛܛܒܰܥ ، ܐܶܬܬܪܰܥ من ܕܟܰܪ ، ܛܒܰܥ ، ܬܪܰܥ (ذكَرَ ، غَرِقَ ، شقّ).

ج - اذا بدأ الفعل بحرف صفير (ܣ ، ܫ ، ܙ ، ܨ) تقدم حرف الصفير على ܬ وتبقى دون تغيير مع (ܣ و ܫ) وتقلب الى ܕ مع (ܙ) والى ܛ مع (ܨ) نحو : ܣܰܪܶܩ ، ܐܶܣܬܰܪܰܩ بدلاً من ܐܶܬܣܰܪܰܩ ، ܫܡܰܥ ، ܐܶܫܬܡܰܥ بدلاً من ܐܶܬܫܡܰܥ ومن ܙܒܰܢ ܐܶܙܕܒܶܢ بدلاً من ܐܶܬܙܒܶܢ . و ܨܠܰܒ ܐܶܨܛܠܶܒ بدلاً من ܐܶܬܨܠܶܒ .

ܪܽܘܫܡܳܐ تمرين - ١ -

حوّل المبني للمجهول الى مبني للمعلوم في الجمل الآتية :

ܡܕܒܪܐ ܒܥܘܠܐ ܡܢ ܡܫܝܚܐ ܐܶܬܐܡܰܪ ، ܘܒܢܐ ܐܶܬܒܢܺܝ ، ܘܟܬܒܐ ܣܦܪ̈ܐ ܡܢ ܐܶܬܟܬܶܒ ، ܘܚܝ ܐܶܬܚܙܺܝ . ܘܐܶܬܒܥܺܝ

ܒܡܘܟܟܐ ، ܘܐܬܢܟܦ ܡܟܝܢܐܝܬ . ܟܕ ܐܬܐܘܗܝ . ܘܚܢܐ
ܒܡܬܘܟܟܢܘܬܐ . ܘܐܬܡܟܟ ܡܢ ܒܢܝܢܫܐ .

ܕܘܪܫܐ تمرين – ٢ –

صغ مبنياً للمجهول من الافعال الآتية :

ܠܒܒ	شجّع	ܢܛܪ	حفظ	ܐܘܗܒ	منح
ܩܕܡ	تقدّم	ܣܠܩ	صعد	ܫܬܐܣ	أسّس
ܕܟܝ	نقّى	ܙܕܩ	برّر	ܫܡܫ	خدم
ܐܘܬܒ	أجلس	ܫܒܚ	سبّح	ܕܫܢ	أهدى

ܡܠܬܐ ܐܒܝܐ ܕܩܐܡ - فعل الحال

هو ما دلّ على حدث في الزمان الذي أنت فيه نحو ܫܩܠ يحمل . يبنى من الثلاثي المجرد على وزن ܟܬܒ إلا اذا انتهى بحرف حلق فيُفتح نحو ܡܬܚ يمدّ ، ومن غير الثلاثي بحذف الهمزة من أوله (إن وجدت) والحاقه بميم متحركة بحركتها أو ساكنة قبل المتحرك نحـو :

ܡܫܠܡ ، ܡܫܠܡ ، ܡܫܬܠܡ ، ܡܫܬܬܠܡ من ܫܠܡ و ܐܫܠܡ و ܐܫܬܠܡ و ܐܫܬܠܡ و ܐܬܬܫܠܡ .
ܡܬܬܫܠܡ

ܕܘܪܫܐ تمرين – ١ –

ردّ الافعال الحالية الى اصولها :

ܡܨܨ	يمتص	ܡܫܬܪܪ	يتأكد	ܡܫܬܠܛ	يتسلط
ܡܦܓܡ	يُلجم	ܐܬܟܪܒ	حارب	ܡܚܪܡ	يُحرم
ܡܫܬܢܕܠ	يتعذب	ܡܪܓܙ	يُغضب	ܡܫܬܓܘܪܪ	يجتر

ܡܠܬܐ ܐܒܠܐ ܕܥܬܝܕ - الفعل المضارع أو المستقبل

هو ما دلّ على حدث في الزمان المستقبل نحو : ܢܥܒܕ سيعمل .

يبنى من الماضي بحذف الهمزة الزائدة من أوله (إن وجدت) ووضع أحد أحرف المضارعة المجتمعة في (ܐܢܬ) ساكنة قبل المتحرك ومفتوحة في الرباعي الذي على وزن ܐܥܒܕ ومربوصة في البقية .

ان باء الفعل تختلف حركتها باختلاف حركة ماضيها ومعناها ، فتارة تكون مضمونة اذا كان الفعل متعدياً نحو : ܩܛܠ ܢܩܛܘܠ واخرى مربوصاً أو لازماً أو منتهياً بحرف حلق نحو . ܢܪܚܡ ، ܢܫܐܠ ، ܢܦܬܚ من ܪܚܡ ، ܫܐܠ ، ܦܬܚ .

شذّ عن هذه القاعدة ܣܓܕ سجد ، ܩܪܒ قرُب ، ܫܬܩ سكت . فمضارعها ܢܣܓܘܕ ، ܢܩܪܘܒ ، ܢܫܬܘܩ .

أما ܥܒܕ و ܙܒܢ فمضارعهما ܢܥܒܕ يعمل و ܢܙܒܢ يشتري بالرباص .

ܕܘܪܫܐ تمرين - ١ -

ضع بين قوسين الافعال المضارعة في الجمل الآتية :

ܢܐܬܐ ܒܪܗ ܥܠܡܐ ܠܒܢܝ̈ܐ ، ܘܢܬܠ ܠܗܘܢ ܡܠܟܘܬܗ .
ܐܢ ܐܢܫ ܢܩܪܒ ܠܢܘܪܐ ܘܒܬܪ̈ܐ ܐܦܝ̈ܐ ܢܗܘܐ ܘܪܝܐ
ܢܬܦܢܐ ܒܝܘܡ ܒܫܝ̈ܢܐ . ܐܢ ܐܝܟ ܟܪܝܐ ܠܟܝܢܐ
ܢܦܠ . ܒܨܢܐ ܢܨܝܐ ܢܬܒܝܗ ܟܠ ܡܢ ܡܗܝܡܢܘܬܐ

ܐܰܡܰܪ.. ܠܰܡܳܢܳܐ ܕܶܐܬܳܐ ܐܰܝܟ ؟ ܡܶܛܽܠ ܕܪܳܗܶܛ ܠܥܳܠܡܳܐ ܕܡܰܘܬܳܐ
ܐܰܝܟ ܕܶܐܫܬܰܡܰܥ ܢܳܫܳܐ ܒܡܰܫܪܝܳܐ ؟ ܡܶܛܽܠ ܕܐܶܫܬܰܘܕܰܥ ܒܫܘܠܡܳܐ ܡܶܢܶܗ ؟
ܗܽܘ ܢܶܦܩܽܘܢ ܠܒܰܪܳܝܶܐ ܕܰܫܘܦܪܳܐ .

ܕܘܪܫܐ تمرين - ٢ -

استبدل الافعال الماضية فيما يأتي بالمضارع :

ܢܦܰܚ نفخ ܫܒܰܩ ترك ܒܰܝܺܐ عزّي ܐܰܗܦܶܟ أرجع
ܦܣܰܠ نحت ܬܰܩܶܢ أتقن ܐܰܦܨܰܚ أبهج ܫܶܐܠ سأل

ܦܽܘܩܕܳܢܳܐ - الامر

هو طلب انشاء الفعل ، وهو نوعان ، امر بالصيغة (ܦܽܘܩܕܳܢܳܐ ܫܰܪܺܝܪܳܐ) ويختص بالمخاطب نحو ܩܽܘܡ قُم ، و ܦܘܩܕܢܐ ܫܐܝܠܐ (امر مستعار)ويختص بالمضارع ويشترك بين المتكلم والمخاطب والغائب نحو ܢܩܘܡ لِنَقُم ومنه يصاغ ܟܠܽܘܝܳܐ (النهي) بادخال ܠܐ (لا) الناهية على المضارع نحو ܠܳܐ ܬܩܘܡ لا تقُم ، ܘܶܐܡܰܪ ܐܠܗܐ ܢܶܗܘܶܐ ܪܰܩܺܝܥܳܐ : وقال الله ليكن جَلَد.

أما الامر بالصيغة فيصاغ من المضارع بحذف حرف المضارعة نحو ܥܒܶܕ إعمل ، ܐܶܟܘܠ كُلْ ، ܐܰܪܚܶܩ أبعِد ، ܒܛܰܠ أهتم ، من ܢܶܥܒܶܕ ، ܢܺܐܟܘܠ ، ܢܰܪܚܶܩ ، ܢܒܛܰܠ .

أما الخماسي فيَسكن ما قبل آخره ويُفتَح ثالثه نحو : ܐܶܬ݂ܕܰܟܰܪ أذكر ، ܐܶܙܕܰܗܰܪ احذر .

ܕܘܪܫܐ تمرين – ١ –

اذكر ماضي هذه الافعال :

ܫܬܘܩ	اسكت	ܙܥܪ	صَغّر
ܐܬܕܡܪ	اندهش	ܬܢܚ	تنهّد
ܐܦܠ	أسقِط	ܓܕܘܠ	أجدِل
ܟܬܘܒ	انسخ	ܫܩܘܠ	إرفع
ܐܬܬܟܠ	اتكل	ܐܫܬܡܥ	استمع
ܚܛܘܦ	اخطف	ܦܪܘܫ	مَيّز

ܕܘܪܫܐ تمرين – ٢ –

صغ أفعال الحال والمضارع والامر من الكلمات التالية كقولك :

ܫܡܫ ماض ܡܫܡܫ حال ܢܫܡܫ مضارع ܫܡܫ أمر

ܫܐܠ	سأل	ܐܥܝܪ	أيقظ	ܦܪܢܣ	وفّر
ܐܦܝܫ	أفاض	ܣܝܒܪ	صَبَر	ܐܘܪܒ	أكبَرَ
ܐܚܒ	أحبّ	ܩܪܐ	قرأ	ܗܠܟ	سَارَ

ܕܘܪܫܐ تمرين - ٣ -

بدّل الامر بالنهي في الجمل الآتية :

ܢܟܬܘܒ ܠܗ ܐܓܪ̈ܬܐ ، ܫܒܘܩ ܠܒܪܢܫܐ ܕܒܒܝܬܟ ܫܒܘܩ ܢܫܘܫܬܐ ܩܪܝܒܬܐ ، ܢܫܠܡ ܐܘܪܚܗ ܡܫܡܠܝܬܐ ، ܢܫܐܠ ܒܪ̈ܚܡܘܬܐ ، ܦܬܚ ܬܪܥܝܟ ܠܐܟܣܢܝܐ. ܟܬܘܒ ܠܗ ، ܕܒܪ ܢܦܫܟ ܐܝܟ ܨܒܝܢܟ . ܝܩܪ ܠܐܒܘܟ ܘܠܐܡܟ ، ܐܬܐ ܕܪܘܫ ܒܡܫܡܠܝܘܬܐ ، ܦܪܘܩ ܠܡܠܟܝܢ ܡܫܪܪܬܐ ، ܦܠܘܚ ܡܗܝܡܢܐܝܬ .

ܫܡܐ ܕܫܘܕܪܐ - المصدر

هو ما دلّ على حدث دون زمان نحو : ܫܠܝܐ سكون ، ܟܘܪܗܢܐ مَرضَ . وصيغته من المجرد الثلاثي سماعيـة ، أما من الرباعي المجرد فعلى وزن ܦܘܥܠܐ نحو : ܫܪܗܒ ، ܫܘܪܗܒܐ استعجـل استعجالاً ، ܫܠܗܒ ܫܘܠܗܒܐ أضرم اضراماً .

١ - كل فعل على وزن ܦܥܠ أو ܐܦܥܠ له ثلاث صيغ مصدرية وهي: ܦܘܥܠܐ ، ܡܦܥܠܐ ، ܡܦܥܠܢܘܬܐ نحو ܕܘܪܫ تمرين ܡܥܕܪܢܘܬܐ مساعدة ܐܦܝܣܬܐ تضرع من أفعال ܕܪܫ ، ܥܕܪ ، ܐܦܝܣ .

٢ - يبنى المصدر لما فوق الرباعي من اسم المفعول الوصفي بضم آخره

والحاق ܘܬܐ به نحو ܡܬܟܬܒܢܐ مكتتب ܡܬܟܬܒܢܘܬܐ اكتتاب .

٣ ـ ويبنى من الاسماء والصفات بزيادة ܘܬܐ في آخـــره نحو : ܛܠܝܘܬܐ ، ܫܦܝܪܘܬܐ ، ܒܝܫܘܬܐ ، ܛܒܘܬܐ من ܛܠܝܐ صـــبي ، و ܫܦܝܪܐ حسن ، ܒܝܫܐ شرير ، ܛܒܐ صالح .

ܢܒܘܥܐ ܡܝܡܝܐ ـ المصدر الميمي

١ ـ يصاغ من المضارع بابدال حرف المضارعة ميماً متحركة بحركته وفتح ما قبل آخره من الثلاثي نحو ܟܬܒ ، ܢܟܬܘܒ ، ܡܟܬܒ . وزقفه (ܘ) في الاجوف والناقص نحو ܩܡ ، ܢܩܘܡ ، ܡܩܡ ، ܚܙܐ ، ܚܙܐ ، ܡܚܙܐ ، والحاق آخره بواو ممدودة في الرباعي والمزيـد نحو : ܩܪܒ ، ܢܩܪܒ ، ܡܩܪܒܘ (حارب ، يحارب ، حرباً) ܐܬܚܒܪ ، ܢܬܚܒܪ ، ܡܬܚܒܪܘ (صادق ، يصادق ، مصادقة) .

٢ ـ يستعمل المصدر الميمي في موضع المفعول المطلق نحو ܡܫܥܒܕܘ ܫܥܒܕ ܐܢܘܢ ܡܠܟܐ ܛܪܘܢܐ (استعباداً) (استعبدهم الملك الطاغية استعباداً) ܡܦܠܓܘ ܦܠܓܬ ܙܒܢܝ (وزعت أوقاتي توزيعاً) .

٣ ـ واذا اتصل المصدر باللام يفيد أن المصدرية نحو : ܨܒܝܬ ܠܡܥܡܪ (أردت أن أسكن) ܒܥܝܬ ܠܡܟܬܒ ܠܟ ܐܓܪܬܐ (طلبت أن أكتب لك رسالة) .

ܕܘܪܫܐ تمرين - ١ -

صغ مصادر الافعال الآتية :

ܣܒܪ	بشّر	ܛܝܠ	تنزّه	ܒܝܐ	عزّى	ܚܬܡ	ختم
ܚܕܝ	فرِح	ܣܒܥ	شبع	ܛܥܐ	تاه	ܬܡܗ	أدهش
ܚܪ	نظر	ܐܠܒܫ	ألبس	ܛܢ	غار	ܚܠܐ	لاق

ܕܘܪܫܐ تمرين - ٢ -

صغ المصدر من الاسماء التالية :

ܡܪܝܪܐ	مرّ	ܚܠܝܐ	حلو	ܕܟܝܐ	طاهر	ܡܠܦܢܐ	معلم
ܡܕܒܪܢܐ	مدير	ܐܚܝܕܐ	ضابط	ܬܓܪܐ	تاجر	ܨܝܘܓܐ	صائغ
ܛܒܚܐ	قصاب	ܚܝܛܐ	خياط	ܟܘܛܐ	بخيل	ܦܝܫܐ	فائض
ܢܦܚܐ	حداد	ܟܐܢܐ	عادل	ܢܓܪܐ	نجار	ܛܠܘܡܐ	ظالم

ܕܘܪܫܐ تمرين - ٣ -

دلّ على المصادر الميمية في الجمل الآتية وقل أصلها :

ܡܣܟܝܘ ܣܟܝܬ ܕܡܪܚܡܢܘܬܗ : انتظرت رحمته انتظاراً .

ܡܚܕܝܐ ܚܕܝܢ ܡܠܐܟܐ ܒܚܛܝܐ ܕܬܐܒ : يفرح الملائكة فرحاً بخاطئ يتوب.

ܡܪܕܘܐ ܪܕܢܝ ܡܪܝܐ ܘܠܡܘܬܐ ܠܐ ܐܫܠܡܢܝ . : أدّبني الرب تأديباً . ولم يسلمني للموت.

ܡܛܝܬ ܠܡܝܢܐ ܠܡܦܨܝܘ ܠܛܒܘܥܐ : وصلت الى الميناء لانقاذ الغريق.

ܡܦܪܥ ܦܪܥ ܡܠܦܢܐ ܠܚܦܝܛܐ : يكافيء المعلم النشيط مكافأة .
ܐܙܠ ܠܡܣܥܪܘ ܠܟܪܝܗܐ : ذهب ليعود المريض .
ܫܪܝܬ ܠܡܚܬ ܐܙܗܝܪܐܝܬ : بدأت أنزل باحتراس .
ܡܬܚܒܪܘܬܐ ܐܬܚܒܪ ܥܡ ܛܒܐ : صادق الاخيار مصادقة .

ܡܒܥܐ ܙܒܢܐ . مصدر المرة

هو ما دلّ على كمية وقوع الفعل. أما ܡܒܥܐ ܐܕܫܝܐ (مصدر النوع) فهو ما دلّ على نوع الفعل .

يستعمل للمرة والنوع كل المصادر المنتهية بالتاء وإلا فالحقت بها نحو : ܩܪܝܬܐ ، ܒܟܝܬܐ (دعوة ، مناحة) من ܩܪܝܐ ܘܒܟܝܐ .

ويشترط ان يلحق المرة باسم العدد نحو : ܚܕܐ ܡܚܘܬܐ ܡܚܐܢܝ (ضربني ضربة) وأما النوع فينعت للايضاح نحو : ܡܝܬ ܡܘܬܐ ܡܪܝܪܐ (مات ميتة مرّة) .

ܕܘܪܫܐ تمرين - ١ -

إبنِ مصدري المرة والنوع من الافعال الآتية :

ܛܒܪ كسر ܣܓܕ سجد ܟܐܐ زجر ܙܩܪ نسج
ܨܗܐ عطش ܣܟܠ خطأ ܒܟܐ بكى ܨܠܝ صلى
ܨܡ صام ܠܐܐ كدّ ܨܒܐ شاء ܗܦܟ رجع

ܫܡܐ ܡܥܒܕܢܐ ـ اسم الفاعل

هو اسم مشتق على ما وقع منه الفعل نحو : ܟܬܘܒܐ كاتب ، وهو نوعان ܫܡܐ ܡܥܒܕܢܐ (فعلي) نحو : ܣܗܕܐ شاهد ، و ܐܫܡܝܬܐ (وصفي) نحو : ܢܛܘܪܐ حارس .

يصاغ اسم الفاعل الفعلي : من الثلاثي بزقف أول الماضي وربص ( ) ثانيه إلا اذا انتهى بحرف حلق فيفتح نحـو : ܪܚܡ يحب ، ܒܠܥ يبلع ، ومن غير الثلاثي بابدال حرف المضارع ميماً نحو : ܡܩܪܒ مهرّب ܡܫܡܠܐ مكمّل ܡܣܬܡܟ مستند ܡܫܒܚ مسبّح .

يلاحظ :

١ ـ يفيد اسم الفاعل الفعلي معنى الماضي اذا اقترن بفعل ܗܘܐ (كان) وإذ ذاك تسقط هاء ܗܘܐ لفظاً نحو : ܟܬܒ ܗܘܐ كان يكتب :

٢ ـ قد يضاف اسم الفاعل الفعلي الى مفعوله ، فيتصرف على قاعـدة الاسماء المجزومة جزم الاضافة نحو : ܩܛܠ ܐܢܫܐ قاتل الناس ܩܛܪ̈ܝ ܬܓ̈ܐ عاقدو التيجان ܡܬܒܪܬ ܫܐܕ̈ܐ هازمة الجن . ܪ̈ܚܡܬ ܫܘܒܗܪܐ محبات التبرج .

أما اسم الفاعل الوصفي فيصاغ من الثلاثي على ثلاثة أوزان : ܦܥܘܠܐ : ܦܪܘܩܐ المنقذ . ܦܥܠܐ : ܬܓܪܐ التجـار .

ܟܳܗܶܢ : ܟܳܗܢܳܐ الكاهن . ومن غير الثلاثي فبزيادة ܢܳܐ على اسم الفاعل الفعلي وتحريك آخره بالزقاف واسكان ما قبله . أي زيادة ܢܳܐ على اسم الفاعل الفعلي المؤنث نحو : ܡܙܰܡܪܳܢܳܐ مرتّل من ܡܙܰܡܪܳܐ ، ܡܙܰܡܰܪ يرتّل ، ترتّل . ܡܣܬܰܟܠܳܢܳܐ فاهم من ܡܣܬܰܟܠܳܐ ، ܡܣܬܰܟܰܠ يفهم ، تفهم .

ܕܘܪܫܳܐ تمرين – ١ –

صغ اسم الفاعل الفعلي والوصفي من الافعال الآتية :

ܫܡܰܥ سمع ܦܰܠܶܓ وزّع ܐܶܬܦܬܰܚ انفتح

ܥܪܰܩ هرب ܒܙܰܚ هزىء ܦܰܪܶܩ نجّى

ܨܳܕ صاد ܓܢܰܒ سرق ܢܰܚܶܡ بعث

ܕܘܪܫܳܐ تمرين – ٢ –

صغ اسم الفاعل الفعلي والوصفي مما يلي على النحو التالي :

ܦܠܰܚ ܐܰܪܥܳܐ فلح الارض ܐܰܘܒܶܕ ܙܽܘܙܶܐ فقد الدرام

ܓܕܰܠ ܟܠܺܝܠܳܐ جدل الاكليل ܙܟܳܐ ܒܺܝܫܬܳܐ غلب الشر

ܫܰܡܶܫ ܥܺܕܬܳܐ خدم الكنيسة ܣܳܡ ܢܳܡܽܘܣܶܐ وضع القوانين

ܩܪܳܐ ܡܰܟܬܒܬܳܐ قرأ المجلة ܐܶܣܬܰܗܕ ܒܰܩܪܳܒܳܐ استشهد بالحرب

ܒܰܙ ܐܳܬܘܳܬܳܐ نهب الحروف . ܢܰܚܶܡ ܡܺܝܬܳܐ بعثَ الميت

ܐܘܡܢܘ̈ܬܐ - المهن

ܛܒܚܐ القصاب ، ܒܣܡܐ العطار ، ܒܢܝܐ البنّاء ، ܨܐܘܓܐ الصائغ ، ܠܚܘܡܐ الخباز ، ܒܙܙܐ البزّاز ، ܚܒܠܐ الحبّال ، ܥܩܪܢܐ الصيدلاني ، ܬܓܪܐ التاجر ، ܣܪܓܐ السراج ، ܐܣܝܐ الطبيب ، ܒܩܘܠܐ البقّال ، ܩܘܩܝܐ الخزّاف ، ܚܝܛܐ الخياط ، ܝܪܘܩܐ بائع الخضار ، ܨܪܘܦܐ الصراف ، ܡܗܢܕܣܐ المهندس ، ܨܝܪܐ المصور ، ܨܝܕܐ الصياد ، ܚܡܪܐ الخمّار ، ܓܢܢܐ البستاني ، ܢܦܚܐ الحداد ، ܢܓܪܐ النجار .

ܫܡܐ ܚܫܘܫܐ - اسم المفعول

هو اسم مشتق لما وقع عليه الفعل ، ويبنى من الثلاثي على وزن ܦܥܝܠܐ نحو : ܦܫܩ - ܦܫܝܩܐ ، ܒܐ - ܒܐܝܐ ، ܐܟܠ - ܐܟܝܠܐ ܣܡ - ܣܝܡܐ . أما من الرباعي فعلى ون اسم الفاعل الفعلي بفتح ما قبل آخره إن كان مربوصاً نحو : ܡܩܛܠ من ܡܩܛܠ . الا الاجوف فيرقف ويقال من ܡܫܝܓ يغسل ، ܡܫܝܓ مفسول . أما في الافعال التاوية فيستوي الفاعل والمفعول نحو : ܡܥܗܕܢܐ ذاكر ومذكور

يلاحـــظ :

ان اسم المفعول ينوب عن الفعل المجهول متى ألحـــق بالضمائر كما

ينوب الفاعل الفعلي عن المعلوم نحو : ܩܳܛܶܠ ܐܢܐ اقتل ܩܳܛܶܠ ܐܢܬ تقتل كما يقال ܩܳܛܶܠ ܐܢܐ أقتل .

ܫܘܼܪܵܟܵܐ - التصريف

ܕܘܼܟܪܵܢܵܝܵܐ المذكر	ܢܩܒܬܢܝܐ المؤنث	ܕܘܼܟܪܵܢܵܝܵܐ	ܢܩܒܬܢܝܐ
ܐܢܐ ܩܶܛܠܶܬ	ܐܢܐ ܩܶܛܠܶܬ	ܩܳܛܶܠ ܐܢܐ	ܩܳܛܠܳܐ ܐܢܐ
ܐܢܬ ܩܛܰܠܬ	ܐܢܬܝ ܩܛܰܠܬܝ	ܩܳܛܶܠ ܐܢܬ	ܩܛܠܐ ܐܢܬܝ
ܗܘ ܩܛܰܠ	ܗܝ ܩܶܛܠܰܬ	ܩܳܛܶܠ	ܩܳܛܠܳܐ
ܚܢܰܢ ܩܛܰܠܢ	ܚܢܰܢ ܩܛܰܠܢ	ܩܳܛܠܺܝܢܰܢ	ܩܛܠܢܰܢ
ܐܢܬܘܢ ܩܛܰܠܬܘܢ	ܐܢܬܝܢ ܩܛܰܠܬܝܢ	ܩܳܛܠܺܝܬܘܢ	ܩܛܠܢܬܝܢ
ܗܢܘܢ ܩܛܰܠܘ	ܗܢܝܢ ܩܛܰܠܝ̈	ܩܳܛܠܝܢ	ܩܛܠܢ

ܙܒܢܐ ܕܥܬܝܕ - المستقبل			ܦܘܩܕܢܐ - الأمر
ܐܶܩܛܘܿܠ	ܐܶܩܛܘܿܠ		ܩܛܘܿܠ
ܬܶܩܛܘܿܠ	ܬܶܩܛܠܺܝܢ		ܩܛܘܿܠܝ
ܢܶܩܛܘܿܠ	ܬܶܩܛܘܿܠ	أو	ܩܛܘܿܠܘܢ
ܢܶܩܛܘܿܠ	ܢܶܩܛܘܿܠ		ܩܛܘܿܠܘ
ܬܶܩܛܠܘܢ	ܬܶܩܛܠܳܢ		ܩܛܘܿܠܝ̈
ܢܶܩܛܠܘܢ	ܢܶܩܛܠܳܢ	أو	ܩܛܘܿܠܝܢ

ܫܡܐ ܡܟܬܒܢܐ - ܟܳܬܶܒ - ܟܳܬܒܳܐ

ܫܡܐ ܚܫܘܫܐ - ܟܬܺܝܒ - ܟܬܺܝܒܳܐ

ܫܘܡܐ ܡܫܡܗܐ - ܡܶܟܬܰܒ

يلاحظ :

آ - تصريف الفعل القياسي في حالة الماضي والحال والمستقبل والامر . ويتضح كيف يكون اسم الفاعل واسم المفعول والمصدر من أي فعل من الافعال القياسية .

ب - أما الماضي من (فعل) فتارة يكون مفتوح العين مثل ܩܛܰܠ قتَلَ . وتارة يكون مكسور العين مثل ܕܚܶܠ خاف ܕܡܶܟ نام ܫܠܶܐ سَكنَ . وهذه الكسرة في الماضي تبدل فتحة في الاستقبال والامر مثل : ܢܶܕܚܰܠ سيخاف ܢܶܕܡܰܟ سينام . وفي الامر ܕܚܰܠܘ خافوا ، ܕܡܰܟܘ ناموا .

ج - واذا كانت لام الفعل الماضي ܚ ، ܥ ، ܗ ، ܪ . ضبطت العين غالباً بالفتحة في المستقبل والامر في جميع التصريفات نحو : ܫܡܰܥ - سَمِعَ ، ܢܶܫܡܰܥ - سيسمع ، ܫܡܰܥ - إسمع .

ܫܘܡܳܗܳܐ ܕܕܡܝܳܐ - الصفة المشبهة

اسم مصوغ من الثلاثي اللازم للدلالة على من قام به الفعل على وجه الثبوت ويأتي على أوزان كثيرة سماعية أشهرها : ܪܰܒܳܐ كبير ،

ܥܒܝܐ خشن ، ܫܦܝܪܐ حسن ، ܐܘܟܡܐ أسود ، ܚܘܪܐ أبيض ، ܒܬܘܠܐ بتول ، ܚܫܘܟܐ مُظلم .

ومن غير الثلاثي على وزن اسم الفاعل نحو : ܡܫܬܪܝܐ منحل .

ܕܘܪܫܐ تمرين – ١ –

أبنِ الصفة المشبهة من الافعال الآتية :

مثلاً : ܢܗܝܪ ܡܕܥܐ ، ܡܕܥܐ ܢܗܝܪܐ نيّر العقل أو عقل نيّر .

ܡܕܥܐ (ܢܗܪ) أنار	ܕܢܚܐ (ܕܢܚ) أشرق
ܝܘܪܩܐ (ܝܪܩ) إخضرّ	ܣܡܝܐ (ܟܡܗ) كمه
ܣܘܡܩܐ (ܣܡܩ) إحمرّ	ܥܒܝܐ (ܥܒܝ) صار أعسماً
ܢܗܘܪܐ (ܪܘܝ) فاض	ܚܒܢܐ (ܚܒܢ) تكاسل
ܚܫܘܟܐ (ܚܫܟ) أظلم	ܝܒܝܫܐ (ܝܒܫ) يبس

ܫܡ ܕܘܟܬܐ ܘܙܒܢܐ - اسم المكان والزمان

هو ما دلّ على مكان أو زمان وقع فيه الفعل ، ويصاغ من الثلاثي على وزن ܡܦܥܠܐ فنقول مثلاً من الفعل السالم ܕܢܚ - ܡܕܢܚܐ (مشرق) ܥܪܒ - ܡܥܪܒܐ (مغرب) ومن النوني : ܢܦܩ - ܡܦܩܐ (مخرج) أما الاجوف فيقال منه ܩܡ - ܡܩܘܡܐ (مقام) .

وكثيراً ما يأخذ اسم المكان تاء التأنيث نحو : ܡܫܪܝܬܐ محلة ، ܡܥܒܪܬܐ مَجاز . ويصاغ بطريقة اخرى وهي ان تلحق لفظة ܒܝܬ بالمصدر أو باسم المكان والزمان نفسه نحو : ܒܝܬ ܕܝܢܐ محكمة ܒܝܬ ܙܘܥܐ جامعة ، ܒܝܬ ܚܒܘܫܝܐ سجن ، ܒܝܬ ܓܙܐ مخزن .

ܕܘܪܫܐ تمرين - ١ -

ترجم الجمل الآتية الى العربية :

ܠܐ ܬܐܣܘܪ ܒܝܬ ܣܦܪ ܒܟܡܝܪܬܐ ܕܒܠܥܕܐ ܐܠܐ ܒܐܒܘܗ ܗܘ ܒܝܬ ܢܘܚܐ ܘܒܘܝܐܐ ܕܟܠܗܘܢ ܕܡܫܬܒܪܝܢ ܒܗ . ܒܝܬ ܐܘܪܚܐ ܕܡܢ ܒܗܝܢ ܒܟܬܒܐܝܬ ܠܒ ܒܝܬ ܕܢܘܚܐ ܘܐܬܦܢܝܬܐ ܛܒ ܠܒܥܐܪܐ ܠܟܠܗ ܟܬܒܐ ܡܢ ܕܒܥܐܪܐ ܠܒܝܬ ܥܡܪܘܬܐ. ܠܡܐ ܒܝܬ ܓܘܫܡܝܗ ܘܡܬܢܫܝܢܐ . ܐܝܟܢܐ ܠܐ ܛܒ ܫܦܝܪ ܡܐܬܝܐ ܒܒܝܬ ܚܒܘܫܝܐ ، ܒܝܬ ܙܘܥ ܡܢ ܟܠܗ ܐܢܫܐ ܗܘ ܙܢܐ.

ܫܡܐ ܐܘܪܓܢܝܐ - اسم الآلة

اسم مصوغ من الثلاثي المتعدي للدلالة على ما وقع الفعل بواسطته نحو : ܡܬܩܠܐ ميزان .

وهو نوعان جامد نحو : ܢܪܓܐ فأس . ومشتق نحو : ܡܟܚܠܐ مكحلة و ܡܓܠܐ منجل ، وقد يقرن بالتاء نحو : ܡܨܠܝܬܐ مصفاة ، ܡܚܢܩܬܐ مشنقة .

ܪܘܫܡܐ تمرين - ٢ -

دلّ على اسماء الآلة الجامدة والمشتقة :

ܩܘܦܐ	قدوم	ܡܦܘܚܬܐ	مروحة	ܡܪܐ	مرّ		
ܡܓܪܘܦܬܐ	مجرفة	ܡܣܩܬܐ	مرقاة	ܬܪܘܕܐ	ملعقة		
ܐܪܙܦܬܐ	مطرقة	ܦܕܢܐ	محراث	ܡܚܙܝܬܐ	مرآة		
ܣܟܝܢܐ	سكين	ܡܚܛܐ	إبرة	ܡܣܘܪܐ	منشار		
ܡܣܪܩܘܬܐ	مشط	ܡܫܘܓܐ	منشفة	ܡܩܒܐ	مثقب		

ܪܘܫܡܐ تمرين - ٢ -

ترجم الجمل الآتية الى العربية :

ܡܢܐ ܐܝܬ ܠܢ ܡܣܪܩܘܬܐ ܘܡܫܐ ، ܡܦܘܚܬܐ
ܚܕܐ ܠܡܝܐ ، ܐܬܐܪܐ ܡܚܙܝܬܐ ܕܒܝܬܐ ، ܐܟܠܢ ܒܗ
ܘܗܘܐ ܡܢ ܩܘܦܐ . ܦܕܢܐ ܦܠܚ ܒܐܪܥܐ ܘܡܓܪܦܬܐ ، ܗܘܐ
ܒܒܝܬܐ ܕܡܣܩܬܐ ، ܛܒܚ ، ܡܒܫܠ ܡܫܘܓܐ ܘܬܪܘܕܐ ܘܣܟܝܢܐ
ܘܡܣܩܘܬܐ ، ܐܢܫܐ ܠܐ ܛܒܚ ܡܣܘܪܐ ܘܡܒܪܐ ، ܡܚܛܐ
ܚܕܐ ܡܚܛܐ ܘܣܦܝܐ ، ܘܦܫܪܐ ܛܒܐ : ܣܟܝܢܐ ܐܝܟ
ܘܡܫܘܓܬܐ ܠܩܘܦܐ ، ܡܚܙܝܬܐ ܗܘܬ ܠܡܣܪܩܘ ܘܠܐ ܢܬܚܙܐ
ܘܢܦܘܩ ܡܢܗ ܡܪܡ ܕܫܡܥ ، ܡܣܝܒܐ ܐܒܘܗ ܠܒܢܘܗܝ .

ܦܬܓ̈ܡܐ ܘܫܘܥܝܐ - العبارات والاحاديث

ܫܠܡܠܟ -ܫܠܡܐ ܠܟܝ	السلام لك
ܒܫܝܢܐ ܘܒܫܠܡܐ ܐܬܝܬ	أهلاً وسهلاً بك
ܐܝܟܢܐ ܐܝܬܝܟ	كيف حالك ؟
ܫܦܝܪ. ܬܘܕܝ ܠܐܠܗܐ	جيد . الشكر لله
ܚܕܝ ܡܪܝ	مرحباً يا سيدي
ܒܪܝܟ ܨܦܪܐ	صباح الخير
ܒܪܝܟ ܛܒܐ	صباح الخيرات
ܒܪܝܟ ܝܘܡܟ	نهارك سعيد
ܒܪܝܟ ܪܡܫܐ	مساء الخير
ܫܦܘܪ: ܐܬܬܢܝܚ ܥܠ ܟܘܪܣܝܐ	تفضّل استرح على الكرسي
ܡܘܕܐ ܐܢܐ ܠܛܝܒܘܬܟ	أشكر فضلك
ܡܢ ܙܒܢܐ ܠܐ ܚܙܝܬܟ	من مدة لم أراك
ܣܓܝ ܚܕܐ ܐܢܐ ܒܚܙܬܟ	أنا سعيد جداً برؤياك
ܠܐܝܟܐ ܐܙܠ ܐܢܬ ؟	الى أين تذهب ؟
ܠܒܝܬܐ ܐܙܠ ܐܢܐ	أنا ذاهب الى البيت
ܐܓܠ ܫܠܡܝ ܠܐܒܗܝܟ	بلغ تحياتي لوالديك
ܐܝܟܐ ܝܠܦܬ ܠܫܢܐ ؟	أين تعلمت اللغة السريانية ؟
ܒܒܝܬ ܣܦܪܐ (ܡܬܬܘܕܝܢܘܬܐ) ܕܚܠܒ	في جامعة حلب
ܥܒܕ ܛܝܒܘ، ܘܩܪܝ ܩܠܝܠ	أعمل معروفاً . وأقرأ قليلاً
ܬܐ ܠܗܪܟܐ، ܣܪܗܒ	تعال الى هنا . اسرع

ܥܣܝܩ ܐܢܐ ܒܩܪܝܢܐ	أنا مشغول بالقراءة
ܠܡܚܪ ܗܘ ܝܘܡܗ ܕܒܘܚܪܢܐ	غداً يوم الامتحان
ܘܡܛܠܗܕܐ ܠܐ ܡܒܛܠ ܐܢܐ ܥܕܢܝ̈	ولأجل هذا لا اضيّع أوقاتي سدىً

ܡܕܪܫܬܐ

ܡܟܝܠ ، ܣܟܝ ܠܝ	إذن . انتظرني
ܢܩܫ ܙܓܐ ܕܝܘܠܦܢܐ	قرع جرس الدرس
ܐܬܛܟܣܘ ܘܥܘܠܘ ܬܪܝܢ ܬܪܝܢ	اصطفوا وادخلوا مثنى مثنى
ܐܡܪ ܚܕ ܠܐܚܪܢܐ	يقول الواحد للآخر
ܐܝܟܐ ܐܝܬܘܗܝ ܡܠܦܢܐ	أين يكون المعلم؟
ܠܐ ܝܕܥ ܐܢܐ	لا أعرف
ܐܙܠ ܠܡܕܒܪܢܘܬܐ	ذهب الى الادارة
ܕܢܝܬܐ ܕܫܢܐ ܠܚܦܝܛܐ	ليجلب هدية النشيط
ܣܒ ܕܫܢܐ ܗܢܐ	خذ هذه الهدية
ܬܘܕܝ	شكراً
ܠܐ ܡܕܡ	عفواً
ܗܫܐ ܕܝܢ ܟܬܘܒܘ	أما الآن فاكتبوا
ܡܢܐ ܢܟܬܘܒ ؟	ماذا نكتب ؟
ܦܘܩܕܢܐ	الوصايا
ܐܬܬܟܠ ܥܠ ܢܦܫܟ	اتكل على نفسك
ܚܘܐ ܚܦܝܛܘܬܐ ܒܥܒܕܝܟ	أظهر نشاطاً بعملك
ܕܠܐ ܢܗܘܐ ܥܡܠܟ ܠܒܛܠܐ	لئلا يكون هدفك للضياع
ܪܚܡ ܠܡܪܝܐ ܐܠܗܟ ܡܢ ܟܠܗ ܠܒܟ	أحبب الرب إلهك من كل قلبك

ܘܠܩܪܝܒܟ ܐܝܟ ܢܦܫܟ	وقريبك كنفسك
ܕܥ ܕܗܘ ܝܘܠܦܢܐ ܡܠܚܐ ܝܗܘ ܕܢܦܫܐ	إعلم ان العلم هو ملح النفس
ܥܕܡܐ ܠܡܘܬܐ ܐܬܟܬܫ ܥܠ ܩܘܫܬܐ	جاهد عن الحق الى الموت
ܫܡܥ ܠܐܒܘܟ ܕܐܘܠܕܟ	إسمع لأبيك الذي ولدك
ܘܠܐ ܬܒܣܐ ܒܣܝܒܘܬܗ ܕܐܡܟ	ولا تحتقر أمك اذا شاخت
ܣܦܩ ܠܟܘܢ ܝܘܡܢܐ	كفا كم اليوم
ܥܕܢܐ ܐܘܦܝ	الوقت انقضى
ܡܫܐܠ ܐܢܐ ܠܟܘܢ ܒܫܠܡܐ	اودعكم بالسلام
ܦܘܫ ܒܫܠܡܐ	الوداع ـ مع السلامة
ܐܙܠ ܒܫܠܡܐ	امض بالسلام
ܗܘܐ ܚܠܝܡ	كن معافى
ܐܙܠ ܒܫܝܢܗ ܕܡܪܝ	اذهب في أمان الله

القسم الثالث

ܡܬܠܐ ܕܠܟܡ

النصوص الادبية

من الكتاب المعاصرين

ܡܐܡܪ̈ܐ ܡܪܕܘܬܢܝܐ

ܡܢ ܣܦܪ̈ܐ ܕܒܢ̈ܝ ܥܕܢܐ

ܟܬܒܐ ܩܘܕܫܐ

ܟܬ̈ܒܐ ܗܠܝܢ ܕܒܗ ܐܝܬ ܟܘܢܫܐ ܩܕܡܝܐ . ܘܐ̱ܢܫ̈ܐ
ܗܘܘ ܕܫܦܝܪܐ ܠܦܘܡܐ ܘܡܟܬܒܐ ܘܡܬܪܘܬܐ : ܒܟܬܒܬܐ
ܩܕܝܫܝܢ ، ܘܫܘܟܠܠܐ ܘܫܠܡ ܟܬܒܢܘܬܐ ܕܟܬܒܐ ܪܘܚܢܝܢ :
ܡܛܠܗ ، ܘܒܗ ܦܘܡܐ ܕܥܕܢܝ ܡܢܗܘܢ ܡܫܝܚܐ ܘܐܬܡܗ
ܠܘܕܝܪܬܐ ܘ ܕܡܬܬܚܘܝܢ ܩܕܝܫܐ : ܫܦܝܪܘܬܐ ܘܟܐܡܢܐ
ܟܠܠ ، ܘܗܘ ܦܘܪܫܐ ܠܐܠܗܐ ܡܢ ܚܕܬܐ ܡܫܝܚܝܬܐ
ܩܕܡܐܝܬ ܡܫܝܚܝܬܐ ܟܠܠ . ܐܝܟ ܕܐܦ ܒܠܥܕܘ ܕܒܟܠܝܐ
ܠܐܠܗܐ . ܕܗܘ ܠܐܠܗܐ ܠܟܠܗ̈ܘܢ ܕܒܢ̈ܝܐ ܘܡܫܝ̈ܚܝܐ ܐ̱ܢܫܝܢ :
ܒ̈ܟܠܗܘܢ ܡܫܝ̈ܚܝܐ ܙܒܢ ، ܘܥܡ ܗܘܕܐ ܒܩܘܫܬܐ ܡܢܝܢ
ܕܟܠ ܐܡܘܬܐ ܘܥܡܡܝܢ ܐܢ ܟܠܗ ܫܡܫܘ ، ܘܗܘ ܥܠܬܐ ܕܒܪܝܬܐ
ܕܐܘܠܝܢܗܘܢ ܒܗܘܢ ܘܒܫܘܠܡܐ ܘܥܬܝܕܘܬܐ ܕܢܗܘܘܢ :
ܩܕܡܝܬ ܠܛܝܒܘ ܘܪܚܡܘ ، ܘܗܘ ܒܥܒܕܘܬܐ ܩܕܝܫܬܐ
ܕܟܠܗ ܩܝܡܐ ، ܡܫܡܠܝܬܐ ܠܐܘܪܚܘ ، ܘܗܘ ܟܕ ܒܗ
ܡܢ ܡܠܘܬܐ ܕܟܬܒܐ ܡܫܝܚܝܐ ܩܕܝܫܐ ܘܟܐܠܗܝܬܐ ܝܘ̈ܡ
ܠܡܫܡܠܝܘܬܐ ܡܟܬܒܢܘܬܐ ܕܝܠܗ : ܗܟܢܐ .

ܘܡܫܡܫ ܠܐܠܗܐ
ܦܛܪܝܪܟܐ ܕܐܢܛܝܘܟܝܐ

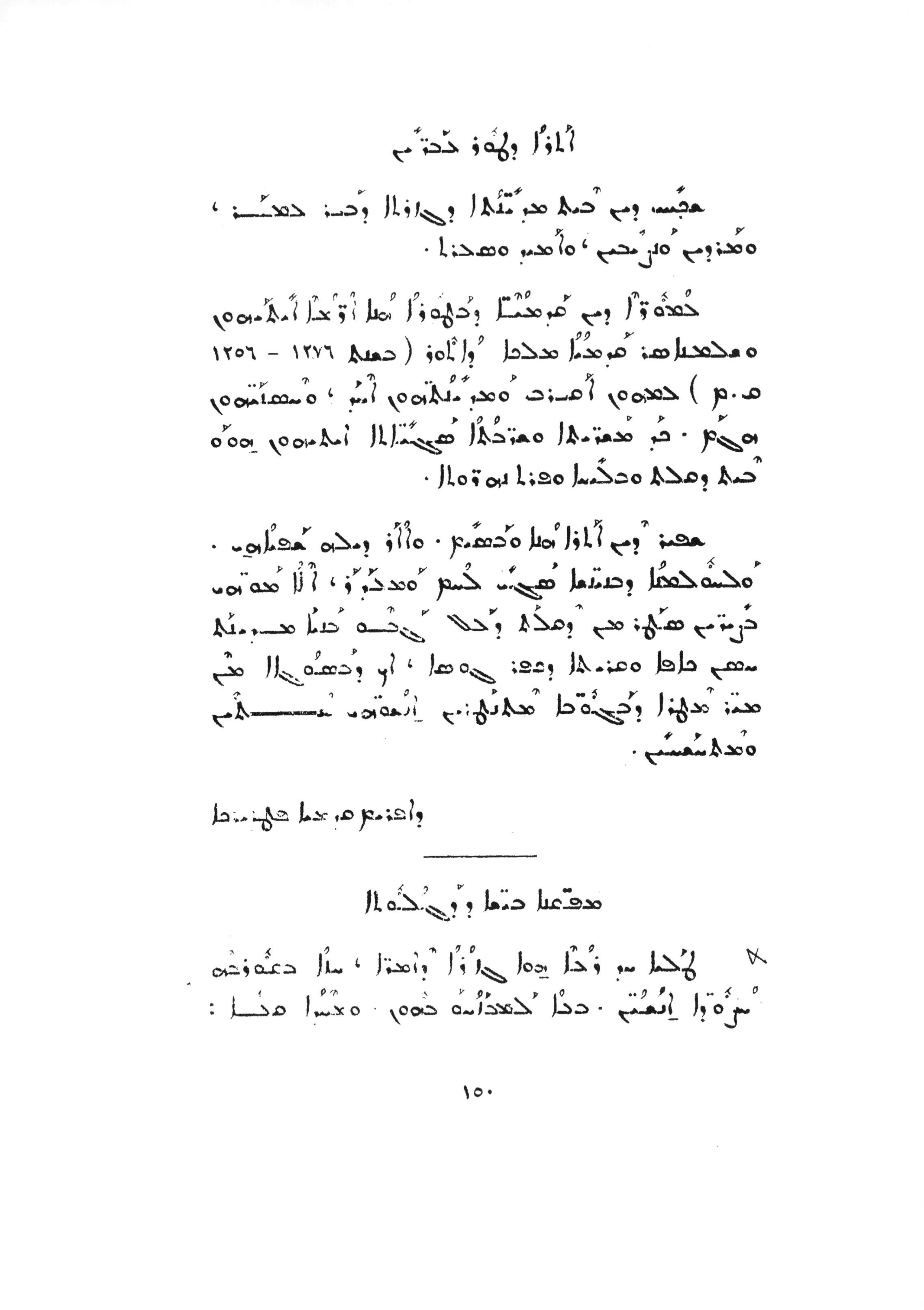

ܘܡܬܟܬܫܢ: ܕܡܪܝܐ ܡܟܟܠ ܕܐܬܐܪ (ܒܫܢܬ ١٢٧٦ - ١٢٥٦

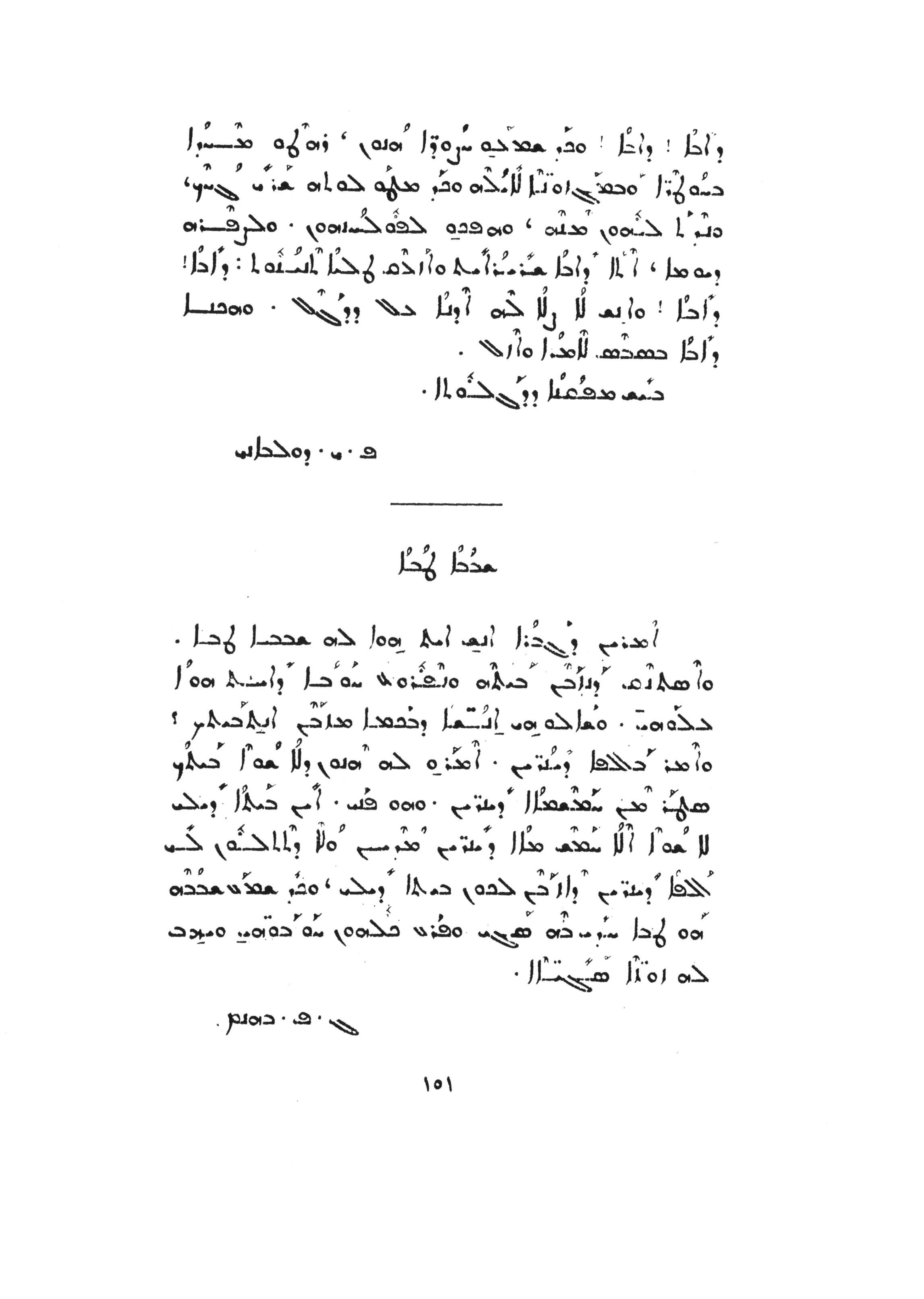

ܐܘ ܡܛܪܐ

ܐܘ ܡܛܪܐ !
ܐܘ ܚܝ̈ܝ ܐܪܥܐ ..
ܘܣܒܪܐ ܕܐܪܥܐ ..
ܚܘܐ ܠܢ ܒܒܣܝܡܘܬܟ .
ܘܐܦܝܣ ܒܣܘܟ̈ܠܐ ܐܒܝܠܘܬܟ .

ܐܘ ܡܛܪܐ !

ܐܒܪܐ ܡܒܣܡܐ ܒܟ ܫܒܪܐ ..
ܘܒܟ ، ܡܒܝܗ ܒܡܫܬܐ ܫܒܪܐ ..
ܐܦܣܬܐ ܕܝܢ ܘܡܬܝܢ ܒܬܚܡܬܐ ܕܘܣܠܬܐ
ܠܐ ܒܟ ܠܐܬܪ ܐܢܘܢ ؟

ܐܘ ܡܛܪܐ !

ܕܡܛܠ ܐܝܬ ܗܘܐ ܕܒܪܢܫܐ ܛܒܬܐ ،
ܘܬܒܥܝܢ ، ܠܐܚܝ̈ܬܐ ܐܢܘܢ ܕܚܝ̈ܠܐ ܠܐܒܝܠܐ .
ܒܬܪܟ ܕܝܢ ܒܡܥܒܪܬܐ ܐܢܘܢ ܕܐܘܪܚ ܚܝ̈ܠܐ .
ܐܘܪܥ ܒܣܘܪܗܐ ܒܝܢ ܡܠܟ .
ܦܪܐ ܠܐܒ̈ܝܐ ܒܝܢ ܢܘܗܪܝ .

ܐܪܝܠܐ ܒܙܒܢܐ ܚܝܢ ܪܒܝܢ.
ܫܒܥܐ ܠܓܘܢܐ ܒܢܝ ܦܐܪܝܢ.
ܠܓܦܢܐ ܡܣܬܟܠܐ ܠܐ ܠܐ ܗܘܪ.
ܘܒܛܒܥܘܬܐ ܠܐ ܠܐܪܝܠܐ.
ܘܒܗܘܟܪܐ ܕܡܒܥܝܢ ܚܝܠܐ ܡܢܝܚܐ.
ܒܒܒܘ ، ܡܛܪܐ ، ܠܐ ܠܐ ܢܚܬ.
ܘ ، ܒܒܢ ܐܪܥܐ ، ܘ ، ܒܒܢ ܕܡܥܐ ،
ܘ ، ܒܒܢ ܒܢܝܬܐ ، ܘ ، ܠܒܫܬܐ ܛܒܥܐ ܕܐܝܬܘܬܐ ،
ܘ ، ܠܒܫܒܠܐ ܒܥܘܪܐ ܘܒܚܘܫܒܐ ،
ܠܐܒܪܐ ܚܝܢ ܦܫܛܐ ܘܒܥܣܩܐ.
ܫܒܪܐ ܛܒܐ ܠܐ ܠܦܫܘܩ.

ܘܡܛܪܐ!

ܐܫܝܢ ܒܒܡܟܪܬܐ ܡܢ ܒܘܒܝܢ.
ܘܕܟܐ ܒܒܪܢܫܐ ܡܢ ܪܘܚܗ.
ܗܘܝ ܚܕܐ ܒܡܡܠܟܘܬܐ.
ܘܗܘܝ ܡܛܪܐ ܒܒܝܬܐ..

ܒܘܪ. ܦ. ܐܬܘܡܐ

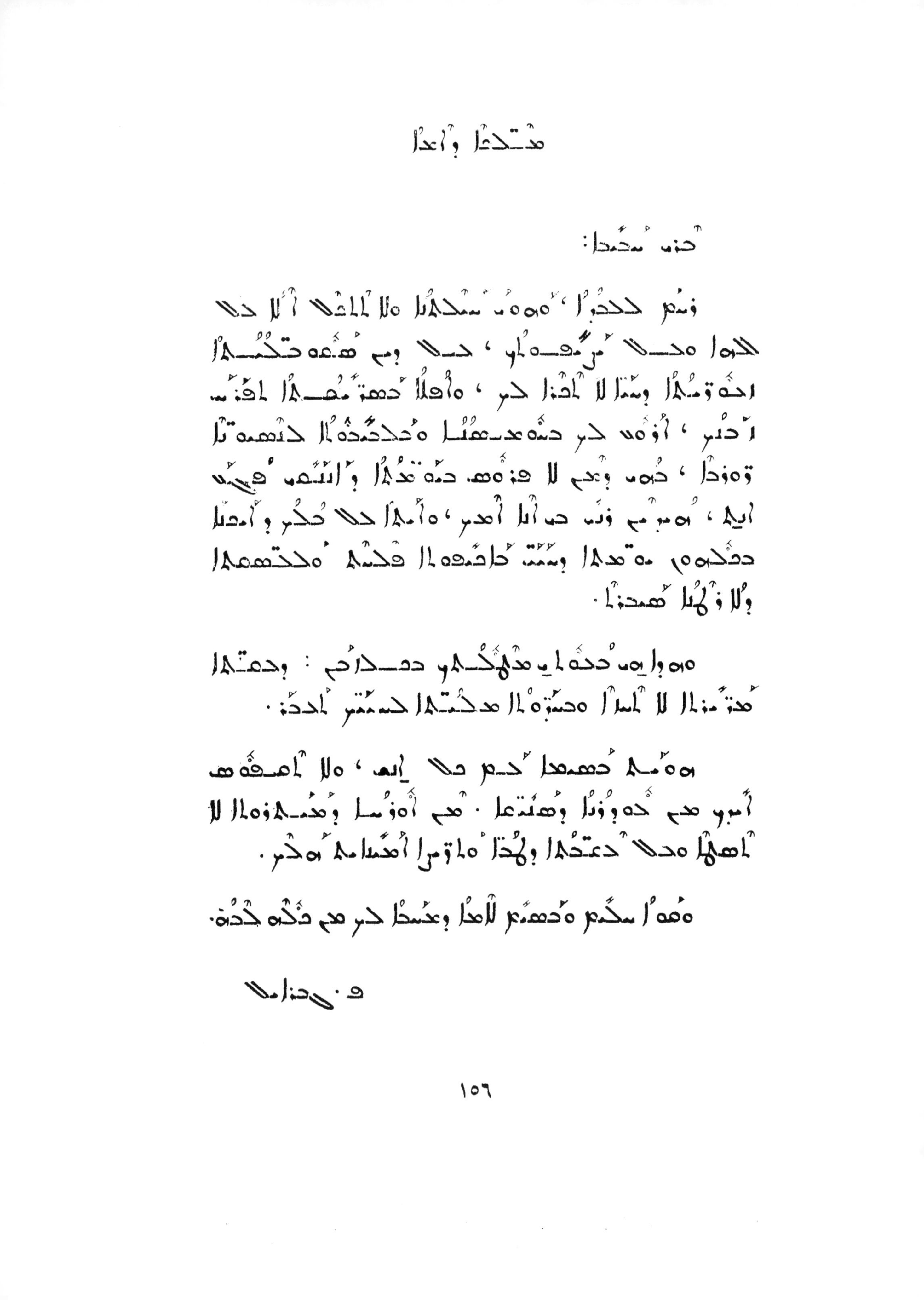

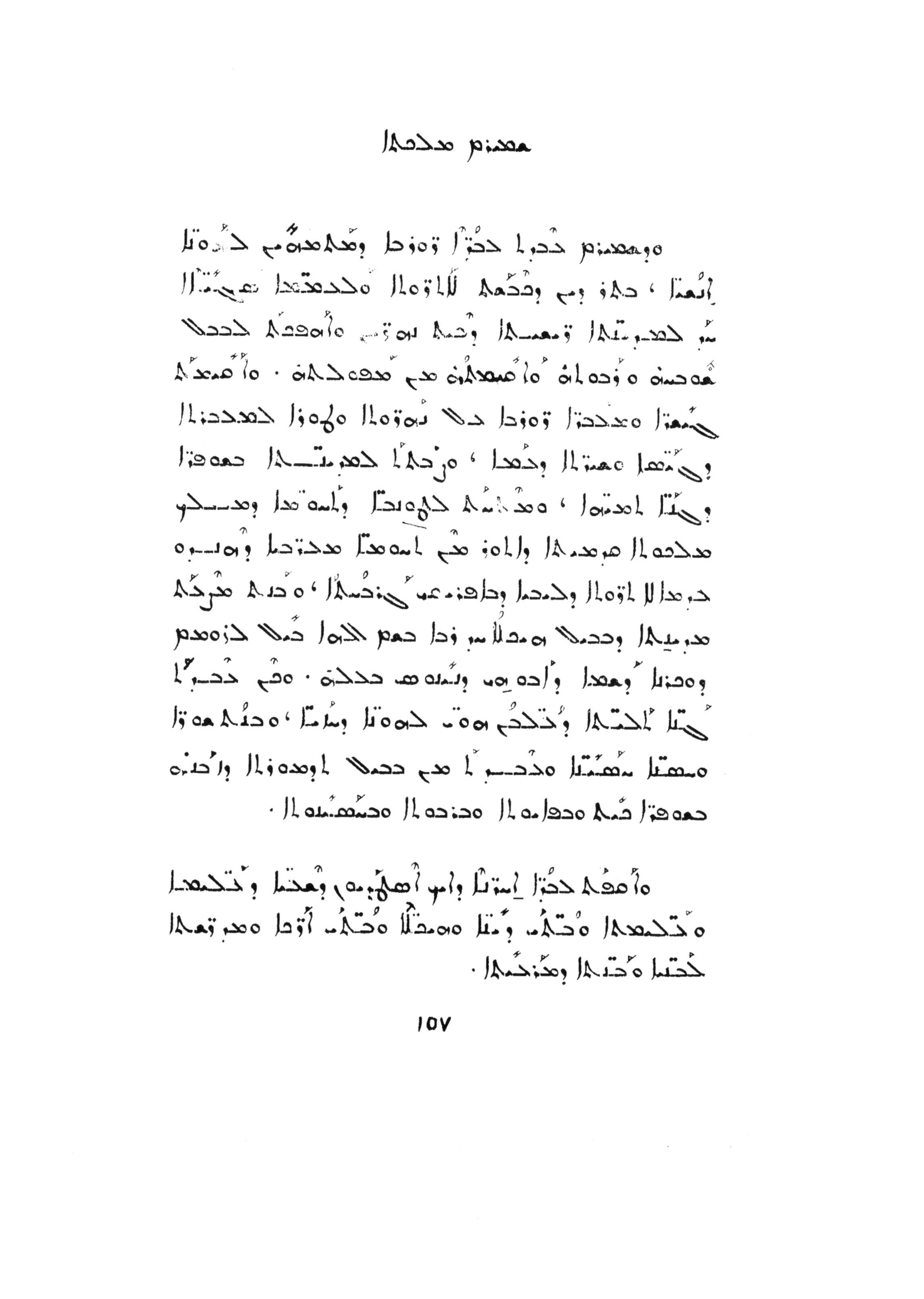

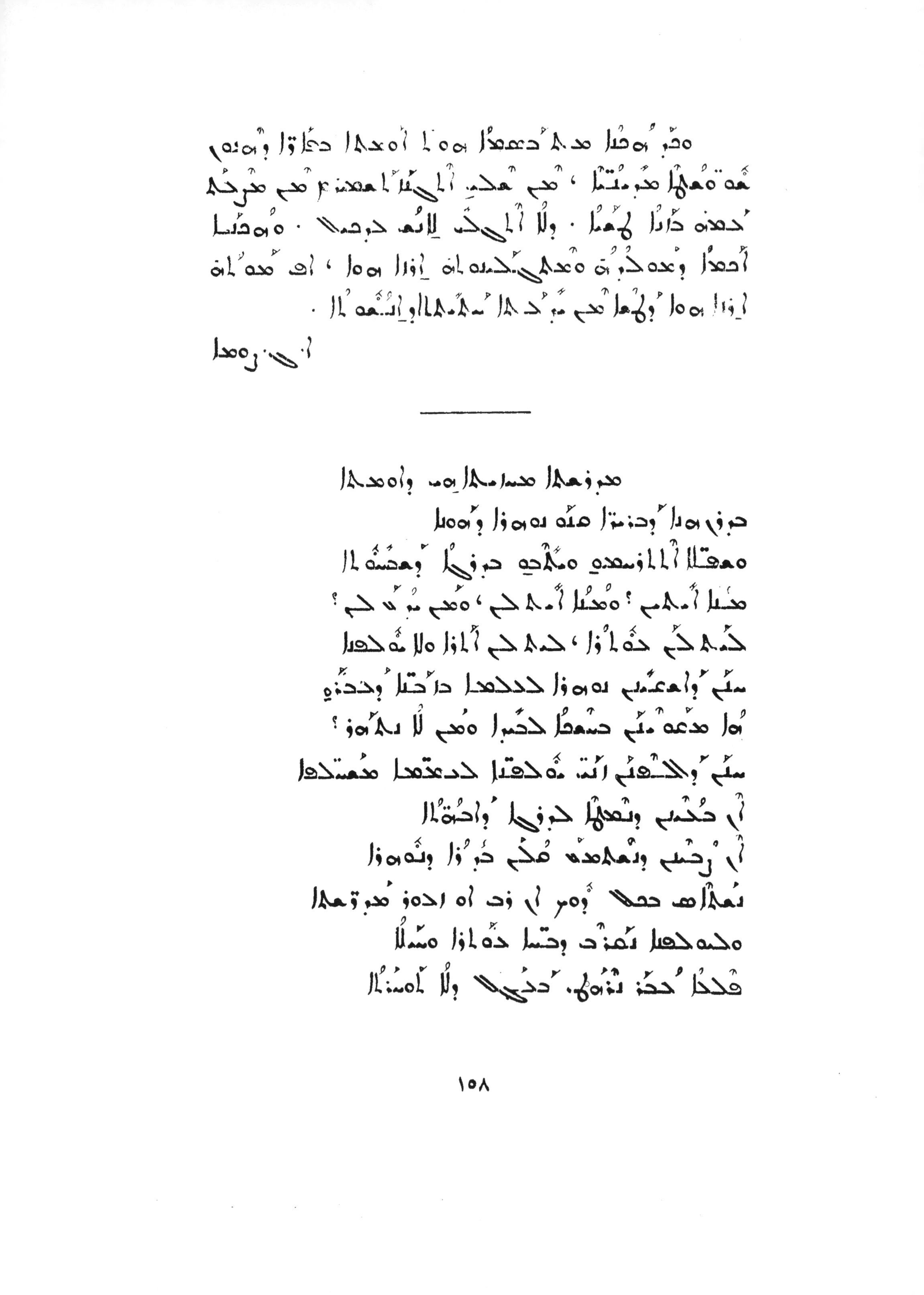

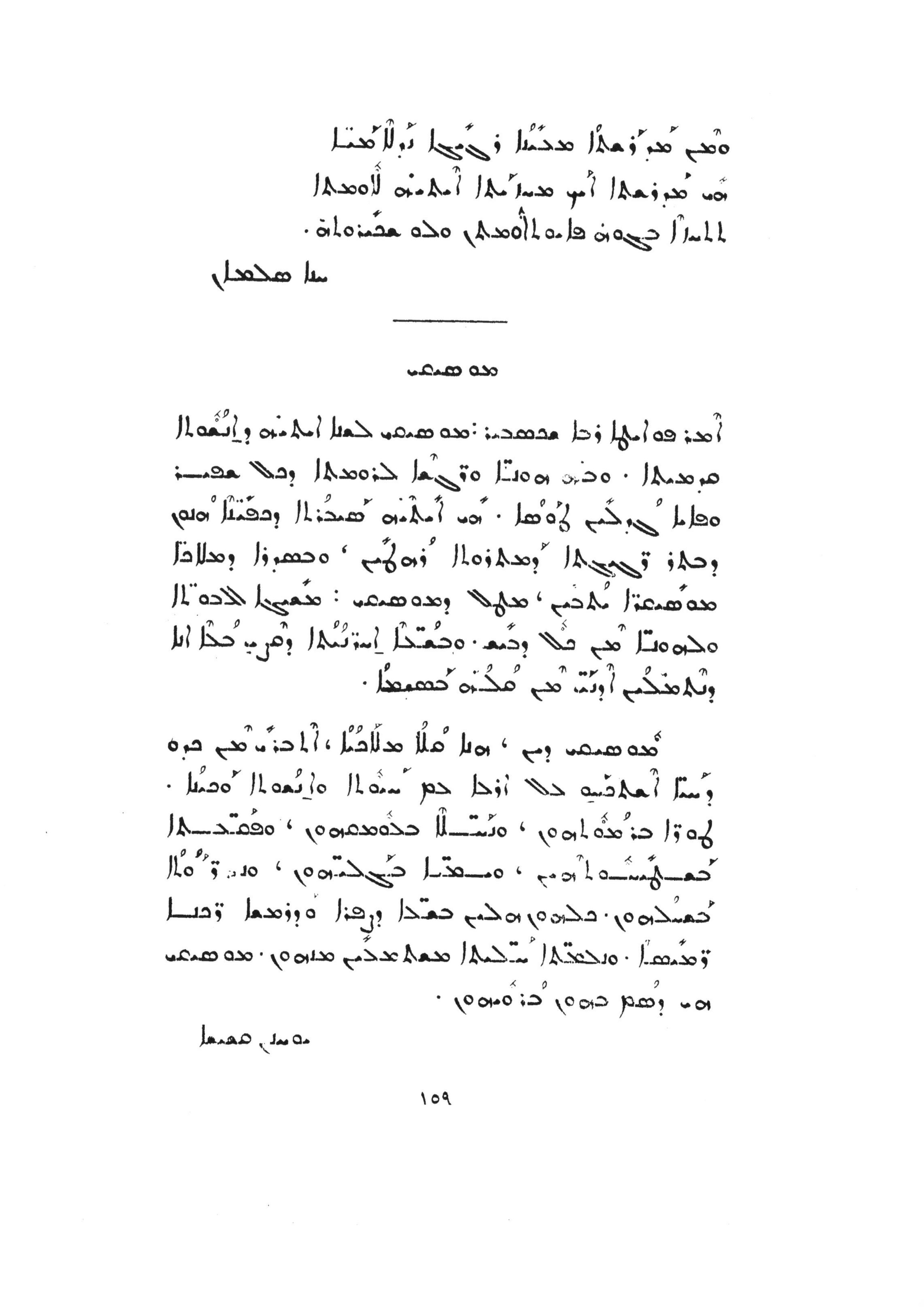

ܐܠܗܐ ܒܪܘܡ

ܐܠܗܐ ܒܪܝ ܘܒܪܐ ܟܠ ܡܕܡ .

ܒܪܐ ܐܠܗܐ ، ܫܡܝܐ ، ܫܡܫܐ ، ܣܗܪܐ ، ܟܘܟܒܐ ، ܐܐܪ .

ܒܪܐ ܐܪܥܐ ، ܡܝܐ ، ܢܘܪܐ ، ܐܝܠܢܐ ، ܛܘܪܐ .

ܒܪܐ ܚܝܘܬܐ ܘܦܪܚܬܐ ܘܢܘܢܐ .

ܗܘܝܘ ܕܡܚܬ ܡܛܪܐ ، ܘܡܫܒ ܪܘܚܐ .

ܗܘܝܘ ܕܡܣܥܪ ܥܠܡܐ ، ܘܐܚܝܕܗ ܟܠ ܡܘܟܠܗ .

ܘܠܗ ܫܘܒܚܐ ܠܥܠܡܝܢ .

ܕܝ . ܘܠܗ

ܡܟܒܢܬܐ ܡܢ ܚܝܠܐ ܘܪܕܝܬܐ

ܐܡܝܢܐܝܬ ܕܐܬܦܫܛܬ ܒܫܡܫܐ ܕܟܠܗ ܕܐܝܟܐ ، ܒܫܡܫ
ܫܩܝܬܗ ܕܠܟܘܢ ܡܫܡܫܢܘܬܐ .

ܐܢ ܙܟܝܬ ܠܡܕܡ ، ܠܢܦܫܟ ܠܐ ܬܬܟܠ ܒܗ .

ܗܘ ܟܠ ܡܬܟܬܫ ܗܘ ܕܢܗܘܪܐ ، ܕܐܝܬܝܗ ܕܗܘܢܐ ܟܠ
ܡܫܘܚܐ ܕܗܘܢܐ ، ܐܬܟܬܫ .

ܦܠܚܘ ܕܗܐ ܠܝ ܐܡܪ܃ ܐܢܐ ܫܘܒܩܐ ܠܒܗ ܠܗ܁ ܐܡܪ܃
ܐܢܐ ܠܗ ܓܝܪ ܕܢܫܬܒܩܐ ܠܗ ܫܘܒܩܐ ܕܦܠܚܝ ܐܢܫܐ܂

ܡܠ ܡܛܠܬ ܗܘ ܠܟܠ ܢܦܫܐ܁ ܗܘ ܕܒܥܒܪܘܬܗ ܠܐ
ܒܟܠ ܠܗ܂ ܡܢ ܐܘܪܚܐ ܕܟܝ ܠܟܘܬܐ ܦܪܝܫܐ܂

ܡܠܟܘܬ ܡܫܠܡ ܐܠܗܘܬܗ ܒܬܘܠܬܐ ܕܢܦܠܡ ܡܢ
ܦܠܓܘܬܐ ܕܙܒܢܐ܂ ܦܬܐܬܐ ܠܡܒܪܬܗ ܡܢ ܙܒܢ ܕܡܒܝܐ ܗܘܐ܂

ܦܣ܂ ܐ܂ ܠܡܘܬܐ

ܥܢܝܐ ܒܥܡܠ ܐܦܣܬܐ

ܚܪܘ ܡܚܝܬܐ ܡܢ ܒܘܟ ܕܥܡܠ ܐܦܣܬܐ ܠܟܢ܂ ܘܠܐ ܚܙܘ
ܐܠܐ ܐܢ ܐܠܝܨܐ ܘܥܒܕܗܐ ܠܪܘܚܐ ܡܫܝܚܝܐ ܘܐܬܒܠܐ ܒܟܠܗ
ܘܫܘܚ ܗܘܘ ܠܐܬܪܘܬܐ܁ ܒܝܬ ܚܐܪܘܬܐ ܘܥܡܠܐ ܗܘܐ ܦܝܓ
ܡܫܝܚܘܢ܂

ܚܝܢ ܡܢ ܗܘܠܟܢ ܒܟܠ ܢܦܫܐ ܒܫܡܠܝܐ ܘܗܦܐ ܘܥܡܝܘ
ܥܢܐ ܕܡܥܒܕܢ ܘܡܥܒܕܘ ܒܗܠܝܢ ܒܫܡܠܝܐ ܓܪܝ ܕܦܘܫܝܘ
ܘܡܥܡܪܒ ܠܗ ܒܥܢܐ ܒܥܡܠܐ܂ ܥܢܐ ܕܝܢ ܠܐ ܐܒܠ ܗܘܐ܁
ܥܡܘ ܓܝܪ ܠܚܘܫܒܐ ܗܘܐ ܠܒܝܬ ܕܢܦܫܪ ܡܢ ܡܬܐܠܐ
ܘܥܡܠܐ܁ ܠܚܘܫܒܐ ܗܘܐ ܠܚܐܪܘܬܐ܂

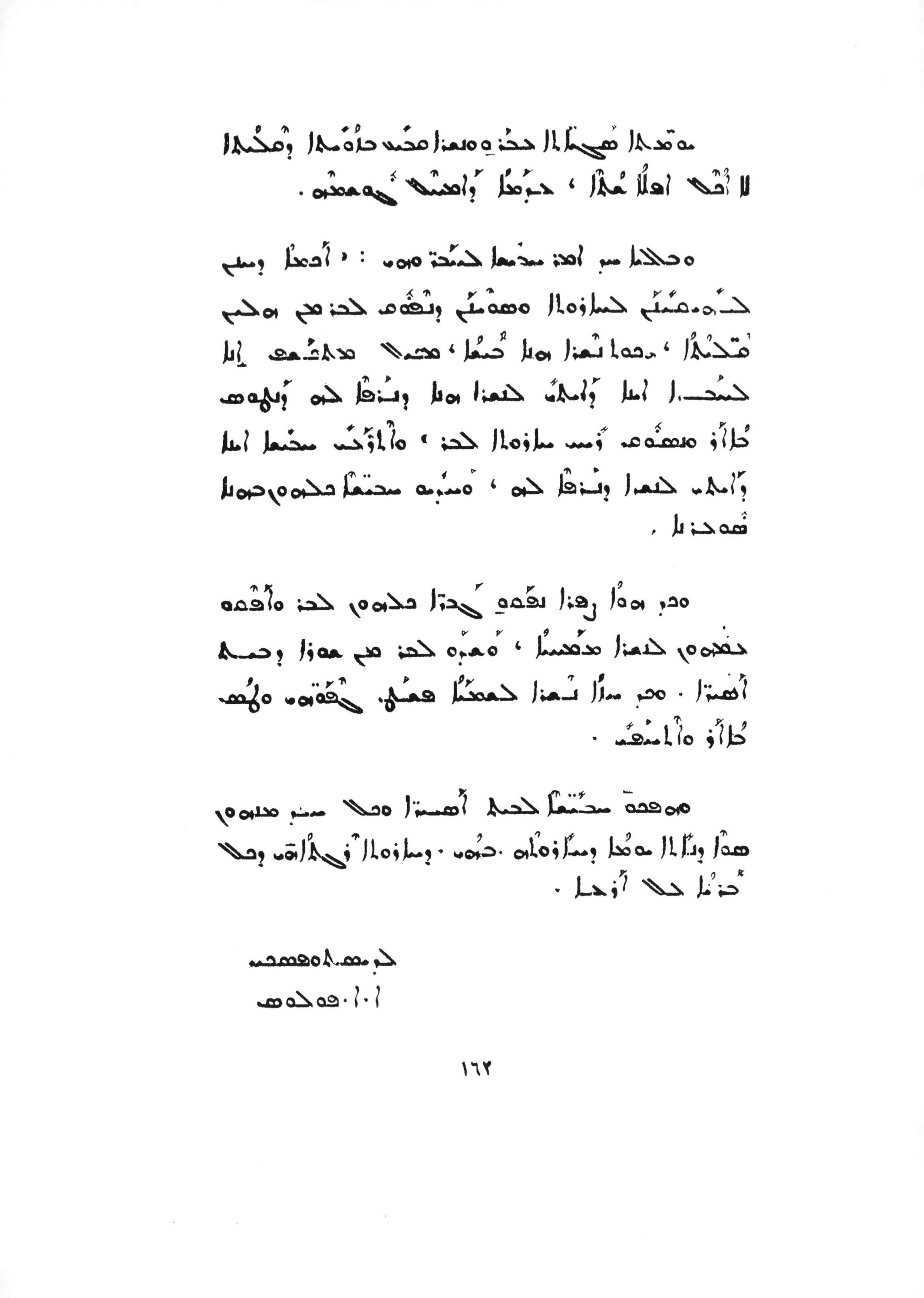

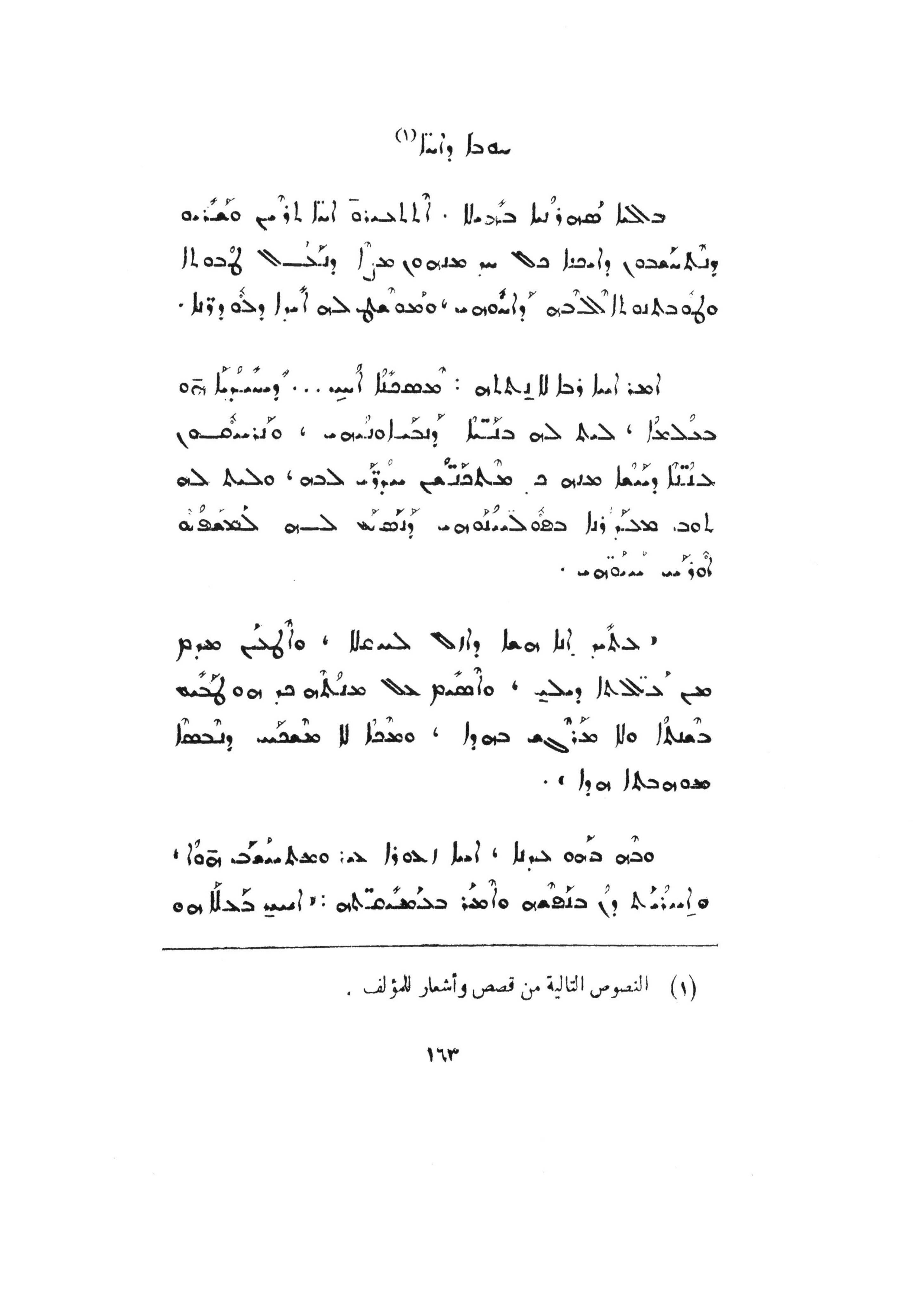

---

(١) النصوص التالية من قصص وأشعار للمؤلف .

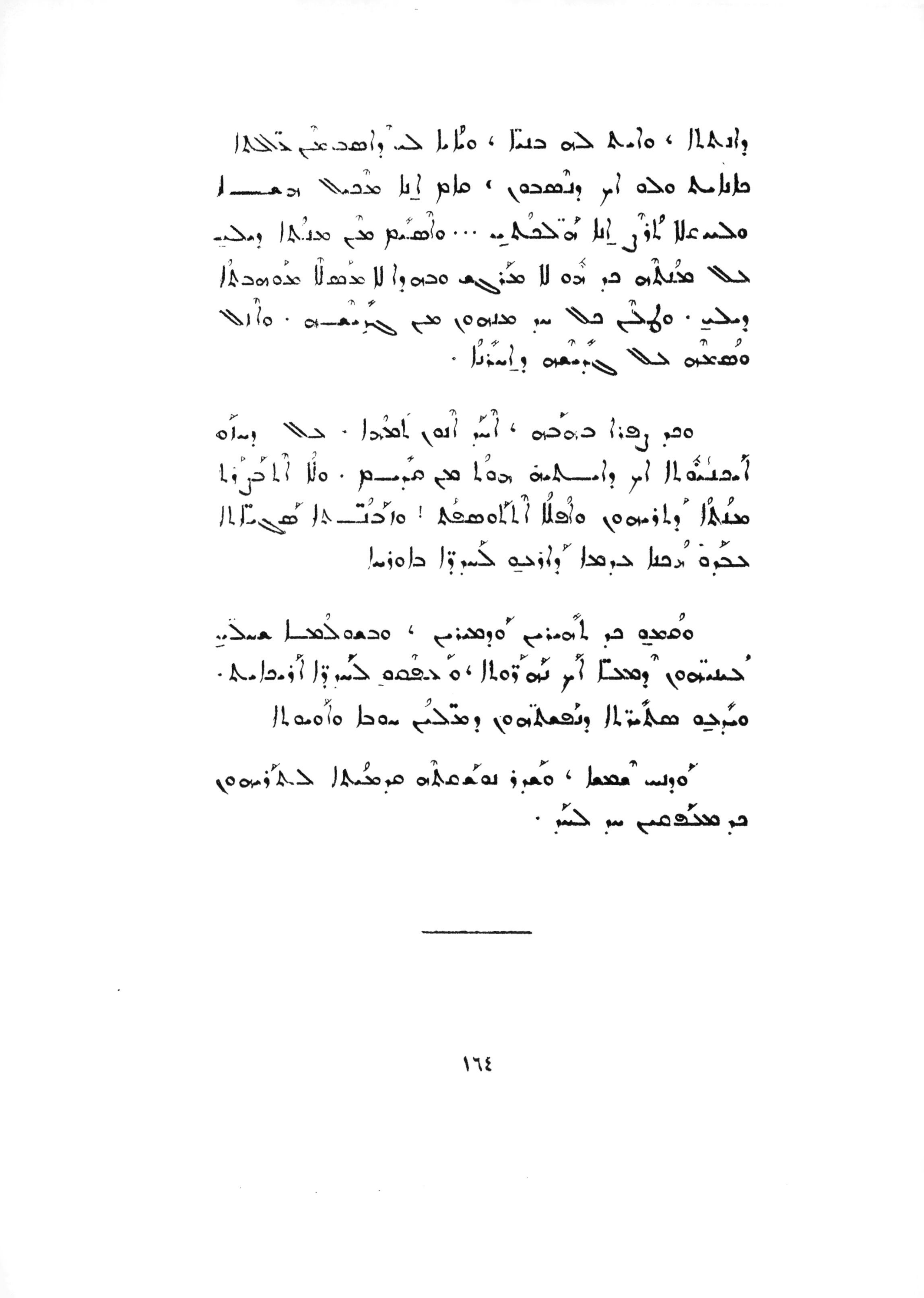

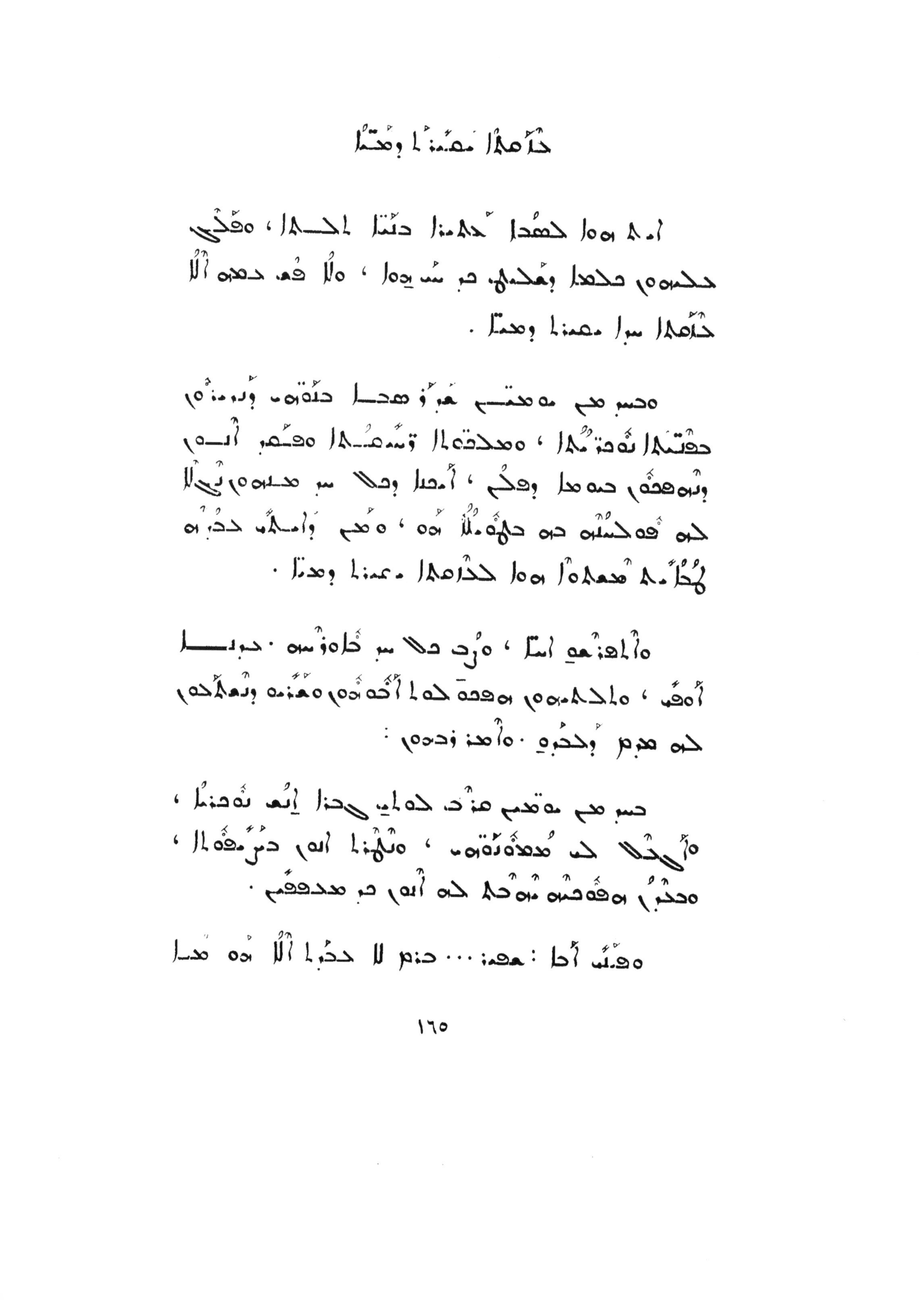

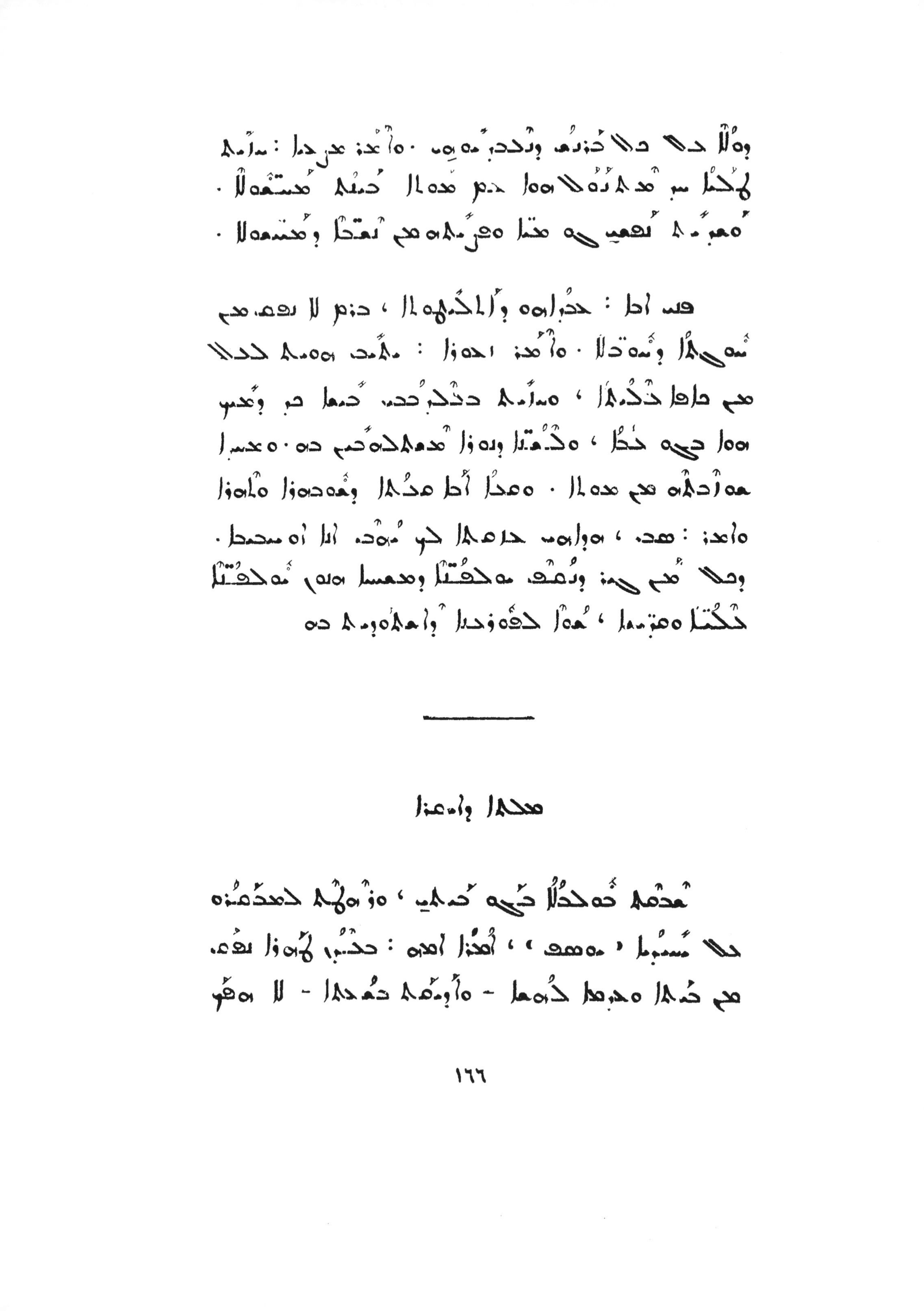

ܘܠܐ ܐܘܪܚܬ ܠܐ ܟܠܗܝܢ ܕܩܪܝܬܐ ܐܝܠܝܢ ܐܘܪܚܐ ، ܘܠܐ ܐܬܟܢܫܘ ،
ܘܐܬܝܠܕܬ ܟܢ ܕܐܠܗܐ ܠܐܢܫܐ ܕܡܬܝܠܕܐ ، ܗܘܐ ܟܡܕܝܢܬܐ
ܟܕܐܝܬܝ ܠܗܘܢ ܗܘܬ ، ܘܟܕ ܠܐ ܟܢܝܫܐ ܟܢܫܬܐ ܗܘܬ
ܡܢܬܐ ܗܘܬ ، ܘܫܠܡܬ ܟܠܗܘܢ ܕܝ ܕܒܠܐ ܡܢ ܗܘܐ ،
ܟܗܘܪܘܬܐ ܟܫܡܗ ܘܡܠܟܘܬܗ : ܡܢ ܐܝܟܢ ܟܘܕܐ ؟
ܦܢܝ ܟܡܫܝܚܐ ܕܝ ܡܕܡ ܕܡܬܚܙܐ : ܐܢܐ ܐܢܐ ܢܗܘܪܐ ܗܘ
ܕܥܠܡܐ ܗܘܐ ، ܘܡܪܕܝܬܐ ܡܕܡܝܬܐ ܟܫܡܝܫܘܬܗ ܘܠܘܬ ܡܠܟܬܐ
ܡܕܝܢ : ܘܡܢ ܗܘܝ ܠܟ ܟܪܘܙܘܬܐ ܗܘܬ ؟

ܦܢܝ : ܫܡܥܐ ܕܪܒܐ ܟܕ ܚܙܐ ܕܩܪܒܘ ܠܟ ܫܒܝܠܐ
ܕܝܫܘܥ ܘܢܗܘܪܘܬܐ . ܘܐܡܪܬ ܠܗ : ܘܐܡܪ ܟܕ ܠܡܫܝܚܐ
ܡܫܝܚܐ ܐܘ ܢܒܝܝ ؟ ܦܢܝ : ܟܝܡܐ ܕܢܦܫܝ ܡܚܝܝ :
ܟܪܝ ܐܢܫ ܕܟܬܒܬ ܠܢܦܫܝ ، ܕܗܐ ܐܡܝ ܡܫܝܚܐ ܡܢ
ܢܦܪܐ . ܐܡܪ : ܠܐ ܐܢܫ . ܠܐ ܫܡܥ ܐܢܐ ܕܡܠܬܐ ܕܡܢ ܟܝܡܐ
ܕܢܦܫܝ ܡܚܝܝ . ܐܡܪܬ : ܡܫܡܥ ܐܢܐ ܟܝ ܕܠܢܦܫܝ ، ܕܗܐ
ܡܫܡܥ ܠܡܫܝܚܐ ، ܗܢ ܗܘܫܐ ܕܝ ܡܫܝܚܐ : ܠܐ ܟܪܙ
ܐܢܐ ܕܐܢܐ ܕܡܢ ܐܠܗܝ ، ܟܪܝ ܦܫܝܛܐ ܡܕܝܢ ܕܐܢܫ ܟܠܗܘܢ
ܠܡܫܝܚܐ ܕܪܚܡܘܗܝ ܡܢ ܕܐܡܪܘܗ ܕܦܬܚܘ ܡܕܝܢܬܐ
ܐܢܫܐ ؛ ܗܘܝܝ ܡܠܟܘܬܗ :

ܡܢ ܐܝܟܘ ܐܠܗܘܬܐ ܕܫܡܝܐ ܕܐܪܥܐ ؟ ܦܢܝ : ܡܢܗ ܐܢܐ

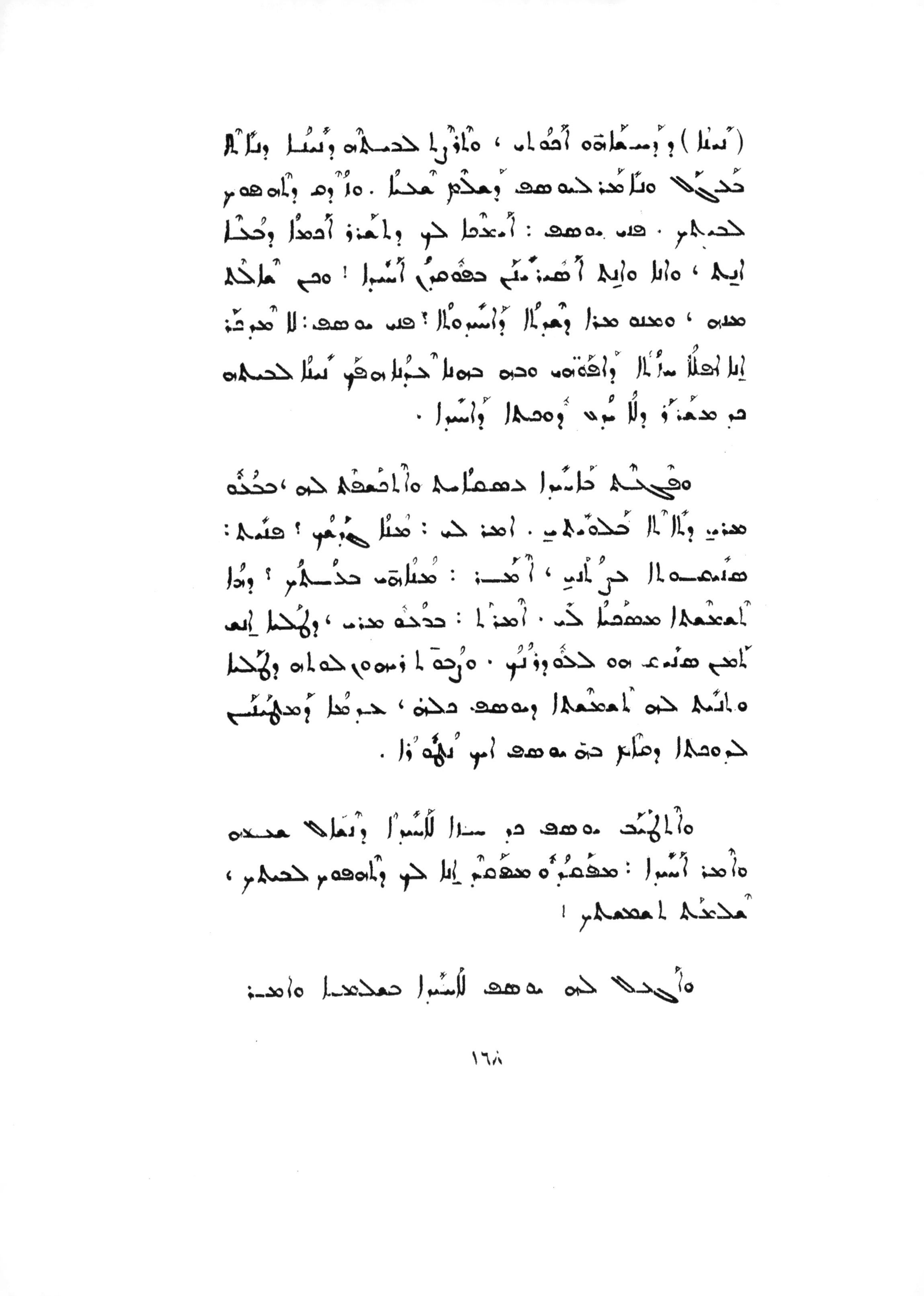

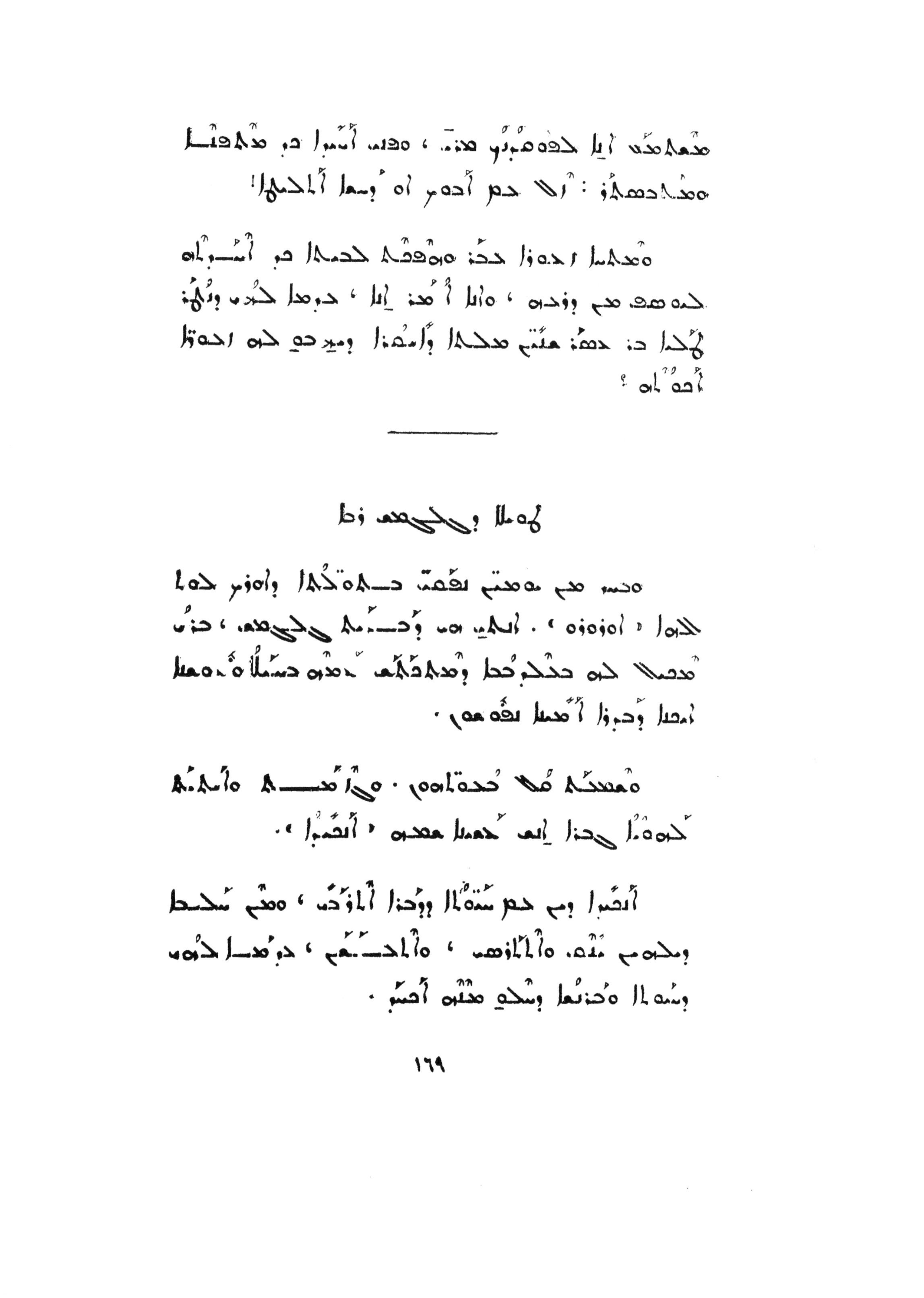

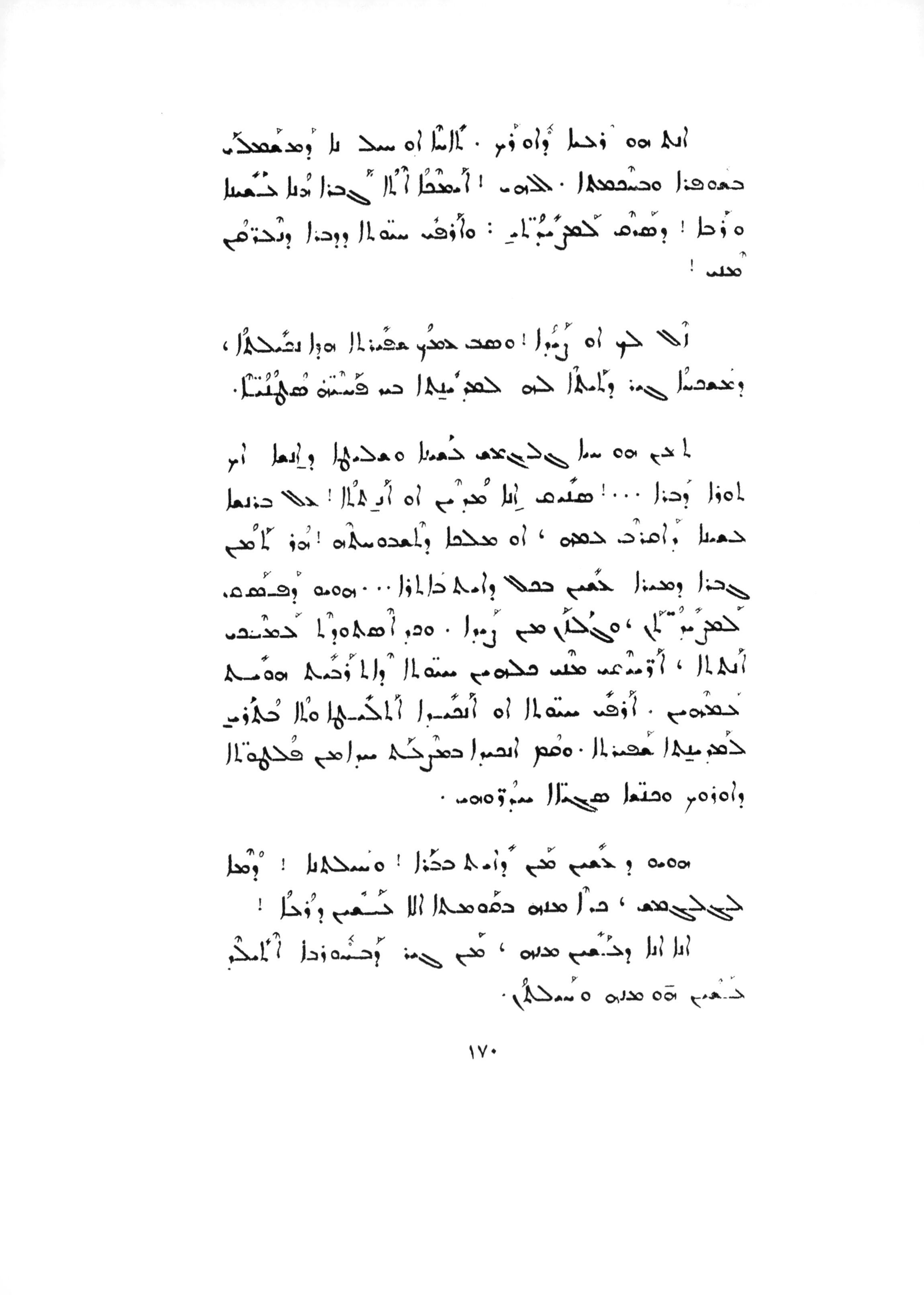

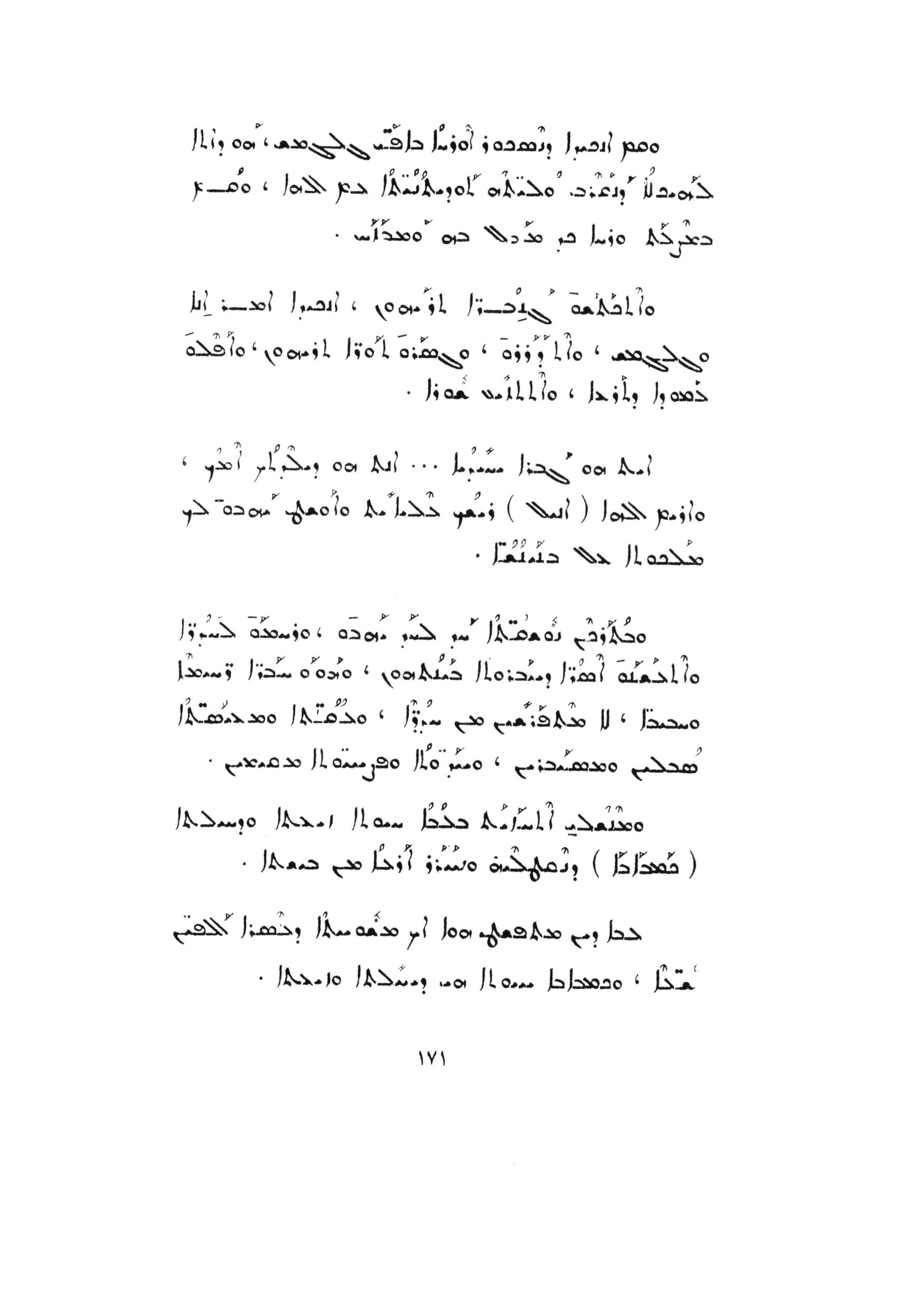

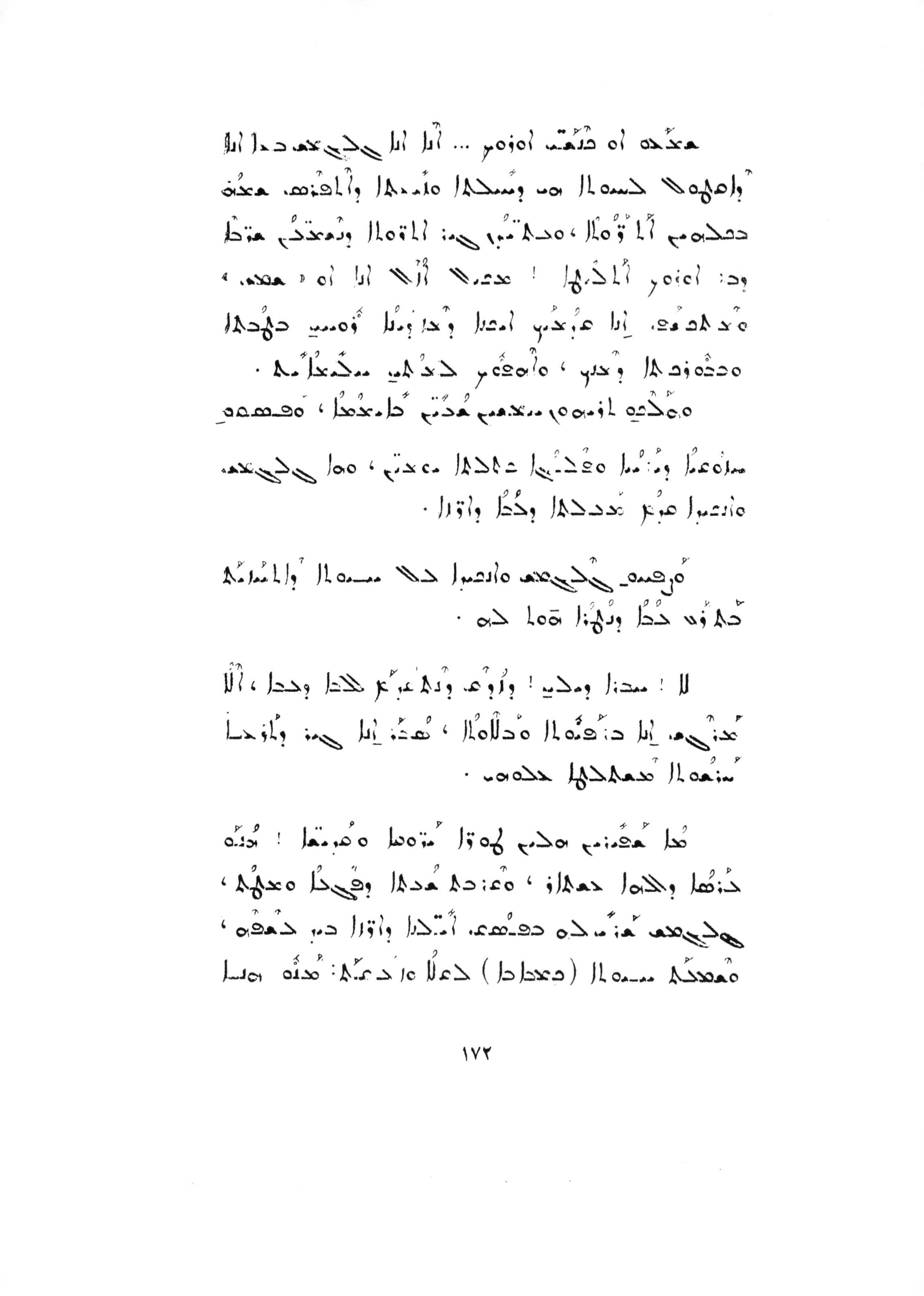

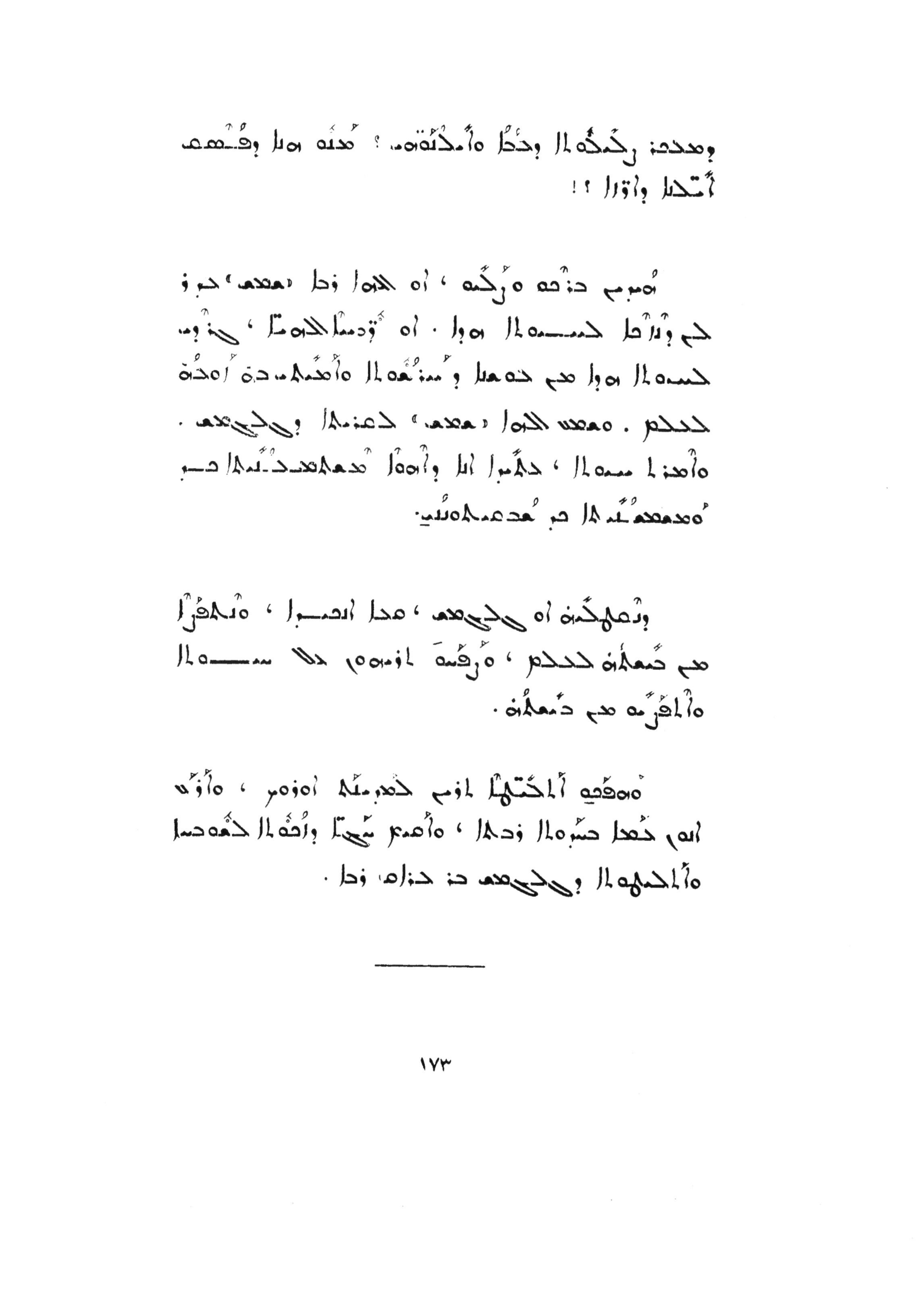

ܚܝ̈ܐ ܐܢܬܝ ܡܪܕܘܬܢ

ܐܘ ܦܪܘܫܐ ܐܬܘܪܝܐ　　ܒܫܡܝ̈ܐ ܫܡܝܢ ܐܒܘܬܝܢ
ܕܡܠܟܐ ܫܡ̈ܝܐ ܐܬܝܬܘܢ　　ܚܝ̈ܐ ܗܠܝܢ ܡܪ̈ܕܝܢ
ܕܪܘܚܬܐ ܗܠܝܢ ܕܠܝܢ　　ܠܐ ܡܬܬܝ ܒܒܠܒܠܬܟܘܢ
ܠܗ ܓܪ ܚܝܐ ܡܬܗܘܢ　　ܐܡܬܐ ܕܚܝ ܡܬܐ ܓܒܝܢ
ܚܝܐ ܐܢܬܝ ܒܫܡܝܢ　　ܚܝܐ ܐܢܬܝ ܡܪܕܘܬܢ !
ܘܡܘܠܟܗܘܢ ܕܒܓܘ ܡܒܪܐ　　ܠܗ ܓܪ ܒܚܝܐ ܒܒܠܟܝܢ
ܢܘܟܪ̈ܝܐ ܢܩܝܢ ܐܡܬܝܢ　　ܡܓܪ̈ܐ ܠܒܝܬܐ ܗܐ ܗܘܝܢ !
ܚܝܐ ܕܓܒ̈ܪܐ ܒܐ̈ܬܝܢ　　ܘܒܫܡ̈ܐ ܠܟܠ ܡܬܐ ܕܒܢܝܢ.
ܢܬܒܥܐ ܒܗܘܢ ܡܒܥܝܢ　　ܕܕܘܒܐ ܘܦܪܘܫܐ ܗܐ ܒܒܢܝܢ
ܘܡܠܐ ܢܬܐ ܡܡܠܠܐ　　ܘܒܬܠܐ ܕܠܝܢ ܠܐ ܒܕܝܢ
ܕܚܝܐ ܙܘܥܐ ܗܐ ܒܒܕܝܢ　　ܘܡܫܡܠܬܐ ܗܐ ܓܪܕܝܢ !
ܕܢܫܘܩ ܚܝ̈ܐ ܐܘܡܬܐ　　ܘܢܦܠܘܚ ܒܚܝܠܐ ܘܠܐ ܒܕܪܝܢ

ܡܢ ܐܪܙܘܡܐ ܒܐܬܘܪ
ܒܘܪ. ܒ. ܐܝܘܒ

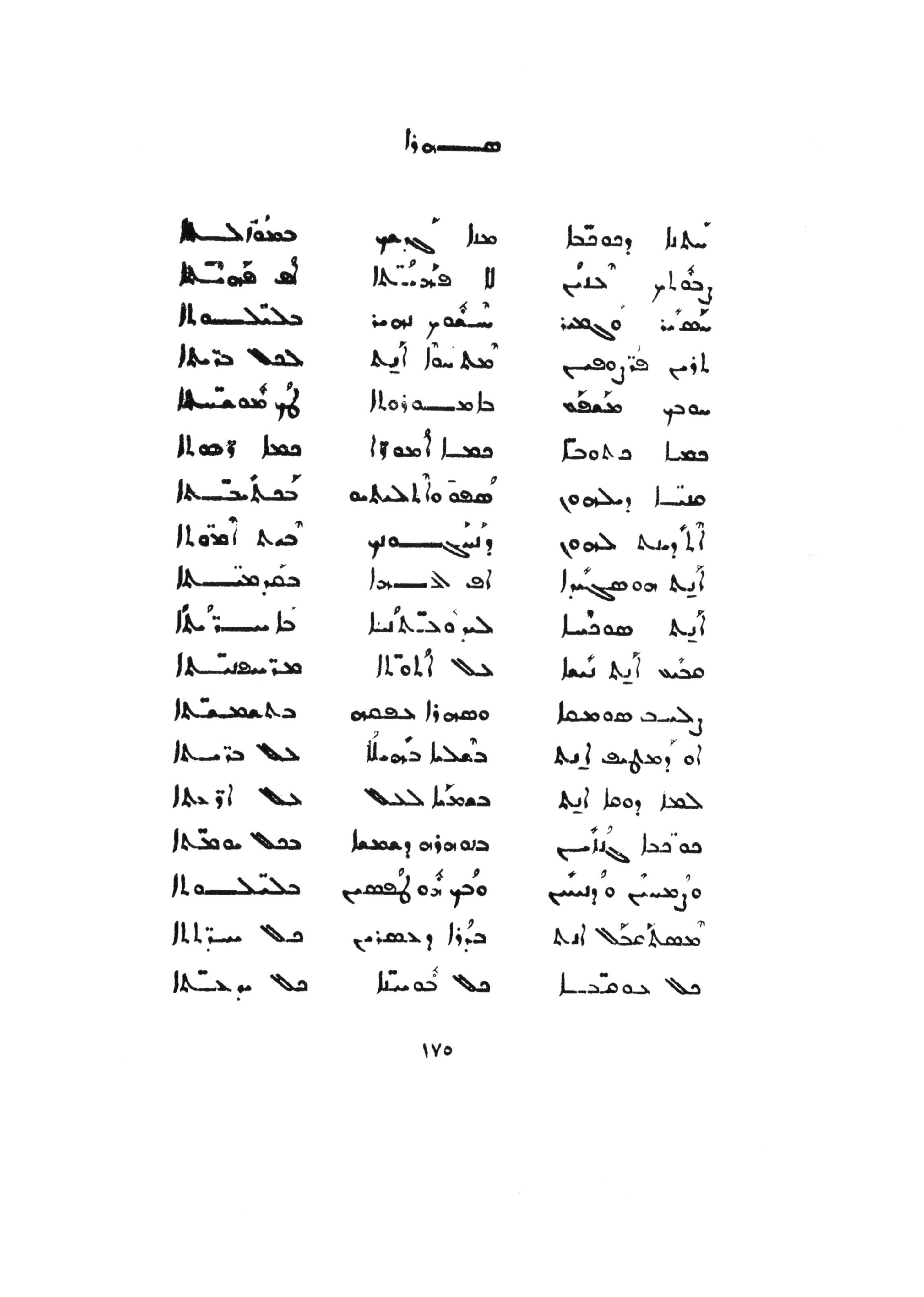

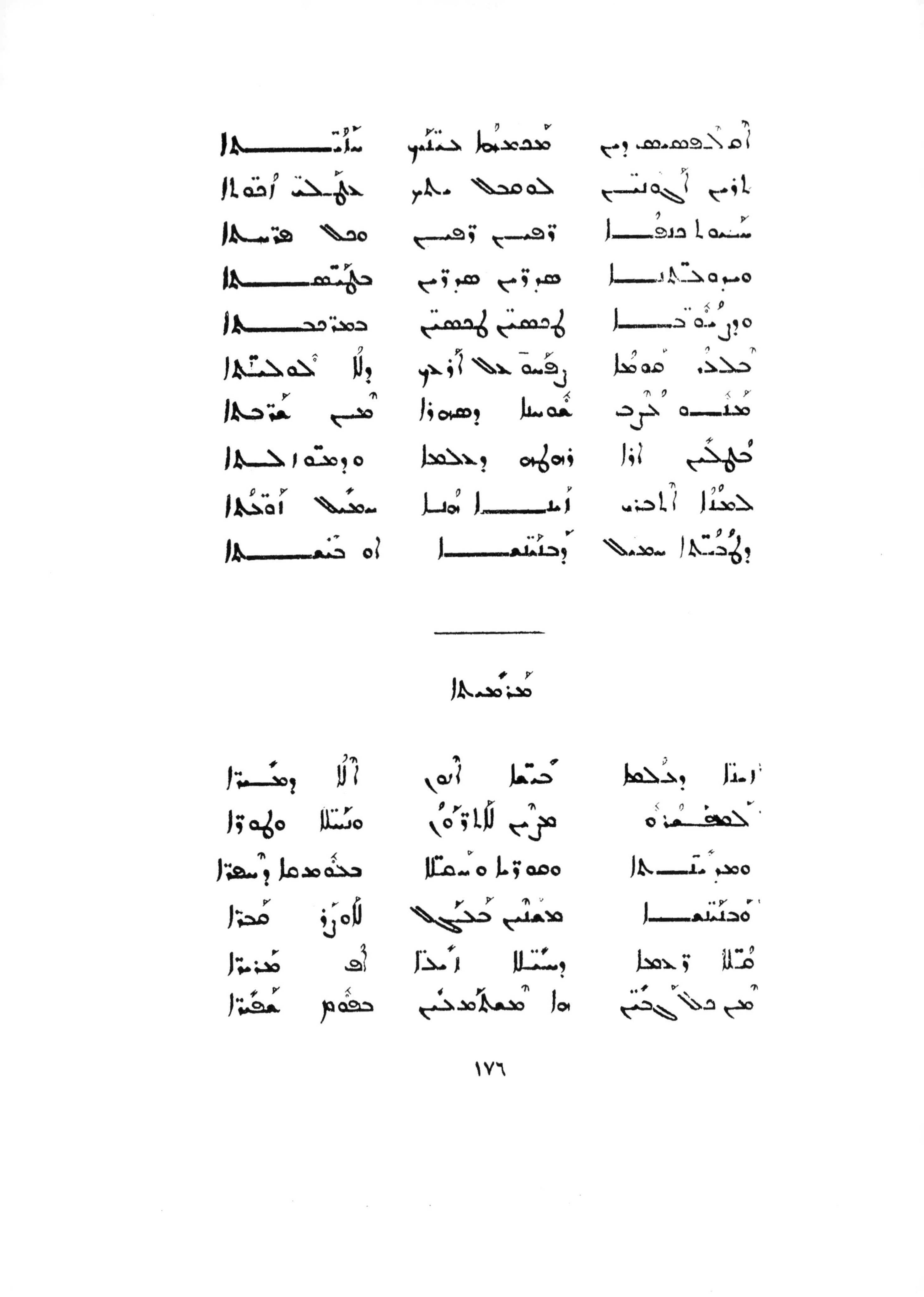

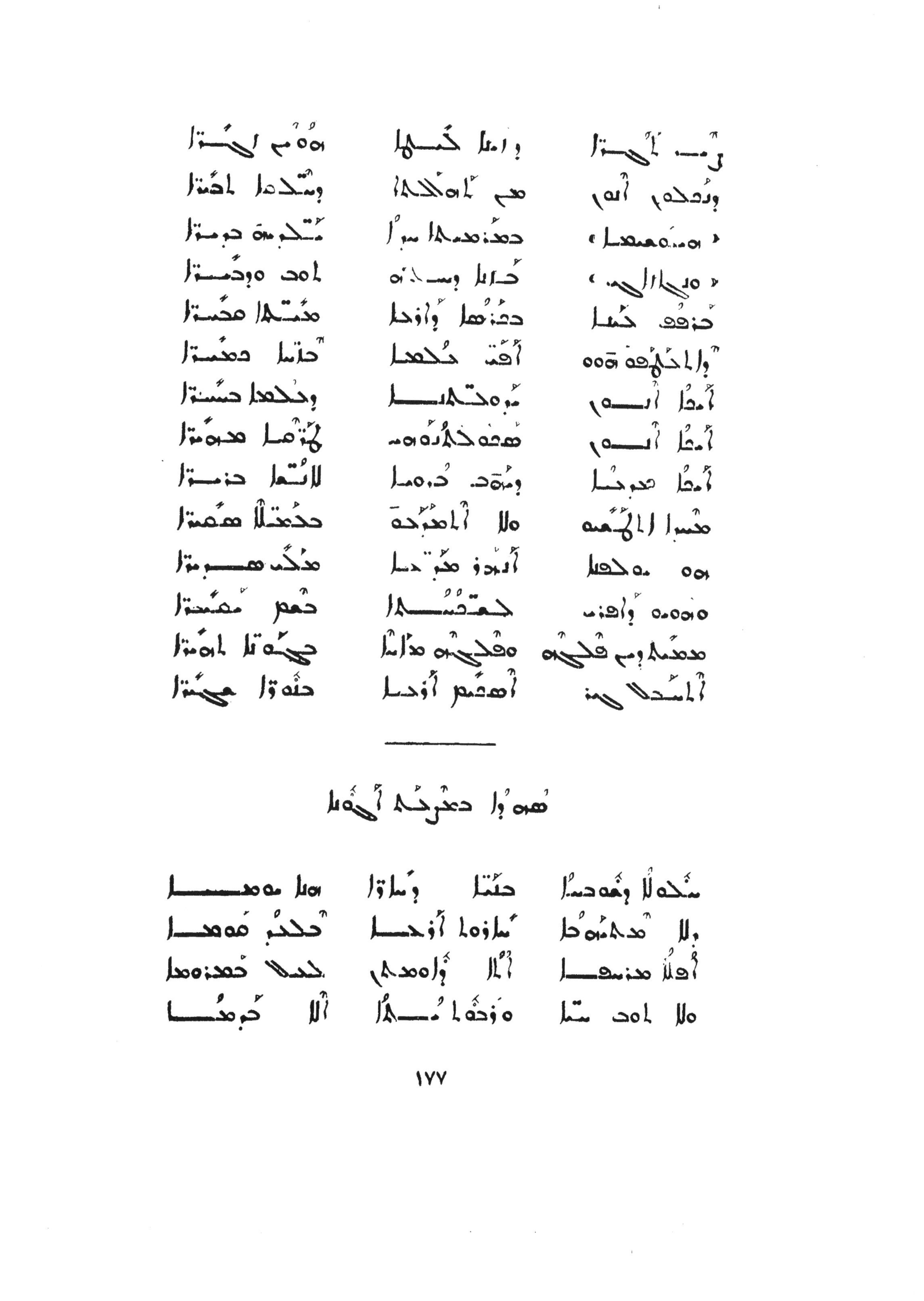

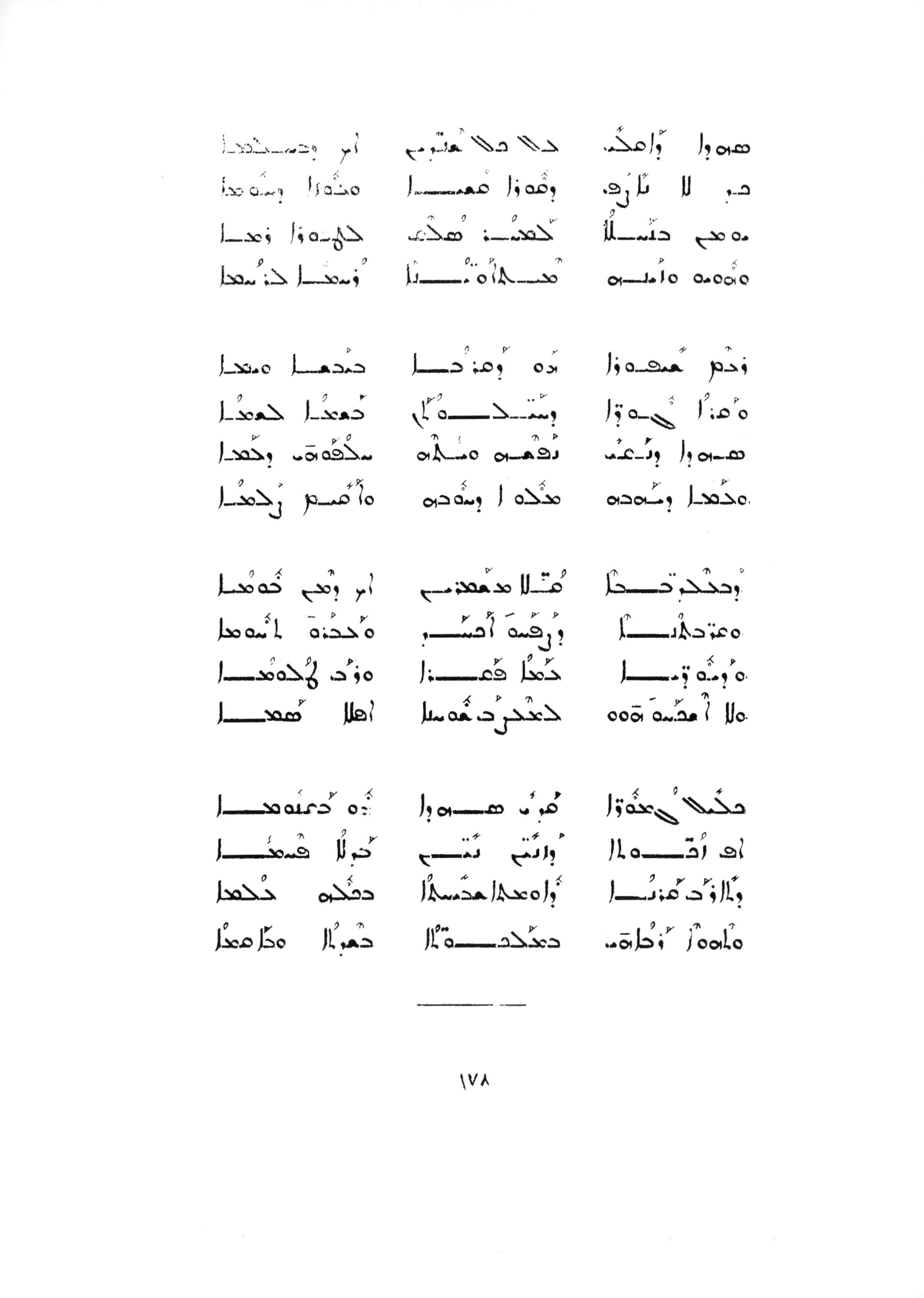

النصوص الادبية

من أمثال أحيقار

ܡܐܡܪ̈ܐ ܡܪ̈ܕܘܬܢܝܐ

ܡܢ ܡܬ̈ܠܐ ܕܐܚܝܩܪ

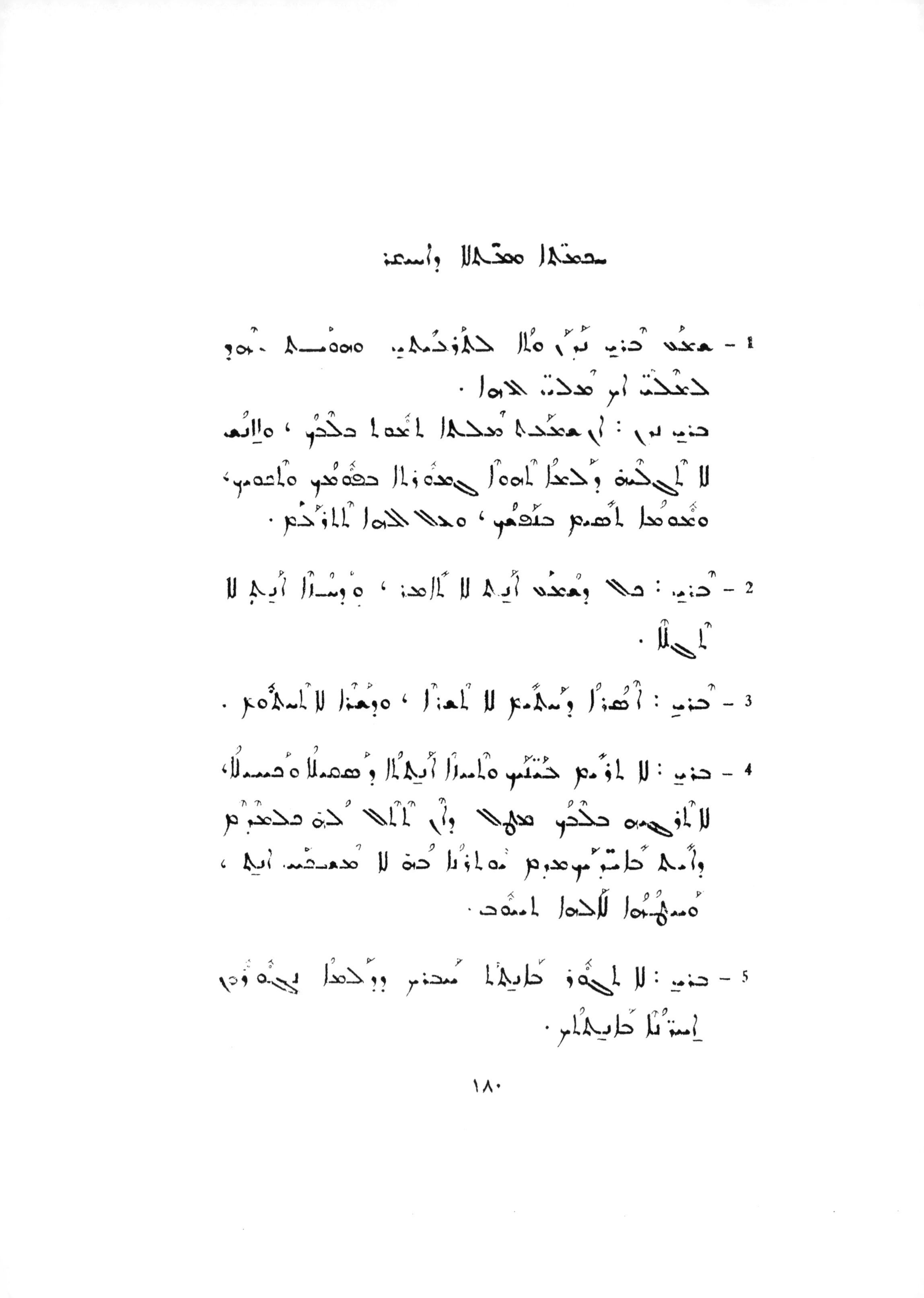

حكم وامثال احيقار

١ ـ اسمع يا ابني نادان وافهم كلامي واعتبر نصائحي كأنها نصائح إلهية . يا بني نادان إن سمعت كلمة فاتركها تموت بقلبك ولا تبح بها لانسان لئلا تصبح جمرة في فمـــك . وتكويك وتصم نفسك ويغضب الله عليك .

٢ ـ يا بني لا تبح بكل ما يصل مسمعك ولا تقل شيئاً عما تراه .

٣ ـ يا بني ، لا تحل عقدة ربطت ولا تعقد عقدة حلت .

٤ ـ يا بني ، لا ترفع عينيك الى إمرأة متبرجة متكحلة ، ولا تشتهيها بقلبك . فانك إن أعطيتها كل ما ملكت يديك لن تجد فيها خيراً ، وتقترف إثماً أمام الله .

٥ ـ يا بني ، لا تزن بامرأة صاحبك لئلا يزني آخرون بامرأتك .

6 - ܒܪܝ܆ ܠܐ ܬܗܘܐ ܡܣܬܪܗܒܐ ܐܝܟ ܠܘܙܐ ܕܒܩܘܕܡ ܦܐܪܐ
ܘܒܚܪܬܐ ܐܢܒܗ ܡܬܬܐܟܠ. ܐܠܐ ܗܘܝ ܫܘܐ ܘܡܬܢܓܪܢ ܐܝܟ
ܬܘܬܐ ܕܒܚܪܬܐ ܦܐܪܐ ܘܒܩܘܕܡ ܐܢܒܗ ܡܬܬܐܟܠ.

7 - ܒܪܝ܆ ܐܪܟܢ ܥܝܢ̈ܝܟ ܘܐܡܟ ܩܠܟ ܘܚܘܪ ܠܬܚܬ ܒܥܝܢ̈ܝܟ
ܡܛܠ ܕܐܠܘ ܒܩܠܐ ܪܡܐ ܡܬܒܢܝܐ ܗܘܐ ܒܝܬܐ، ܚܡܪܐ
ܬܪ̈ܝܢ ܒܬ̈ܐ ܒܢܐ ܗܘܐ ܒܝܘܡ ܚܕ. ܘܐܠܘ ܒܚܝܠܐ
ܐܦܕܢܐ ܡܬܕܒܪ ܗܘܐ، ܢܝܪܐ ܡܢ ܩܕܠܗ ܕܓܡܠܐ
ܠܐ ܡܬܦܪܩܐ.

8 - ܒܪܝ܆ ܛܒ ܠܡܫܩܠ ܟܐܦ̈ܐ ܥܡ ܓܒܪܐ ܚܟܝܡܐ ܡܢ
ܕܠܡܫܬܐ ܚܡܪܐ ܥܡ ܓܒܪܐ ܣܟܠܐ.

9 - ܒܪܝ܆ ܐܫܘܕ ܚܡܪܟ ܥܠ ܩܒܪ̈ܐ ܕܙܕܝܩ̈ܐ، ܘܠܐ
ܬܫܬܝܘܗܝ ܥܡ ܐܢܫ̈ܐ ܥܘ̈ܠܐ.

10 - ܒܪܝ܆ ܥܡ ܚܟܝܡܐ ܠܐ ܬܫܪܘܚ ܘܥܡ ܫܪܘܚܐ ܠܐ ܬܬܚܒܪ.

11 - ܒܪܝ܆ ܐܬܠܘܐ ܠܓܒܪܐ ܚܟܝܡܐ ܘܐܬܚܟܡ ܐܟܘܬܗ ܘܠܐ
ܬܬܠܘܐ ܠܓܒܪܐ ܦܟܝܐ ܘܡܫܟܢܐ ܘܠܐ ܬܬܩܪܐ ܟܘܬܗ.

12 - ܒܪܝ܆ ܥܕ ܐܝܬ ܡܣܐܢ̈ܐ ܒܪ̈ܓܠܝܟ ܕܘܫ ܕܪܕܪ̈ܐ،
ܘܥܒܕ ܐܘܪܚܐ ܠܒܢ̈ܝܟ ܘܠܒܢ̈ܝ ܒܢ̈ܝܟ.

٦ - يا بني ، لا تكون عجولاً متسرعاً فانك إذ ذاك تشبه شجرة اللوز التي تزهر قبل كل الاشجار . ويؤكل ثمرها بعد غيرها ، بل كن سوياً عاقلاً كشجرة التوت التي تزهر آخر الاشجار ، ولكن ثمرها يسبق كل الاثمار .

٧ - يا بني ، انظر بعينيك الى أسفل ، واخفض صوتك ، وتطلع الى تحت ، فانه لو كان المرء يستطيع ان يبني بيتاً بالصوت العالي المرتفع لكان الحمار يستطيع ان يبني دارين في يوم واحد ، ولو ان القوة الشديدة (وحدها) هي التي تجر المحراث لكان النير لا يفارق كتف الجمل .

٨ - يا بني ، أنه لأفضل للمرء أن ينقل الحجارة مع رجل حكيم من أن يشرب خمراً مع جاهل .

٩ - يا بني ، اسكب خمرك على قبور الصالحين ، فان هذا أفضل من ان تشربه مع الاثمة .

١٠ - يا بني إنك لن تضل اذا عاشرت حكيماً ، ومع الضال لن تتعلم الحكمة .

١١ - يا بني ، عاشر الحكيم فانك تصبح حكيماً ، ولا تعاشر طويل اللسان والمهذار فانك تعد واحداً معهما .

١٢ - يا بني ، اذا كنت منتعلاً دس الشوك برجليك ، ومهد سبيلاً لبنيك وبني بنيك .

13 - ܒܪܝ : ܒܪ ܕܚܝܬܐ ܐܟܠ ܚܙܘܪܐ ܘܐܡܪܝܢ ܐܠܗܘܬܐ
ܐܟܠܗ ، ܘܐܟܠܗ ܒܪ ܡܫܬܥܝܢܐ ܘܐܡܪܝܢ ܕܟܠܒܗ
ܐܟܠܗ .

14 - ܒܪܝ : ܐܟܘܠ ܡܠܚܟ ܘܟܠ ܚܕܝܪ ܠܐ ܬܒܥܐ .

15 - ܒܪܝ : ܥܡ ܡܢ ܕܠܐ ܡܟܬ ܚܡܪܐ ܐܘܠܐ ܒܚܝܠܐ ܒܥܒܕܬܟ .

16 - ܒܪܝ : ܒܛܒܬܗ ܕܚܒܪܟ ܠܐ ܬܥܪܘܩ ܘܐܦܠܐ ܒܒܝܫܬܗ ܠܐ
ܬܬܚܕܐ .

17 - ܒܪܝ : ܠܐ ܬܬܩܪܒ ܠܐܢܬܬܐ ܒܫܘܫܛܪܐ ܘܠܚܒܪܐ ܕܢܦܩ
ܡܢܟ .

18 - ܒܪܝ : ܒܫܘܦܪܐ ܕܐܢܬܬܐ ܠܐ ܬܬܚܙܐ ܘܠܐ ܬܪܓܝܗ
ܒܠܒܟ . ܡܛܠ ܕܫܘܦܪܐ ܕܐܢܬܬܐ ܛܘܒܢܗ ، ܘܨܒܬܗ
ܦܘܡܗ ܗܘܝܘ .

19 - ܒܪܝ : ܐܢ ܐܪܥܟ ܣܢܐܟ ܒܒܝܫܬܐ ܐܘܪܥܝܘܗܝ ܐܝܟ ܚܟܝܡܬܐ .

20 - ܒܪܝ : ܢܦܠ ܒܥܘܠܐ ܘܠܐ ܩܐܡ ، ܘܙܕܝܩܐ ܠܐ ܡܬܬܙܝܥ ܡܛܠ
ܕܐܠܗܐ ܥܡܗ .

21 - ܒܪܝ : ܒܪ ܢܫܐ ܡܣܟܢܐ ܠܐ ܬܬܠܐ ܡܛܠ ܕܡܣܟܢܘܬܐ
ܠܒܪܢܫܐ ܐܝܟ ܐܟܠܐ ܒܦܪܕܝܣܐ ، ܘܐܝܟ ܐܣܝܪܐ ܒܡܥܪܬܐ ،
ܐܘ ܐܝܟ ܡܥܢܝܬܐ ، ܘܐܝܟ ܡܥܠܐ ܒܪ ܚܠܡܐ ܕܝܬܢܐ .

22 - ܒܪܝ : ܒܟܘܫ ܒܪܢܫ ܗܘ ܛܒܐ ، ܟܕ ܠܐ ܢܒܥܐ ܡܢܟ
ܘܐܡܪ ܒܠܒܗ ، ܘܟܠ ܦܘܩܕܢܘܗܝ ܐܬܪܚܦ .

١٣ - يا بني ، يأكل ابن الغني حيّة فيقول النـــاس : للشفاء أكلهـا ويأكلها ابن الفقير فيقول الناس : من جوعه أكلها .

١٤ - يا بني ، كل نصيبك ، ولا تهزأ بجارك .

١٥ - يا بني ، حتى الخبز لا تأكله مع قليل الحياء .

١٦ - يا بني ، لا تغتم لخير يناله مبغضك ، ولا تفرح لشر يصيبه .

١٧ - يا بني ، لا تقرب امرأة وشواشة ، ولا امرأة صخابة .

١٨ - يا بني ، لا يغرنك جمال المرأة ، ولا تشتهيها بقلبك ، لأن جمال المرأة طعمها ، وزينتها حلاوة كلامها .

١٩ - يا بني ، اذا جابهك عدوك بالشر جابهه أنت بالحكمة .

٢٠ - يا بني ، ان الاثيم يقع ولا ينهض ، أما المستقيم فلا يتزعزع ، لأن الله معه .

٢١ - يا بني ، لا تضن على ابنك بالتأديب (بالضرب) لأن ضرب الولد كالزبل للحديقة ، وكالرسن للحمار ، أو لأي حيـــوان آخر ، وكالقيد في رجل الحمار .

٢٢ - يا بني اخضع ابنك وهو طفل قبل أن يفوقك قوة وشدة ، فيتمرد عليك وتخجل من كل أعمال السوء التي يعملها .

23 – ܒܪܝ : ܩܛܘܠ ܬܘܪܐ ܕܡܪܒܥ ܘܡܣܡܪܐ ܕܦܪܥܘܬܗ ܘܠܐ ܠܡܐܢܐ
ܒܒܝܬܐ ܕܪܘܫܐ ܘܬܟܡܠܬܐ ܓܒܠܬܐ ܒܗ ܘܠܐ ܒܥܒܕܝܢ
ܘܦܠܛܬ ܡܥܒܕܝܢ ܠܗ ܡܢܝ .

24 – ܒܪܝ : ܡܠܝ ܐܢܫܐ ܕܢܦܠܐ ܐܝܟ ܙܪܥܐ ܡܬܡܠܠܝܢ ܘܡܢ ܕܠܝܬ
ܠܗ ܟܟܐ ܐܟܠ ܠܗܘܢ .

25 – ܒܪܝ : ܒܥܬܝܩܬܐ ܕܐܒܘܟ ܘܐܒܘܗܝ ܕܐܒܘܟ ܠܐ ܬܫܢܐ ܕܠܡܐ
ܒܥܩܒܬܐ ܕܒܢܝܟ ܠܐ ܬܚܙܐ .

26 – ܒܪܝ : ܒܐܘܪܚܐ ܘܠܐ ܐܢܫܐ ܠܐ ܬܐܙܠ ܘܠܐ ܬܗܘܐ ܐܝܟ ܐܡܬܐ
ܐܘܪܚܐ ܠܟ ܒܒܢܝ ܒܒܝ .

27 – ܒܪܝ : ܐܒܥܐ ܕܚܘܪ ܐܡܪܐ ܒܡܫܟܢܘܗܝ ܘܒܐܒܗܘ ،
ܘܬܦܘܪܐ ܕܣܡܝܪ ܒܐܬܕܡܝܬܐ ، ܒܥܠ ܚܙܪ ܙܒܢܐ ܒܐܝܬܘܗ
ܘܒܥܘܡܘܗܝ ، ܘܙܒܢܐ ܕܐܢܫܐ ܘܐܝܟܬܐ ܘܒܢܝܐ ܒܒܝܬܗ ،
ܚܢܘܩ ܘܒܣܢܪ ܚܝܩ ܒܒܠܒܘܒܘܗܝ ، ܘܙܒܢܐ ܠܐܒܘܢܐ
ܕܠܐ ܡܢ ܐܘܪܚܐ ܕܟܠ ܕܟܢ ܡܢܗ ܒܫܒ ، ܘܒܠܗ
ܢܗܐ ܕܪܒܢܐ ܠܬܦܘܪܐ ܡܠܬܐ .

28 – ܒܪܝ : ܠܐ ܬܐܡܪ ܕܡܪܝ ܣܟܠ ܘܐܢܐ ܚܟܝܡ ، ܐܠܐ
ܒܟܘܢܫܗ ܕܡܠܘ ܡܠܘܗܝ ܘܬܬܕܪܫ .

29 – ܒܪܝ : ܠܐ ܬܬܡܢܐ ܢܦܫܟ ܚܟܝܡܐ ܒܝܢ ܐܢܫܐ ܠܐ ܚܟܝܡ
ܠܟ ܚܟܝܡܐ .

30 – ܒܪܝ : ܠܐ ܬܬܟܠ ܒܡܠܟܘܬܗ ܕܡܪܟ ܘܒܥܠܝܬܗ ܬܬܦܩܪ
ܘܢܐܡܪ ܠܟ ܐܙܠ ܡܢ ܩܕܡ ܥܝܢܝ .

٢٣ ـ يا بني ، اقتن ثوراً يربض ، وحماراً ذا حوافر ، ولا تقتنِ عبداً هارباً ولا أمةً سراقة كيلا يضيعا عليك ما تملكه يدك .

٢٤ ـ يا بني ، إن كلام الكذاب كعصافير الدوري السمينة ، ومن ليس فيه حكمة يأكلها .

٢٥ ـ يا بني ، لا تجلب عليك لعنة أبيك وأمك ، وإلا فانك لن تفرح بنمة بنيك .

٢٦ ـ يا بني ، لا تسر في الطريق بدون سلاح ، فانك لست تدري متى يلقاك عدوك .

٢٧ ـ يا بني ، كما ان الشجرة تزهو بأغصانها وبثمرها ، وكما يزهو الجبل بغاباته ، هكذا يزهو الرجل بزوجته وأولاده ، ومن ليس له زوجة ولا اخوة ولا بنون محتقر ومرذول عند أعدائه ، انه يشبه شجرة على جانب الطريق ، كل عابر يقطف منها ، وكل حيوان البر يأكل من ورقها .

٢٨ ـ يا بني ، لا تقل سيدي جاهل مغفل وأنا عاقل حكيم ، بل امسكه متلبساً باخطائه تنل رحمة ورضى (منه) .

٢٩ ـ يا بني ، لا تحسب نفسك حكيماً عاقلاً اذا لم يحسبك النـاس حكيماً عاقلا .

٣٠ ـ يا بني ، لا تكذب أمام سيدك كي لا تحتقر ويقول : إليك عني .

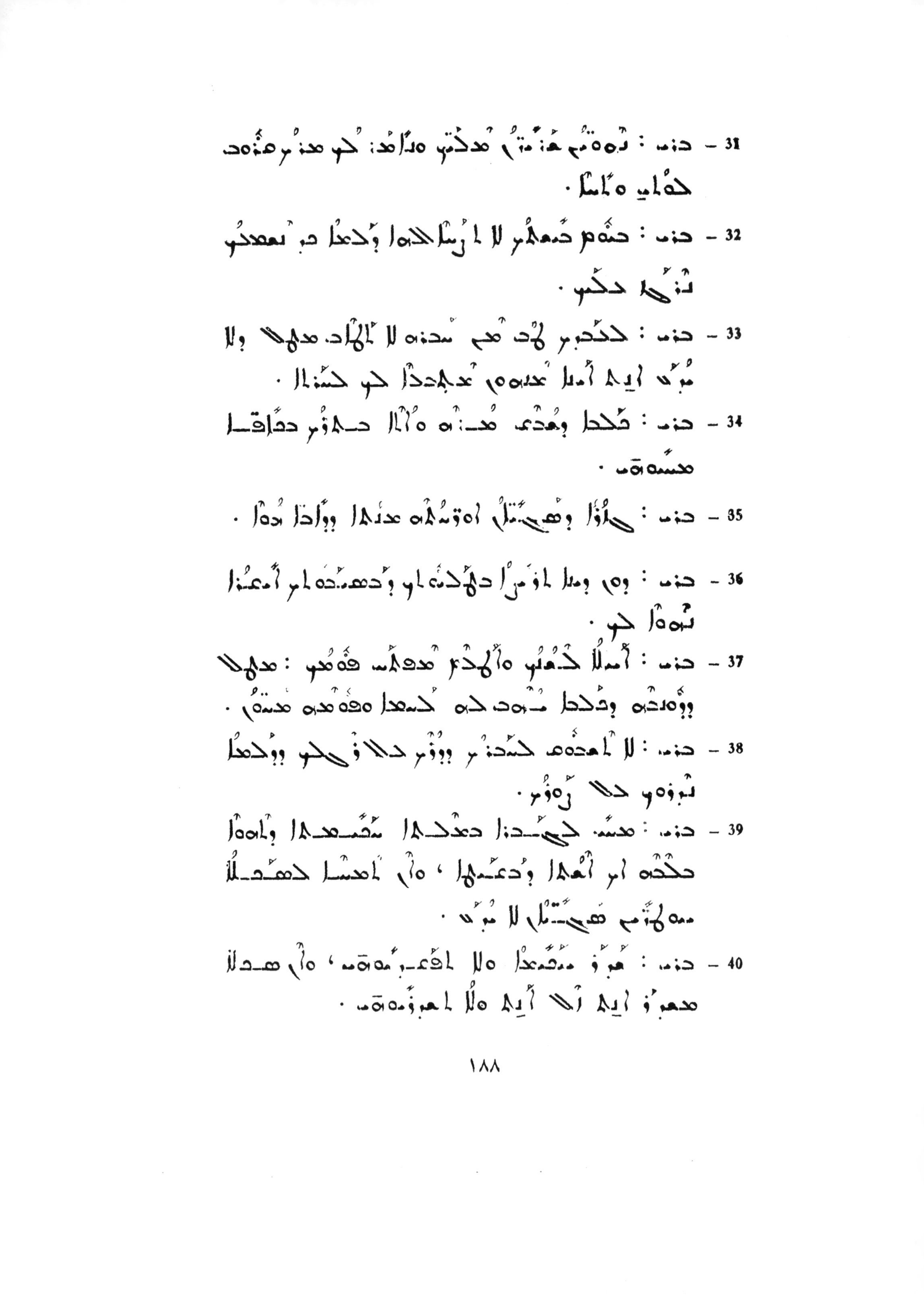

٣١ ـ يا بني ، ليكن كلامك صادقاً ليقول لك سيدك : اقترب مني فتحيا .

٣٢ ـ يا بني ، في يوم مصيبتك وبؤسك لا تشتم ربك فانه اذا سمعك يغضب عليك .

٣٣ ـ يا بني ، لا تعامل عبداً من عبيدك أحسن من معاملتك لصاحبه فانك لست تدري أيهما ستحتاج اليه آخر الامر .

٣٤ ـ يا بني ، إرم حجارة على الكلب الذي يترك صاحبه ويجري خلفك .

٣٥ ـ يا بني ، إن القطيع الذي يسلك مسالك عديدة يصبح فريسة (نصيب) للذئاب .

٣٦ ـ يا بني ، اقض في شبابك قضاءً عادلاً كي تنال وقاراً في شيبتك .

٣٧ ـ يا بني ، حلِ سنك واكسب فمك طعماً حلواً ، فان ذنب الكلب يطعمه خبزاً و (وفتح) فمه يكسبه رجماً .

٣٨ ـ يا بني ، لا تدع صاحبك يدوس على رجلك ، لئلا يدوس رقبتك .

٣٩ ـ يا بني ، اصفع (العاقل) بكلمة حكيمة فانها تكون في قلبه كالحمّى في الصيف ، وان صفعت الجاهل صفعات فانه لا يفهم .

٤٠ ـ يا بني ، ارسل (رسولاً) حكيماً ولا توصه ، وان كنت لترسل جاهلاً فالافضل ان تذهب أنت بنفسك .

41 – ܒܪܝ : ܙܩܦܐ ܒܪܝ ܕܒܣܝܡܐ ܘܒܬܡܝܢܐ ، ܘܗܘܝܢ ܠܡܒܣܡܘ
ܟܠܗܘܢ ܦܐܐܘܗܝ ܡܫܝܚܝܢ ܘܒܣܝܡܝܢ .

42 – ܒܪܝ : ܡܢ ܡܫܬܘܬܐ ܕܒܝܫܐ ܦܬܘܪ ، ܘܠܐ ܠܒܟ ܬܬܪܓ
ܠܡܫܬܝܢܐ ܒܡܫܬܝܬܐ ܕܚܡܪܐ ܢܗܘܐ ܠܟ ܙܘܥܦܐ
ܒܪܫܟ .

43 – ܒܪܝ : ܡܢ ܕܐܝܬ ܗܘ ܚܝܠܐ ܒܐܝܕܗ ܥܡܠܐ ܘܡܛܒܐ
ܘܡܢ ܕܐܝܬ ܗܘ ܥܒܕܐ ܒܐܝܕܗ ܡܫܡܫܢܐ ܘܦܠܚܐ .

44 – ܒܪܝ . ܛܒܬܐ ܒܐܝܕܐ ܘܫܒܘܩܝܗ ܐܟܪܐ ܘܠܐ ܬܫܬܒܗܪ
ܡܢ ܥܒܕܐ ܕܥܒܪܘ ܐܝܟ ܕܝ ܠܐ ܐܬܐ .

45 – ܒܪܝ : ܛܒܬܐ ܥܒܕ ܘܫܒܘܩܝܗ ܒܝܡܐ ܘܠܐ ܬܫܬܒܩ ܒܠܒܟ
ܐܝܟ ܓܒܪܐ ܕܝܗܒ ܒܐܝܕ ܥܒܕܘܗܝ .

46 – ܒܪܝ : ܠܐ ܬܦܩܘܕ ܘܬܚܘܐ ܠܒܪܝ ܕܐܝܟ ܕܚܝܠܐ ܒܥܠܘܗ
ܢܝܚ ܒܥܠܘܗ .

47 – ܒܪܝ : ܛܒ ܠܡܫܪܐ ܒܫܪܒܘܬܟ ܥܡ ܗܘ ܕܠܡܫܪܐ ܒܠܒܗ ،
ܠܡܫܪܐ ܒܫܪܐ ܕܝܢ ܒܡܣܟܢܘܬܐ ܡܛܠ ܐܢܫܐ ܘܐܠܐ ܠܒܝ ،
ܘܠܡܫܪܐ ܠܟܠ ܡܕܡ ܐܢܫܐ ܠܐܘܪܚܐ ܘܐܠܐ ܒܛܘܒܐ .

48 – ܒܪܝ : ܛܒ ܫܒܒܐ ܕܩܪܝܒ ܡܢ ܐܚܐ ܕܪܚܝܩ ، ܘܛܒ
ܫܡܐ ܛܒܐ ܡܢ ܫܘܦܪܐ ܣܓܝܐܐ ܡܛܠ ܕܫܡܐ ܛܒܐ
ܩܐܡ ܠܥܠܡ ، ܘܫܘܦܪܐ ܒܠܐ ܘܡܬܚܒܠ

٤١ - يا بني ، امتحن ابنك بالخبز والماء ، عندها ضع بين يديه (أو سلّمه اليه) ممتلكاتك وثروتك .

٤٢ - يا بني ، كن أول من يقوم عن الوليمة ولا تستمر لتناول الدهائن اللذيذة ولا تستمر في شرب اللذائذ الساخنة كي لا تصاب بجراح في رأسك .

٤٣ - يا بني ، من كانت يده ملآنة سماه الناس حكيماً ووقوراً ، ومن كانت يده فارغة سماه الناس مذنباً وسافلاً .

٤٤ - يا بني ، لقد حملت الملح ونقلت الرصاص ، ولكنني لم أرَ أثقل من وفاء المرء لدين مستحق لم يقترضه .

٤٥ - يا بني ، حملت الحديد ونقلت صخوراً ، فلم أجدها ثقيلة كثقل الرجل الذي يسكن في بيت حميه .

٤٦ - يا بني ، علّم ابنك الجوع والعطش حتى يدبر بيته كما ترى عيناه .

٤٧ - يا بني ، (رأيت) أعمى العينين أفضل من أعمى القلب ، فان أعمى العينين يتعلم سريعاً طريقه فيسلكه ، وأما أعمى القلب فانه يترك الطريق المستقيم ويهيم في الصحراء فيضل .

٤٨ - يا بني ، إن صاحبك القريب خير من أخيك البعيد ، والصيت الحسن خير من الجمال الوافر ، لأن الصيت الحسن يدوم الى الابد ، وأما الجمال فيبلى ويزول .

49 – ܒܪܝ : ܛܒ ܗܘ ܡܘܬܐ ܡܢ ܚܝܐ ، ܕܓܒܪܐ ܕܢܝܚܐ ܠܝܬ
ܠܗ . ܘܛܒ ܩܠܐ ܕܐܘܠܝܬܐ ܒܐܕܢܝ ܣܟܠܐ ܡܢ ܙܡܪܐ
ܘܚܕܘܬܐ .

50 – ܒܪܝ : ܛܒܐ ܫܩܐ ܕܐܚܝܕ ܡܢ ܐܘܙܐ ܕܡܬܒܪܐ
ܒܐܝܕܝܐ . ܘܛܒܐ ܢܫܡܐ ܕܩܪܝܒܐ ܡܢ ܬܘܪܬܐ ܕܪܚܝܩܐ
ܘܛܒܐ ܚܕܐ ܨܦܪܐ ܕܐܚܝܕ ܡܢ ܐܠܦ ܕܦܪܚܝܢ . ܘܛܒܐ
ܡܣܟܢܘܬܐ ܕܡܟܢܫܐ ܡܢ ܥܘܬܪܐ ܕܡܒܕܪ ، ܘܛܒ
ܡܐܬܐ ܕܒܨܪܐ ܕܒܝܬ ܡܢ ܟܘܙܐ ܡܐܬܐ ܘܐܣܝܪܬܐ .

51 – ܒܪܝ : ܒܟܠܗ ܡܠܬܐ ܕܟܠܟ ܘܬܬܠ ܠܒܟ ܡܛܠ
ܕܥܠ ܕܡܬܟܦܐ ܡܠܬܟ ܐܘܕܝܬ ܘܫܡܥܝܢ

52 – ܒܪܝ : ܠܐ ܬܦܘܩ ܡܠܬܐ ܡܢ ܦܘܡܟ ܥܕܡܐ ܕܬܬܡܠܟ
ܒܗ ܒܠܒܟ ! ܡܛܠ ܕܛܒ ܠܓܒܪܐ ܕܢܬܬܩܠ
ܒܠܒܗ ܘܠܐ ܢܬܬܩܠ ܒܠܫܢܗ .

53 – ܒܪܝ : ܐܢ ܬܫܡܥ ܡܠܬܐ ܒܝܫܬܐ ܐܩܒܪܝܗ ܒܐܪܥܐ
ܥܡܩ ܐܡܝܢ .

54 – ܒܪܝ : ܙܗܝܪ ܡܟܣܝܬܐ ܠܐ ܬܓܠܐ ܡܛܠ ܕܡܢ ܬܓܠܝܬܐ
ܗܘܐ ܩܛܠܐ .

55 – ܒܪܝ : ܟܠ ܕܠܐ ܕܐܢ ܕܚܠ ܬܐܙܠ ܡܒܪܟ ܠܐܠܗܐ .

56 – ܒܪܝ : ܐܬܪܚܩ ܡܢ ܢܦܫܗ ܕܐܟܠܝ ܕܟܐܒܐ ܢܦܫܝ
ܠܐ ܡܛܝܐ ܠܗ .

٤٩ ـ يا بني ؛ إن الموت لمن لا راحة له خير من الحياة ؛ وصوت العويل والندب في اذني الجاهل خير من صوت المزمار وأهازيج الفرح .

٥٠ ـ يا بني ؛ ان الكراع في يدك لأفضل من الفخذ في قدر غيرك ؛ وشاة قريبة أفضل من ثور بعيد ؛ وعصفور واحد في يدك خير من الف عصفور طائر ؛ وفقر مرفوق بتوفير أفضل من غنى يبذر ؛ وثوب من صوف تلبسه أفضل من الحرير والخز على الآخرين .

٥١ ـ يا بني ؛ احفظ الكلام في قلبك أفضل لك ، فانك عندما تفضي بما في صدرك تخسر صديقك .

٥٢ ـ يا بني ، لا تخرج كلمة من فمك قبل أن تستشير عقلك (قلبك) فانه خير للرجل أن يعثر في قلبه من أن يعثر بلسانه .

٥٣ ـ يا بني ، ان سمعت كلمة سوء فادفنها في الارض على عمق سبعة أذرع .

٥٤ ـ يا بني ، جانب قوماً يتخاصمون فان الخصام قد يؤدي الى قتل .

٥٥ ـ يا بني ، كل من لا يقضي قضاءً عادلاً يغضب الرب .

٥٦ ـ يا بني ، ابتعد عن صديق أبيك لئلا صديقك يوماً ما ، لا يقترب اليك .

57 – ܒܪܝ : ܠܚܟܝܡܐ ܪܘܪܒܐ ܠܐ ܬܫܘܐ ܡܠܟܘܬܟ ܘܪܘܪܒܢܐ
ܠܐ ܬܬܩܪܒ .

58 – ܒܪܝ : ܚܪܘ ܘܣܥܘܪ ܩܕܡ ܡܫܬܝܗܐ ܘܐܬܥܬܕ ܠܒܥܠܕܒܒܘܗܝ
ܡܢ ܐܘܪܚܐ .

59 – ܒܪܝ : ܠܐ ܬܚܕܐ ܠܒܥܠܕܒܒܟ ܟܕ ܢܦܠ .

60 – ܒܪܝ . ܟܕ ܬܚܙܐ ܓܒܪܐ ܕܩܫܝܫ ܡܢܟ ܩܘܡ ܡܢ
ܩܕܡܘܗܝ .

61 – ܒܪܝ : ܐܢ ܢܩܘܡܘܢ ܡܝܐ ܕܠܐ ܐܪܥܐ : ܘܢܦܪܚ ܨܦܪܐ
ܕܠܐ ܓܦܐ : ܘܢܚܘܪ ܥܘܪܒܐ ܐܝܟ ܬܠܓܐ : ܘܢܚܠܐ ܡܪܝܪܐ
ܐܝܟ ܕܒܫܐ ، ܢܚܟܡ ܗܝܕܝܢ ܣܟܠܐ .

62 – ܒܪܝ : ܐܢ ܒܥܐ ܐܢܬ ܕܬܗܘܐ ܚܟܝܡ ܟܠܝ ܦܘܡܟ :
ܘܟܪܝܘܬܐ ܟܠܗ ܡܢ ܩܕܡܘܗܝ ، ܘܡܢ ܩܕܡܘܗܝ ܠܐ
ܬܒܗܬ .

63 – ܒܪܝ : ܡܢ ܕܠܒܗ ܐܬܠܒ ܠܗ : ܘܐܦ ܐܝܬ ܡܫܬܡܥܢܘܬܗ .

64 – ܒܪܝ : ܠܐ ܬܐܡܪ ܟܠܡ ܐܝܬ ܒܠܒܘܗܝ : ܘܠܐ ܬܬܩܘܡ
ܠܘܩܒܠ ܢܘܪܐ ܒܟܠܢܫ .

65 – ܒܪܝ : ܒܠܒܗ ܕܟܪܝܗܐ ܐܝܟ ܩܘܒܥܐ ܕܩܛܠܐ : ܘܠܐ
ܣܓܝܐ ܢܦܫܐ ܒܪܝܫܐ ܕܥܒܕܐ ܒܪܐ .

66 – ܒܪܝ : ܐܢ ܙܟܐ ܐܝܬ ܕܬܗܘܐ ܫܦܝܪ ܒܟܠ ܦܐܝܐ ܡܢ
ܓܒܠܟ ܘܐܝܟ ܢܝܫܐ ܓܡܝܪܐ ܘܬܗܘܐ ܫܦܝܪܐ .

٥٧ - يا بني ، لا تنزل الى حديقة العظماء ، ولا تقترب من بنات العظماء .

٥٨ - يا بني ، أعن صاحبك ضد السلطان لتتمكن من ان تعينه ضد الاسد .

٥٩ - يا بني ، لا تغتبط لموت عدوك .

٦٠ - يا بني ، عندما ترى رجلاً أشد منك بطشاً قم من أمام وجهه .

٦١ - يا بني ، عندما يقف الماء دون أرض (تسنده) وعندما يطير الطائر بدون جناح ، وعندما يبيّض الغراب ، وعندما يحلو المرّ كالعسل (عندما تحدث هذه الامور جميعها) يصبح الاحمق حكيماً .

٦٢ - يا بني ، اذا صرت كاهناً لله فاحترس ، أدخل الى حضرته بطهارة ونقاء ولا تنصرف من أمام وجهه .

٦٣ - يا بني ، احترم الرجل الذي باركه الرب واحسن اليه .

٦٤ - يا بني ، لا تخاصم رجلاً في أوج عزه (في يومه) ولا تقف ضد نهر في طغيانه .

٦٥ - يا بني ، إن عين الانسان كنبع ماء ، لا تشبع من المال حتى تمتلىء تراباً .

٦٦ - يا بني ، اذا أردت ان تكون حكيماً فاكفف لسانك عن الكذب ويدك عن السرقة ، بذا تصبح حكيماً .

67 – ܒܪܝ : ܠܡܫܡܥܘܬܐ ܕܐܢܬܬܐ ܠܐ ܬܗܘܐ ܡܨܝܬ ܕܐܢ ܬܒܥܐ
ܠܗ ܐܠܗܘܬܟ ، ܘܐܢ ܬܬܠ ܠܗ ܠܐ ܬܬܕܟܐ ܀

68 – ܒܪܝ : ܕܗܕܝܪ ܒܠܒܘܫܗ ܐܦ ܒܡܡܠܠܗ : ܘܕܨܥܝܪ
ܒܠܒܘܫܗ ܨܥܝܪ ܐܦ ܒܡܡܠܠܗ ܀

69 – ܒܪܝ : ܐܢ ܠܡܫܟܚ ܫܟܚܬܐ ܩܕܡ ܙܒܢܐ ܡܢܬܗ ܡܢ ܒܝܬܗ ܀

70 – ܒܪܝ : ܠܐ ܬܬܠ ܐܝܪܐ ܕܫܒܒܐ ܗܘܐ ܘܬܦܩܘܕ ، ܘܠܐ ܗܘ
ܕܫܪܝܐ ܗܘܐ ܘܫܒܩܬܗ ܀

71 – ܒܪܝ : ܒܐܢܬܬܐ ܕܫܦܝܪܐ ܠܐ ܬܚܘܪ ܒܥܝܢܝܟ ܘܠܐ ܬܬܪܓܐ
ܒܫܘܦܪܐ ܕܠܐ ܕܝܠܟ : ܡܛܠ ܕܣܓܝܐܐ ܐܒܕܘ ܒܫܘܦܪܐ
ܕܐܢܬܬܐ : ܘܪܚܡܬܗ ܐܝܟ ܢܘܪܐ ܕܝܩܕܐ ܀

72 – ܒܪܝ : ܢܡܚܝܟ ܚܟܝܡܐ ܒܚܘܛܪܝܢ ܣܓܝܐܐ ܘܠܐ ܢܡܫܚܝܟ
ܣܟܠܐ ܡܫܚܐ ܡܒܣܡܐ ܀

73 – ܒܪܝ : ܠܐ ܬܘܬܪ ܪܓܠܟ ܠܘܬ ܪܚܡܟ ܘܠܐ ܢܣܒܥ
ܡܢܟ ܘܢܣܢܝܟ ܀

74 – ܒܪܝ : ܠܐ ܬܫܒܘܩ ܒܨܒܥܬܐ ܕܥܒܕܐ ܥܙܩܬܐ ܕܕܗܒܐ ܐܝܟ ܕܒ ܠܟܘܬ ܠܟ
ܘܠܐ ܢܬܓܒܪܘܢ ܥܠ ܫܒܒܐ ܀

75 – ܒܪܝ : ܡܢ ܕܠܐ ܚܕܐ ܡܢ ܐܘܪܚܬܗ ܡܢ ܒܫܬܐ ܕܚܝܘܗܝ
ܡܫܬܒܚܝܢ ܠܗ ܀

76 – ܒܪܝ : ܟܠܒܐ ܕܫܒܩ ܡܪܝܗ ܐܬܐ ܠܟ ، ܫܕܐ ܠܗ ܟܐܦܐ ܘܩܛܠܝܗ ܀
ܘܐܚܪܢܐ ܕܠܐ ܒܟܐܦܐ ܡܢ ܫܒܝܠܐ ܐܬܦܢܝ . ܘܚܡܪܐ ܕܠܐ

٦٧ - يا بني ، لا تتدخل في أمر زواج إمرأة فانه اذا ابتأست (في زواجها) لعنتك ، واذا نجحت وسرّت فانها لا تذكرك .

٦٨ - يا بني ، ان الرجل الذي يتأنق بملبسه يتأنق في حديثه ، والرجل الذي لا يهتم بملبسه لا يهتم بحديثه .

٦٩ - يا بني ، اذا وجدت لقية أمام صنم تقدم للصنم نصيباً من لقيتك .

٧٠ - يا بني ، ان اليد التي شبعت بعد جود لا تجود ، وكذلك اليد التي جاعت بعد شبع .

٧١ - يا بني ، لا ترتفع عيناك الى امرأة جميلة ، ولا ترن الى جمال ليس لك ، لان كثيرين اهلكم جمال المرأة وحبها كنار متقدة .

٧٢ - يا بني ، انه خير لك ان يضربك العاقل ضربات عديدة من أن يعطر جسمك الجاهل بالعطر .

٧٣ - يا بني ، لا تركض رجلك وراء صاحبك ، ولا تدعه يشبع منك فيبغضك .

٧٤ - يا بني ، لا تضع سواراً ذهبياً في يدك وانت معدم لئلا يسخر منك الجهال .

٧٥ - يا بني ، من لا يسمع باذنيه فان الآخرين يجعلونه يسمع من قذاله .

٧٦ - يا بني ، ان الكلب الذي يأكل صيده يصبح من فصيلة الذئاب ،

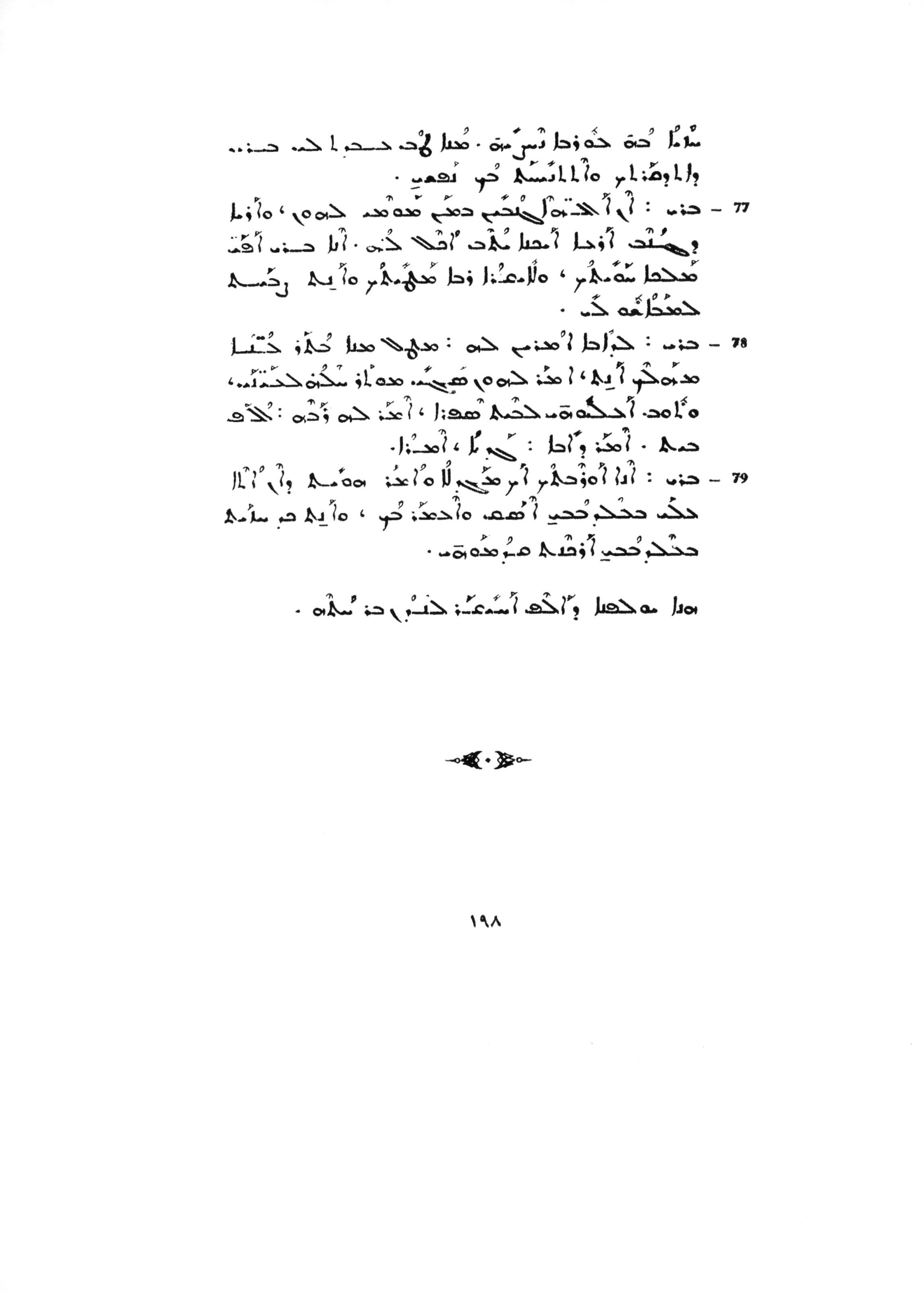

واليد الكسلانة يجب بترها من الكتف ، والعين التي لا رؤيا فيها تقلعها الغربان ، أي خير صنعته معي يا بني فذكرك وتسر نفسي بك .

٧٧ ـ يا بني ، اذا كانت الآلهة تسرق فبأي يطلب الى الناس ان يقسموا ؟ والاسد الذي يسرق قطعة من الارض فكيف يستطيع أكلها ؟ اني جعلتك ترى وجه الملك ورفعت قدرك كثيراً ، لكنك اخترت الاساءة لي .

٧٨ ـ يا بني ، قالوا للذئب : لماذا تتبع مسير الضان ؟ فقال لهم : إن غبارهم يشفي عيني . ثم جاءوا به (الذئب) الى المدرسة ، فقال له المعلم : قل ألف باء فقال : جدي حمل .

٧٩ ـ يا بني ، لقد رفعتك كبرج وقلت : اذا نزلت بي الاعداء فانني ارتفع الى هذا البرج أحتمي ، غير انك عندما رأيت أعدائي خنعت أمامهم .

هذا هو التعليم الذي علمه احيقار لابن اخته نادان .

ܡܐܡܪ̈ܐ ܡܪ̈ܕܘܬܝܐ
ܡܢ ܟܬܒܐ ܩܕܝܫܐ

النصوص الادبية
من الكتاب المقدس

ܪܚܝܐ ܡܫܝܚܝܐ ܡܢ ܐܘܢܓܠܝܘܢ ܕܡܬܝ

1 – ܟܕ ܚܙܐ ܕܝܢ ܝܫܘܥ ܠܟܢܫ̈ܐ، ܣܠܩ ܠܛܘܪܐ، ܘܟܕ ܝܬܒ : ܩܪܒܘ ܠܘܬܗ ܬܠܡܝ̈ܕܘܗܝ .

2 – ܘܦܬܚ ܦܘܡܗ ܘܡܠܦ ܗܘܐ ܠܗܘܢ ܘܐܡܪ .

3 – ܛܘܒܝܗܘܢ ܠܡܣܟܢ̈ܐ ܒܪܘܚ : ܕܕܝܠܗܘܢ ܗܝ ܡܠܟܘܬܐ ܕܫܡܝܐ .

4 – ܛܘܒܝܗܘܢ ܠܐܒܝ̈ܠܐ : ܕܗܢܘܢ ܢܬܒܝܐܘܢ .

5 – ܛܘܒܝܗܘܢ ܠܡܟܝܟ̈ܐ، ܕܗܢܘܢ ܢܐܪܬܘܢ ܠܐܪܥܐ .

6 – ܛܘܒܝܗܘܢ ܠܐܝܠܝܢ ܕܟܦܢܝܢ ܘܨܗܝܢ ܠܟܐܢܘܬܐ : ܕܗܢܘܢ ܢܣܒܥܘܢ .

7 – ܛܘܒܝܗܘܢ ܠܡܪܚܡܢ̈ܐ : ܕܥܠܝܗܘܢ ܢܗܘܘܢ ܪ̈ܚܡܐ .

8 – ܛܘܒܝܗܘܢ ܠܐܝܠܝܢ ܕܕܟܝܢ ܒܠܒܗܘܢ ، ܕܗܢܘܢ ܢܚܙܘܢ ܠܐܠܗܐ .

9 – ܛܘܒܝܗܘܢ ܠܥܒ̈ܕܝ ܫܠܡܐ ، ܕܒܢܘ̈ܗܝ ܕܐܠܗܐ ܢܬܩܪܘܢ .

10 – ܛܘܒܝܗܘܢ ܠܐܝܠܝܢ ܕܐܬܪܕܦܘ ܡܛܠ ܟܐܢܘܬܐ . ܕܕܝܠܗܘܢ ܗܝ ܡܠܟܘܬܐ ܕܫܡܝܐ .

11 – ܛܘܒܝܟܘܢ ܐܡܬܝ ܕܡܚܣܕܝܢ ܠܟܘܢ ܘܪܕܦܝܢ ܠܟܘܢ ܘܐܡܪܝܢ ܥܠܝܟܘܢ ܟܠ ܡܠܐ ܒܝܫܐ ܡܛܠܬܝ ܒܕܓܠܘܬܐ .

الاصحاح الخامس من انجيل متى

١ ـ فلما رأي يسوع الجموع صعد الى الجبل ، ولما جلس دنا اليه تلاميذه .

٢ ـ ففتح فاه يعلمهم قائلاً :

٣ ـ طوبى للمساكين بالروح فان لهم ملكوت السماوات .

٤ ـ طوبى للحزانى فانهم يعزون .

٥ ـ طوبى للودعاء فانهم يرثون الارض .

٦ ـ طوبى للجياع والعطاش الى البر فانهم يشبعون .

٧ ـ طوبى للرحماء فانهم يرحمون .

٨ ـ طوبى للأنقياء القلوب فانهم يعاينون الله .

٩ ـ طوبى لفاعلي السلامة فانهم بني الله يدعون .

١٠ ـ طوبى للمضطهدين من أجل البر فان لهم ملكوت السموات .

١١ ـ طوبى لكم اذا عيروكم واضطهدوكم وقالوا عليكم كل كلمة سوء من أجلي كاذبين .

12 – ܗܝܕܝܢ ܚܕܘ ܘܪܘܙܘ . ܕܐܓܪܟܘܢ ܣܓܝ ܒܫܡܝܐ ، ܗܟܢܐ
ܓܝܪ ܪܕܦܘ ܠܢܒܝ̈ܐ ܕܡܢ ܩܕܡܝܟܘܢ .

13 – ܐܢܬܘܢ ܐܢܘܢ ܡܠܚܗ ܕܐܪܥܐ . ܐܢ ܕܝܢ ܡܠܚܐ ܬܦܟܗ ،
ܒܡܢܐ ܬܬܡܠܚ ، ܠܡܕܡ ܠܐ ܚܫܚܐ ، ܐܠܐ ܕܬܫܬܕܐ ܠܒܪ
ܘܬܬܕܝܫ ܡܢ ܒܢܝ̈ܢܫܐ .

14 – ܐܢܬܘܢ ܐܢܘܢ ܢܘܗܪܗ ܕܥܠܡܐ ، ܠܐ ܡܫܟܚܐ ܕܬܛܫܐ ܡܕܝܢܬܐ
ܕܥܠ ܛܘܪܐ ܒܢܝܐ .

15 – ܘܠܐ ܡܢܗܪܝܢ ܫܪܓܐ ܘܣܝܡܝܢ ܠܗ ܬܚܝܬ ܣܐܬܐ ، ܐܠܐ
ܥܠ ܡܢܪܬܐ ܘܡܢܗܪ ܠܟܠ ܐܝܠܝܢ ܕܒܒܝܬܐ ܐܢܘܢ .

16 – ܗܟܢܐ ܢܢܗܪ ܢܘܗܪܟܘܢ ܩܕܡ ܒܢܝ̈ܢܫܐ ܕܢܚܙܘܢ ܥܒ̈ܕܝܟܘܢ
ܛ̈ܒܐ ، ܘܢܫܒܚܘܢ ܠܐܒܘܟܘܢ ܕܒܫܡܝܐ .

ܨܚܚܐ ܫܬܝܬܝܐ ܡܢ ܐܘܢܓܠܝܘܢ ܕܡܬܝ

ܡܢ 5 — 15

5 – ܘܡܐ ܕܡܨܠܐ ܐܢܬ ، ܠܐ ܬܗܘܐ ܐܝܟ ܢܣܒܝ ܒܐܦ̈ܐ ، ܕܪܚܡܝܢ
ܠܡܩܡ ܒܟܢܘܫܬܐ ܘܒܩܪ̈ܢܬܐ ܕܫܘ̈ܩܐ ܠܡܨܠܝܘ :
ܕܢܬܚܙܘܢ ܠܒܢܝ̈ܢܫܐ ܘܐܡܝܢ ܐܡܪ ܐܢܐ ܠܟܘܢ . ܕܩܒܠܘ
ܐܓܪܗܘܢ .

6 – ܐܢܬ ܕܝܢ ܐܡܬܝ ܕܡܨܠܐ ܐܢܬ : ܥܘܠ ܠܬܘܢܟ ،

١٢ ـ إفرحوا وابتهجوا فان آجركم عظيم في السماوات ، لانهـم هكذا اضطهدوا الانبياء من قبلكم .

١٣ ـ أنتم ملح الارض فاذا فسد الملح فبماذا يملح ، أنه لا يصلح لشيء إلا لأن يطرح خارجاً وتدوسه الناس .

١٤ ـ أنتم نور العالم ، لا يمكن أن تخفى مدينة على جبل .

١٥ ـ ولا يوقد سراج ويوضع تحت المكيال ، لكن على المنارة لينير على كل من في البيت .

١٦ ـ هكذا فليضيء نوركم قدام الناس ليروا أعمالكم الصالحة ويمجدوا أباكم الذي في السماوات .

الاصحاح السادس من انجيل متى

من ٥ ـ ١٥

٥ ـ واذا صليتم فلا تكونوا كالمرآءين فانهم يحبون القيام في المجامع وفي زوايا الشوارع يصلّون ليظهروا للناس ، الحق أقول لكم إنهم قد أخذوا أجرهم .

٦ ـ أما أنت فاذا صليت فادخل مخدعك وأغلق بابك وصل الى أبيك في

ܘܐܚܘܕ ܬܪܥܟ ܀ ܘܨܠܝ ܠܐܒܘܟ ܕܒܟܣܝܐ ܘܐܒܘܟ ܕܚܙܐ ܒܟܣܝܐ
ܢܦܪܥܟ ܒܓܠܐ .

7 - ܘܟܕ ܡܨܠܝܢ ܐܢܬܘܢ، ܠܐ ܗܘܝܬܘܢ ܡܦܩܩܝܢ ܐܝܟ
ܚܢܦܐ، ܣܒܪܝܢ ܓܝܪ ܕܒܡܡܠܠܗܘܢ ܣܓܝܐܐ ܡܫܬܡܥܝܢ.

8 - ܠܐ ܗܟܝܠ ܬܬܕܡܘܢ ܠܗܘܢ، ܐܒܘܟܘܢ ܓܝܪ ܝܕܥ ܡܕܡ
ܕܡܬܒܥܐ ܠܟܘܢ، ܥܕ ܠܐ ܬܫܐܠܘܢܝܗܝ .

9 - ܗܟܢܐ ܗܟܝܠ ܨܠܘ ܐܢܬܘܢ، ܐܒܘܢ ܕܒܫܡܝܐ ، ܢܬܩܕܫ
ܫܡܟ .

10 - ܬܐܬܐ ܡܠܟܘܬܟ ، ܢܗܘܐ ܨܒܝܢܟ ، ܐܝܟܢܐ ܕܒܫܡܝܐ ܐܦ
ܒܐܪܥܐ .

11 - ܗܒ ܠܢ ܠܚܡܐ ܕܣܘܢܩܢܢ ܝܘܡܢܐ .

12 - ܘܫܒܘܩ ܠܢ ܚܘܒܝܢ ، ܐܝܟܢܐ ܕܐܦ ܚܢܢ ܫܒܩܢ ܠܚܝܒܝܢ .

13 - ܘܠܐ ܬܥܠܢ ܠܢܣܝܘܢܐ ، ܐܠܐ ܦܨܢ ܡܢ ܒܝܫܐ ، ܡܛܠ
ܕܕܝܠܟ ܗܝ ܡܠܟܘܬܐ ܘܚܝܠܐ ܘܬܫܒܘܚܬܐ ܠܥܠܡ
ܥܠܡܝܢ .

14 - ܐܢ ܓܝܪ ܬܫܒܩܘܢ ܠܒܢܝܢܫܐ ܣܟܠܘܬܗܘܢ ܢܫܒܘܩ ܐܦ
ܠܟܘܢ ܐܒܘܟܘܢ ܕܒܫܡܝܐ .

15 - ܐܢ ܕܝܢ ܠܐ ܬܫܒܩܘܢ ܠܒܢܝܢܫܐ ، ܐܦܠܐ ܐܒܘܟܘܢ ܫܒܩ
ܠܟܘܢ ܣܟܠܘܬܟܘܢ.

الخفية وأبوك الذي يرى في الخفية هو يجازيك .

٧ ـ واذا صليتم فلا تكثروا الكلام مثل الوثنيين فانهم يظنون أنه بكثرة كلامهم يستجاب لهم .

٨ ـ فلا تتشبهوا بهم لأن أباكم عالم بما تحتاجون اليه قبل أن تسألوه .

٩ ـ وأنتم فصلّوا هكذا ، أبانا الذي في السماوات ليتقدس اسمك .

١٠ ـ ليأت ملكوتك لتكن مشيئتك كما في السماء كذلك على الارض .

١١ ـ خبزنا كفافنا أعطنا اليوم .

١٢ ـ واغفر لنا ذنوبنا كما نغفر نحن لمن أساء الينا .

١٣ ـ ولا تدخلنا في تجربة لكن نجنا من الشرير ، لأن لك الملك والقوة والمجد الى الابد .

١٤ ـ فانكم إن غفرتم للناس زلاتهم يغفر لكم أبوكم السماوي زلاتكم .

١٥ ـ وإن لم تغفروا للناس فأبوكم أيضاً لا يغفر لكم زلاتكم .

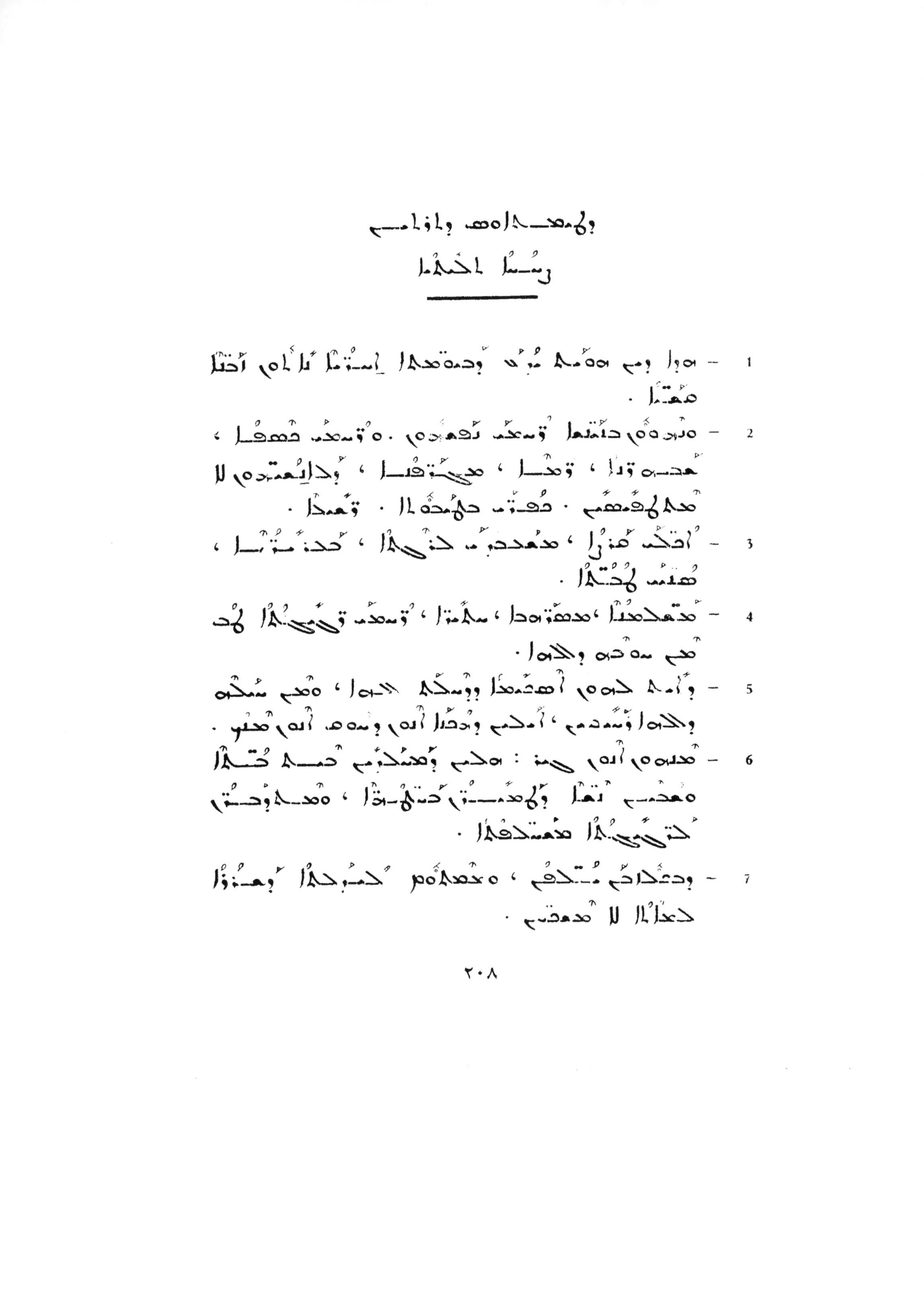

الاصحاح الثالث

١ ـ واعلم أنها ستأتي في الايام الاخيرة أزمنة عسيرة .

٢ ـ حينئذ يكون الناس محبين لأنفسهم وللمال مفتخرين ، متكبرين ، مجدفين ، عاقين للوالدين ، كافرين للمعروف ، فجاراً .

٣ ـ لا ودّ لهم ولا عهد ، ملقي فتنة ، داعرين ، شرسين ، مبغضين للصلاح .

٤ ـ خوانين مقتحمين منتفخين مغلبين حب اللذات على حب الله .

٥ ـ لهم ظاهر التقوى لكنهم ينكرون قوتها فأعرض عن هؤلاء .

٦ ـ فان منهم من يلجون البيوت ويسبون نسيّات موقرات بالخطايا منقادات لشهوات شتى .

٧ ـ يتعلمن دائماً ولا يبلغن معرفة الحق أبداً .

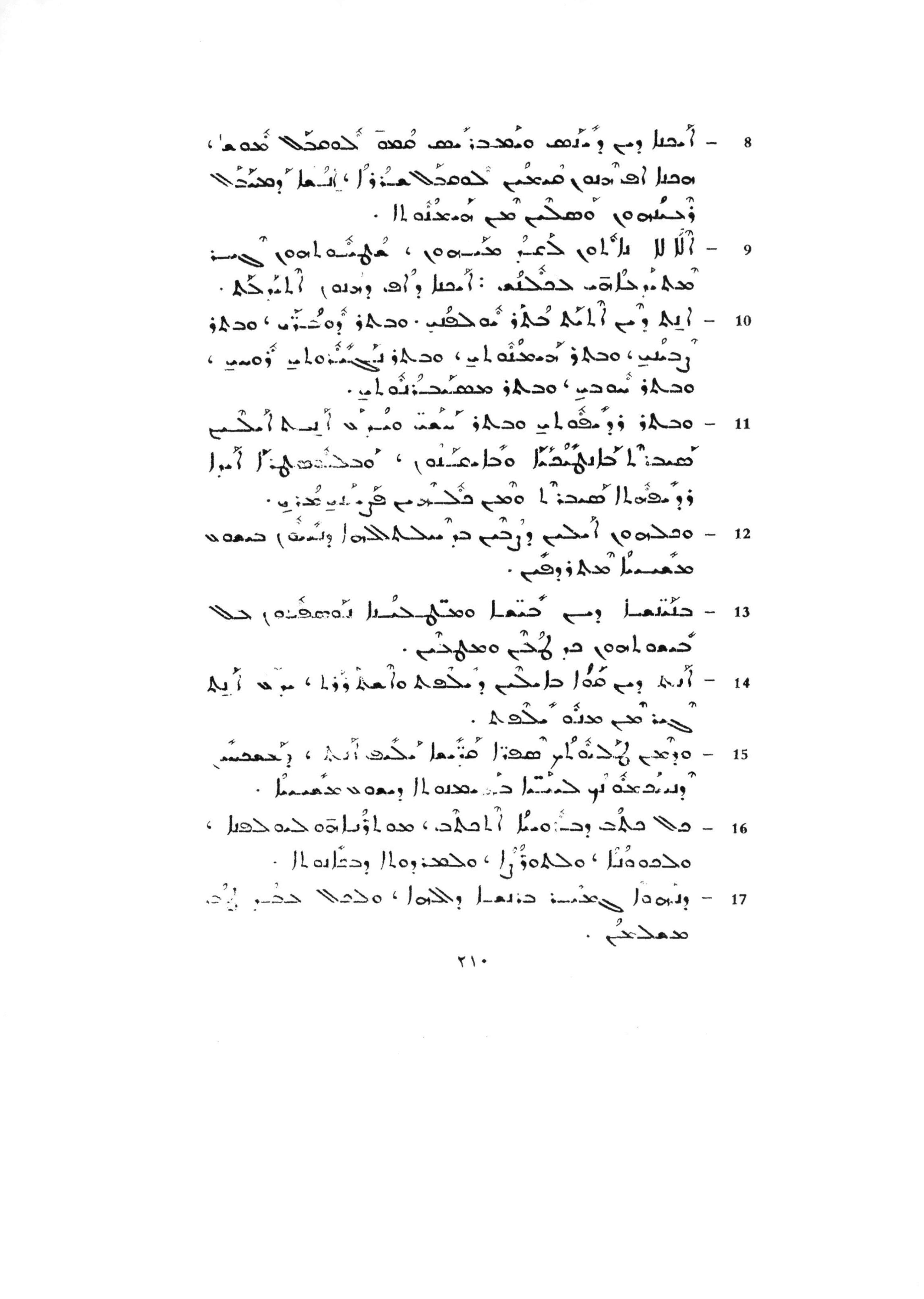

٨ ـ وكما أن يناس ويمبراس قاوما موسى ، كذلك هؤلاء يقاومون الحق أناس آراؤهم فاسدة مرذولة من جهة الايمان .

٩ ـ لكنهم لا ينجحون كثيراً ، لأن حمقهم يتضح للجميـــع كما اتضح حمق ذينك .

١٠ ـ أما أنت فقد استقريت تعليمي وسيرتي ، وقصدي وايماني ، وأناتي، ومحبتي وصبري .

١١ ـ واضطهاداتي ، وآلامي ، وما أصابني في انطاكية وإيقونية ولسترة وأية اضطهادات احتملت وقد انقذني الرب من جميعها .

١٢ ـ وجميع الذين يريدون أن يحيوا بالتقوى في المسيح يسوع يضطهدون .

١٣ ـ أما الاشرار والمغوون من الناس فيزدادون شراً مضلين ومضلّين .

١٤ ـ فاستمر أنت على ما تعلمته وأتمنت عليه متذكراً من تعلمت منهم .

١٥ ـ وأنك منذ الطفولية تعرف الكتب المقدسة القادرة أن تصيرك حكيما للخلاص بالايمان بالمسيح يسوع .

١٦ ـ فان الكتاب كله قد أوحي به من الله وهو مفيد للتعليم ، وللحجاج وللتهذيب بالبر .

١٧ ـ لكي يكون رجل الله كاملاً متأهباً لكل عمل صالح .

ܐܓܪܬܐ ܕܝܥܩܘܒ ܫܠܝܚܐ

ܦܫܝܛܬܐ ܕܪܒܝܥܝܬܐ

ܝܥ 7 — 17

7 - ܐܫܬܥܒܕܘ ܗܟܝܠ ܠܐܠܗܐ ، ܘܩܘܡܘ ܠܘܩܒܠ ܣܛܢܐ ܘܢܥܪܘܩ ܡܢܟܘܢ .

8 - ܘܩܪܘܒܘ ܠܘܬ ܐܠܗܐ ܘܢܬܩܪܒ ܠܘܬܟܘܢ . ܕܟܘ
ܐܝܕܝܟܘܢ ، ܚܛܝܐ ، ܩܕܫܘ ܠܒܘܬܟܘܢ ܦܠܝܓܝ ܢܦܫܐ .

9 - ܐܬܟܪܝܘ ܘܐܬܐܒܠܘ ، ܘܓܚܟܟܘܢ ܠܐܒܠܐ ܢܬܗܦܟ
ܘܚܕܘܬܟܘܢ ܠܟܡܝܪܘܬܐ .

10 - ܐܬܡܟܟܘ ܩܕܡ ܡܪܝܐ ، ܘܢܪܝܡܟܘܢ .

11 - ܠܐ ܬܗܘܘܢ ܡܡܠܠܝܢ ܥܠ ܚܕܕܐ ܐܚܝ ، ܡܢ ܓܝܪ
ܕܡܡܠܠ ܥܠ ܐܚܘܗܝ ، ܐܘ ܕܐܢ ܠܐܚܘܗܝ ܡܡܠܠ
ܥܠ ܢܡܘܣܐ ܘܕܐܢ ܠܢܡܘܣܐ ، ܘܐܢ ܠܢܡܘܣܐ ܕܐܢ
ܐܢܬ ، ܠܐ ܗܘܝܬ ܥܒܘܕܗ ܕܢܡܘܣܐ ܐܠܐ ܕܝܢܗ .

12 - ܚܕ ܗܘ ܣܐܡ ܢܡܘܣܐ ܘܕܝܢܐ ، ܕܗܘ ܡܫܟܚ ܕܢܚܐ ܘܢܘܒܕ
ܐܢܬ ܕܝܢ ܡܢ ܐܢܬ ، ܕܕܐܢ ܐܢܬ ܠܗ ܠܚܒܪܟ .

الفصل الرابع

من رسالة يعقوب الرسول

من ٧ - ١٧

٧ - فاخضعوا إذن لله وقاوموا إبليس فيهرب منكم .

٨ - إقتربوا الى الله فيقترب اليكم طهروا أيديكم أيها الخطأة ونقوا قلوبكم يا ذوي النفسين .

٩ - ولولوا ونوحوا وابكوا ، ليعد ضحككم نوحاً وسروركم كآبة .

١٠ - تواضعوا أمام الرب فيرفعكم .

١١ - لا تغتابوا بعضكم بعضاً أيها الاخوة فان الذي يغتاب أخاه أو يدين أخاه يغتاب الناموس ويدين الناموس ، فان كنت يا هذا تدين الناموس فلست عاملاً بالناموس بل ديّاناً له .

١٢ - وإنما المشترع والديّان واحد ، وهو قادر أن يخلص وأن يهلك ، فمن أنت يا من يدين القريب .

١٣ - هلمّوا الآن أيها القائلون ننطلق اليوم أو غداً الى مدينة كذا ، ونقيم هناك سنة ونتجر ونربح .

13 - ܡܳܢܳܐ ܕܶܝܢ ܢܺܐܡܰܪ ܐܳܦ ܥܰܠ ܐܰܝܠܶܝܢ ܕܶܐܡܪܺܝܢ ܕ ܗܘܡܢܐ ܐܘ
ܡܢܗ ܐܠܗܝܐ ܠܡܫܝܚܐ ܐܚܪܐ ܕܗܘܐ، ܘܡܟܝܠ ܡܢܗ ܠܐܠܗܐ
ܡܫܝܚܐ ܐܚܪܐ ܘܡܫܝܚܐ ܠܓܪ ܡܢܗ ܘܡܠܘܫܝܢ.

14 - ܘܠܐ ܢܒܥܐ ܡܕܡ ܗܘܐ ܡܣܬܢ، ܡܕܡ ܐܝܬܘܗܝ ܓܝܪ ܣܓܝ ܐܠܐ
ܐܢ ܠܗܘܢ ܕܡܟܠ ܡܫܝܚܐ ܘܒܟܠ ܡܕܡ ܘܡܕܡ.

15 - ܣܠܩ ܕܢܐܡܪܘܢ ܕܐܢ ܡܕܡ ܢܩܠ ܘܢܣܒ، ܘܟܠܟܡ ܗܘܐ
ܐܘ ܗܘ.

16 - ܡܫܡܫܢܘܬܐ ܟܠܡܐ ܘܐܦܘܗܝ، ܥܠ ܡܫܡܫܢܘܬܐ ܕܐܝܟ ܗܘܐ
ܟܠܗ ܗܘ.

17 - ܘܐܝܟ ܕܢܦܩ ܠܡܠܬܐ ܘܠܐ ܟܠܢ ܠܗ، ܡܬܩܪܐ ܗܘܐ ܠܗ.

١٤ - وأنتم لا تعلمون ماذا يكون غداً ، فانها عسى أن تكون حياتكم إنما هي بخار يظهر قليلاً ثم يضمحل .

١٥ - هلا تقولون إن شاء الرب وعشنا نفعل هذا وذاك .

١٦ - لكنكم تفتخرون بتعظمكم وكل افتخار مثل هذا هو شرير .

١٧ - إذن ، من َعلِمَ ما يجب عليه صنيعه من الخير ولم يصنعه فعليه خطيئـــة .

ܡܙܡܘܪܐ ܕܥܣܪܝܢ ܘܬܠܬܐ

ܕܕܘܝܕ ܢܒܝܐ

1 - ܡܪܝܐ ܢܪܥܝܢܝ ܘܡܕܡ ܠܐ ܢܚܣܪ ܠܝ.

2 - ܘܥܠ ܡܪܓܐ ܕܬܘܕܐ ܢܪܒܥܢܝ، ܘܥܠ ܡܝܐ ܢܝܚܐ ܢܕܒܪܢܝ.

3 - ܢܦܫܝ ܐܦܢ ܘܕܒܪܢܝ ܒܫܒܝ̈ܠܝ ܩܘܫܛܐ، ܡܛܠ ܫܡܗ.

4 - ܐܦܢ ܐܗܠܟ ܒܛ̈ܠܠܝ ܡܘܬܐ: ܠܐ ܐܕܚܠ ܡܢ ܒܝܫܬܐ ܡܛܠ ܕܐܢܬ ܥܡܝ، ܫܒܛܟ ܘܚܘܛܪܟ ܗܢܘܢ ܒܝܐܘܢܝ.

5 - ܣܕܪܬ ܩܕܡܝ ܦܬܘܪܐ ܠܘܩܒܠ ܒܥܠܕܒ̈ܒܝ ܐܪܘܝܬ ܪܫܝ ܒܡܫܚܐ، ܘܟܣܝ ܡܪܘܐ ܐܝܟ ܚܝܠܐ.

6 - ܛܝܒܘܬܟ ܘܪ̈ܚܡܝܟ ܢܪܕܦܘܢܢܝ ܟܠܗܘܢ ܝܘܡܬܐ ܕܚ̈ܝܝ، ܘܐܥܡܪ ܒܒܝܬܗ ܕܡܪܝܐ ܠܐܘܪܟܐ ܕܝܘܡܬܐ.

المزمور الثالث والعشرون

لداوود النبي

١ ـ الرب راعي فلا يعوزني شيء .

٢ ـ في مراع خضر يربضني ، الى مياه الراحة يوردني .

٣ ـ يرد نفسي يهديني الى سبل البر من أجل اسمه .

٤ ـ أيضاً اذا سرت في وادي ظل الموت لا أخاف شراً لأنك أنت معي عصاك وعكازك هما يعزيانني .

٥ ـ ترتب قدامي مائدة تجاه مضايقي ، مسحت بالدهن رأسي ، كأسي ريا .

٦ ـ انما خير ورحمة يتبعانني كل أيام حياتي ، وأسكن في بيت الرب الى مدى الايام .

ܦܘܫܩ ܒ̈ܢܝ ܡ̈ܠܐ

شرح الألفاظ

الكلمة	الشرح والتحليل والمقارنة
	حرف ܐ ـ أ
ܐܒܐ	أب والجمع ܐܒܗܐ ، ܐܒܗܝܢ ، ܐܒܗܬܐ وتضاف الى الضمير فتصبح في المفرد ܐܒܝ ، ܐܒܘܟ ، وفي الجمع ܐܒܗܘܗܝ ، ܐܒܗܝܟ والخ ...
ܐܐܪ	هواء ، والجمع ܐܐܪܣ (مذكر ومؤنث) والنسبة ܐܐܪܢܝܐ هوائي .
ܐܟ	مثل ، وتكتب اليوذ مع ܐܝܟ زيادة ، وأصلها الكاف وحدها كما في العبرانية والعربية وهي كاف التشبيه .
ܐܫܛ	ازدرى ، سخر ، هزأ ، مطاوعه ܐܬܐܫܛ ، ܐܬܐܫܛ ، ܐܫܛܘܬܐ والجمع ܐܫܛܘܬ̈ܐ عار ، فضيحة ، سخرية .
ܐܓܘܢܐ	جهاد ، حرب وجمع الاطلاق ܐܓܘܢܝܢ والنسبة ܐܓܘܢܣܛܐ ، مجاهد ، مصارع ، محارب .
ܐܝܟܐ	أين ، اسم استفهام ، وهي مركبة من ܐܝ (أي) ܟܐ التي لا تستعمل وحدها ، ومعناها المكان ولعلها تحريف ܕܘܟܬܐ (مكان) التي سقطت من السريانية وبقيت في العربية .
ܐܝܘ	نعمّا ، كلمة استحسان ورضى .
ܐܘܟܝܬ	و ܟܝܬ أي ، أعني ، أيضاً ، حرف تفسير .
ܐܣܛܕܝܘܢ	ميدان ، والجمع ܐܣܛܕܝܘ̈ܢܐ .

الكلمة	الشرح والتحليل والمقارنة
ܐܝܬ	يوجد ، في العبرانية ܐܝܫ وقد ضاع من اللغة العربية بل توجد في أغلب اللغات القديمة ، في الهندية والفارسية واليونانية واللاتينية والجرمانية توجد لفظة إست لربط الخبر بالمبتدأ ، فترى ان ܐܝܬ السريانية أصلها ܐܝܫ ، وكانت في العربية أيس ثم ضاعت
ܐܝܡܟܐ	من أين ، أصلها ܐܝ (أي) ܡܢ (مِن) ܟܐ (هنا) بدلاً من ܐܝܟܐ .
ܐܡܬܝ	متى ، أصلها ܐܝ مقلوبة عن ܐܝ (أي) ܡܬܝ وكذلك هي اللفظة في لغة بابل .
ܐܝܟܢܐ	كيف ، وهي مركبة من ܐܝ (أي) ܟܢܐ التي أصلها ܟܗܢܐ أي ܐܝ ܗܢܐ (كهذا) ، ويقال أيضاً ܐܝܟܢ بالجزم .
ܐܩܠܝܦܣܝܣ	(مؤنث) كسوف الشمس وخسوف القمر .
ܐܣܟܝܡ	شكل ، صورة ، سيماء ، زي ، وهو جزم الاصل ܐܣܟܝܡܐ
ܐܪܒܥ	(للمؤنث) ܐܪܒܥܐ (للمذكر) اربع ، اربعة ، ܐܪܒܥܝܢ أربعون ، وفي العربية أربع للمؤنث وأربعة المذكر .
ܐܢܐ	أنا ، وجمع المتكلم ܚܢܢ نحن ، وكثيراً ما تقع ܐܢܐ موقع الكينونة ، وفي هذه الحالة تكتب هكذا ܐܢܐ مثل ܐܢܐ ܐܢܐ أي أنا أكون ܕܚܠ ܐܢܐ أنا خائف أو أنا أخاف.
ܐܢܬ	أنت ܐܢܬܝ أنتِ والجمع ܐܢܬܘܢ ، ܐܢܬܝܢ أنتم ، أنتن ،

الكلمـــة	الشرح والتحليل والمقارنة
	وتقع ܐܝܬ أيضاً موقع فعل الكينونة فيقال ܟܬܒ ܐܝܬ أنت تكتب ، أنت كاتب .
ܐܙܠ	ذهب ، مضى ، زال ، والمستقبل ܢܐܙܠ والامر ܐܙܠ .
ܐܠܐ	إن لم ، ما لم ، لكن ، إلا ، والاصل ܐܢ ܠܐ في العربية الا .
ܐܫܕ	أهرق ، سفك ، ܐܫܕܐ صبّ سكب .
ܐܬܐ	أتى ، المستقبل ܢܐܬܐ والامر ܬܐ للمفرد المذكر ، ܬܝ للمفردة المؤنثة ܬܘ ، ܬܘܘ لجمع الذكور ܬܝܢ ، ܬܝ̈ܢ لجمع الاناث ، والمصدر الميمي ܡܐܬܐ .

حرف ܒ - ب

ܒ	بِ ، في ، عند ، بالقرب من ، بجانب وهي حرف جر .
ܒܨܐ	ܒܨܝܐ ، ܒܘܨܝܐ ، فتش ، عرف ، أظهر ، كشف ، أعلن ، أخبر .
ܒܪ	ܒܪܐ ابن والجمع ܒܢܝܐ في حالة التوكيد و ܒܢܝܢ في حالة الاطلاق ، ܒܢܝ في حالة الاضافة ومنه ܒܪ ܐܢܫ ܒܪܢܫ انسان ، شخص ، والجمع ܒܢܝ ܐܢܫܐ ، ܒܢܝܢܫܐ ، في العربيـة ابن وبَرنساء ، وهي كلمة مستعارة من النبطية .
ܒܪܐ	برّ ، أرض لم تستثمر ، حقل ، صحراء ، ومع حرف الجر

الكلمة	الشرح والتحليل والمقارنة
	ܠܒܪ: خارجاً ܠܒܪ ܡܢ ماعدا ܡܢ ܠܒܪ من الخارج وهي ضد ܓܘ ، ܓܘܐ . داخلي مركزي (جوّا العامية) ومنه ܓܘܗ ، داخل ܠܓܘ ܡܢ ، ܡܢ ܠܓܘ من الداخل .
ܒܝܬܐ	بيت ، منزل . والجمع ܒ̈ܬܐ والاضافة ܒ̈ܬܝ .
ܒ̈ܬܝ ܐܘܪܐ	مكتبات ، خرائن كتب ، اسم مكان .
ܒ̈ܬܝ ܕܝܢܐ	محاكم ، مجالس الحكم ، اسم مكان .
ܒܝܬ ܙܘܥܐ	جامعة ، مجتمع .

حرف ܓ - ج

ܓܒܪܐ	رجل ، والجمع في حالة التوكيد ܓܒ̈ܪܐ وفي الاطـلاق ܓܒܪܝܢ ، والاضافة ܓܒ̈ܪܝ . في العربيـة الجبر : الملك والعبد والرجل مؤنثه ܐܢܬܬܐ إمرأة ، انثى .
ܓܕܫ	حدث ، أصاب ، اعتدى . ܓܕܫܐ حادث ، عرض . والنسبة ܓܕܫܢܝܐ عرضيّ .
ܓܝܪ	لأن ، من حيث ، لكن ، ولا يصح أن تقع في أول الجملة .
ܓܢܙ	ܓܢܙܐ ، كنز ، ستر ؛ خبـأ ؛ أخفى ؛ حجب . ومطاوعه ܐܬܓܢܙ اسم الفاعل ܓܢܝܙܐ خفي مستتر . ܓܢܝܙܘܬܐ خفاء .

الكلمة	الشرح والتحليل والمقارنة
ܓܢܬܐ	جنينة ؛ والجمع ܓܢ̈ܐ و ܓܢ̈ܐ ܬܠܝ̈ܬܐ الجنائن المعلقة .

حرف ܕ - د

علامة للاضافة ؛ إن هذه الدولث أصلها ܕܝ وهي ذو العربية لكن العرب لم يستعملوها للاضافة بل اسماً موصولاً فقط كما في السريانية وكانت ܕܝ مستعملة في السريانية البابلية وفي السامرية وفي سريانية الشام ؛ إلا أن أهل معلولا اليوم ضاعت من عندهم ؛ وهم يستعملون اللومذ ܠ بدلاً منها وأما في اللغة الكتابية ففي زمن المسيح وما بعده كانت تستعمل ܕܝ بدلاً من الدولث كما يظهر في الكتابات التدمرية التي منها ما كتب في القرن الثالث بعد المسيح .

الكلمة	الشرح والتحليل والمقارنة
ܕܚܠ	خاف . المستقبل ܢܕܚܠ . في العربية دَحلَ . دخل خفية . والدَحَل : الفزع ܕܚܠܐ و ܕܚܠܬܐ : خوف ، فزع ، هول والمصدر ܕܚܠܘܬܐ والفاعل ܕܚܘܠܐ ، والمفعول ܕܚܝܠܐ مخوف ، مهول ، مهيب .
ܕܝܢ	لكن ، أما ، الى الآن ، ولا تقع في أول العبارة بل توضع بعدالكلمة الاولى منها كما يأتي هذا الحرف زائداً لزخرفة الكلام ، أو واو العطف .
ܕܡܟ	نام ، رقد ، إتكأ ، المستقبل ܢܕܡܟ . المصدر ܕܡܟܘܬܐ

الكلمة	الشرح والتحليل والمقارنة
	نوم ، رقاد ، غفوة . والمصدر الميمي ܡܕܡܟܐ منـام ، فراش . واسم المكان ܒܝܬ ܡܕܡܟܐ مرقد ، فندق .
ܕܢܚ	شرق - لاح - طلع - ظهر . ܢܕܢܚ ستشرق (الشمس). ܡܕܢܚܐ المشرق والنسبة ܡܕܢܚܝܐ شرقيّ .
ܕܟܪ	ذَكَرَ . المستقبل ܢܕܟܪ . والمصدر ܕܘܟܪܢܐ ذِكر ، شهرة صيت - ثناء . ومطاوعه ܐܬܕܟܪ .

حرف ܗ - ه

ܗܐ	هو - هي للعاقل وغيره . وتستعمل ظرفاً بمعنى هنا - هناك وحرف نداء بمعنى يا - أيها . وحرف تنبيه : ها .
ܗܘ	هو . ܗܝ هي ܗܢܘܢ هم : ܗܢܝܢ هنّ . وتستعمل ܐܢܘܢ بمعنى هم و ܐܢܝܢ بمعنى هنّ كمفعول به بعد الفعل المتعدي غالباً . وكثيراً ما يقع الضمير موقع فعل الكينونة ويكتب ܗܘ ، ܗܝ مثل ܐܢܬ ܗܘ أنت (تكون) ܗܝ ܗܝ : هي (تكون) وتحذف الهاء أحياناً مثل (ܗ) ܡܢܘ والاصل ܡܢ ܗܘ : من هو ؛ وتبدل ياء مثل ܗܘ ܝܘ : هو يكون . واذا وقعت ܗܘ أو ܗܝ بعد كلمات آخرها ـܐ أو ܐ كانت الكلمتان بمثابة كلمة واحدة مثل ܐܢܐ ܗܘ ܐܢܐ ܗܘ أنا أكون ܐܝܟܘ أين هو؟

الكلمة	الشرح والتحليل والمقارنة
	ܘܕܟܝܳܐ ܗܘ هو طاهر أو نظيف ويستثنى ܗܳܕܶܐ فيقال : ܗܳܕܶܐ ܬܶܗܘܶܐ : هذه تكون .
ܗܰܘ	ذلك ܗܳܝ تلك والجمع ܗܳܢܽܘܢ هؤلاء الذكور ܗܳܢܶܝܢ للاناث وأصل ܗܰܘ ، ܗܳܐ ܗܽܘ وأصل ܗܳܝ ، ܗܳܐ ܗܝ .
ܗܘܳܐ	فعل استعانة بمعنى كان - جرى - صار . والمستقبل ܢܶܗܘܶܐ والامر ܗܘܺܝ كن. واذا كان فعلاً مساعداً حذفت الهاء في النطق مثل ܩܳܛܶܠ ܗܘܳܐ كان يقتل . واذا سبق ماضي ܗܘܳܐ اسم للفاعل وللمفعول خرج منه صيغة أمر جديدة نحو ܗܘܰܘ ܓܒܶܐ - انتخب ܗܘܰܘ ܡܛܰܝܒܺܝܢ كونوا مستعدين .
ܗܳܟܰܢ	و ܗܳܟܰܢܳܐ هكذا وهي مركبة من ܗܳܐ (ها) و ܟܢܳܐ التي أصلها ܟܗܳܢܳܐ أي أمر ܗܳܢܳܐ (كهذا) ܗܳܟܰܢ ܘ ... ܗܳܟܰܢ ܐܳܦ ... كما - كذلك - ܡܶܢ ܗܳܫܳܐ من الآن فصاعداً .
ܗܦܰܟ	قلب - رجع - عاد - بدّل ، المستقبل ܢܶܗܦܽܘܟ ومنه ܐܶܬܗܦܶܟ قلّبَ - غيّرَ و ܐܶܬܗܦܶܟ طاف - تصرف - تدبّر ܐܰܗܦܶܟ حوّل عن - منع - طرد - في العربية أفكَ لكن بمعنى آخر وهو الاخبار بالكذب . وائتفك - قلبَ - نكّس والمصدر ܗܽܘܦܳܟܳܐ رجوع - عودة .
ܗܳܫܳܐ	(الآن) أصلها ܗܳܐ (ها) ܫܳܥܳܐ (ساعة) .

الكلمة	الشرح والتحليل والمقارنة
	حرف ܘ - و
ܘ	حرف عطف . وفي الترقيم عدده ستة .
ܘܥܕܐ	موعد - ميثاق - وقت معين . ܒܝܬ ܘܥܕܐ مجتمع - مقر - محط .
ܘܥܕ	وعد . عهد . مطاوعه ܐܬܘܥܕ تواعد . اتفق . تعاهد .
	حرف ܙ - ز
ܙܒܢ	ܙܒܢ اشترى . ابتاع .
ܙܒܢ	ܙܒܢ باع . والفاعل ܙܒܘܢܐ مشتر . والمفعول ܙܒܝܢܐ مبتاع . ودخلت العربية وبقيت في عاميتها (الزبون) وزَبَنَ التمر باعه على شجره . والزَّبُون ج زُبُن وزُبُونات : المشتري في لغة أهل البصرة ؛ ومنه الزبون عند المولدين وهو الذي يتردد في الشراء على بائع واحد وأصلها آرامية .
ܙܒܢܐ	زمن ، وقت ، عصر والجمع ܙܒܢܐ ܙܒܢܝܢ واسم المرة ܙܒܢܬܐ والجمع ܙܒܢ̈ܬܐ .
ܙܟܐ	زكا - تقي - طهر - انتصر - قهر . والمستقبل ܢܙܟܐ في العربية زكا الزرع - يزكو - نما - وزكّى : طهّر مطاوعه ܐܙܕܟܝ ؛ الفاعل ܙܟܝܐ . المفعول ܙܟܝܐ والمصدر ܙܟܘܬܐ والجمع ܙܟܘܬܐ و ج ܙܟܘ̈ܬܐ غلبة - ظفر - انتصار.

الكلمة	الشرح والتحليل والمقارنة
ܙܢܐ	والجمع ܙܢ̈ܝܐ نوع - صنف - شكل - نمط والجمع ܙ̈ܢܝܢ ܙ̈ܢܝܢ أنواع شتّى .
ܙܳܢ ܙܰܝܢܳܐ	ܙܳܢ قاتَ . عالَ . رزق ܡܙܘܢܘܬܐ قوت . مؤونة . ذخيرة سلاح واسم المكان ܒܝܬ ܙܝܢܐ خزانة الاسلحة .
ܙܥܰܪ	صغر ، ذلَّ . والمستقبل ܢܙܥܰܪ ، ܙܥܘܪܐ صغير . مؤنثه ܙܥܘܪܬܐ والجمع المطلق ܙܥܘܪܝܢ و ܙܥܘܪܢ . وفي وفي العربية : زَعِرَ وازعَرَّ وازعارَّ شعره أو ريشه : قلَّ وتفرق فبان الجلد . وزعِرَ الرجل : قلَّ خيره .

حرف ܚ - ح

الكلمة	الشرح والتحليل والمقارنة
ܚܒܛ	خبط ، نفض الشجرة ، هرَّ ، هطل .
ܚܒܨ	ܚܘܒܨܐ زحم ، ضغط ، تراكم . والمصدر ܚܒܝܨܘܬܐ الزحـام .
ܚܕ	واحد للمذكر .
ܚܕܐ	واحدة ، إحدى للمؤنث .
ܚܝܕ	ضمّ ، وصل ، اتحد . ܡܚܝܕܐ متوحد ، وحيد ، منفرد .
ܚܕܝ	فرح ، سرَّ . والمستقبل ܢܚܕܐ ومنه ܚܕܘܬܐ ، ܚܕܝܘܬܐ فرح ، سرور .

الكلمة	الشرح والتحليل والمقارنة
ܚܙܐ	رأى ، رصد ، لاحظ . المستقبل ܢܶܚܙܶܐ . في العربية : حزَا ، أنبأ ، تكهَّن .
ܚܝܐ	عاش . والمستقبل ܢܺܚܶܐ والامر ܚܝܝ . والمصـدر الميمي : ܡܶܚܝܳܐ في العربية : حيَ (حياة) .
ܚܰܝ̈ܶܐ	اسم جمع (حياة) .

حرف ܛ ـ ط

الكلمة	الشرح والتحليل والمقارنة
ܛܳܒ	أعدَّ ، جهَّز . ܛܳܒ ، ܛܳܒܳܐ ، ܛܳܒܬܳܐ طيبة ، حسنة . واذا وقع بعد هذه الصفة حرف جر ܡܶܢ كانت أفعـل تفضيل بمعنى أطيب من ، أحسن من . في العربية طـاب الشيء ، يطيب طيباً : اذا كان لذيذاً ، أو حـلالاً فهو طيب . وطابت نفسه ، تطيب ، انبسطت وانشرحت . والطيب ضد الخبيث .
ܛܰܝܒܽܘܬܳܐ	صلاح ، فضيلة ، طيبة وجزمها ܛܰܝܒܽܘ واضافتها ܛܰܝܒܽܘܬ والجمع ܛܰܝܒ̈ܘܳܬܳܐ .
ܛܟ	لعل ، عسى ، ربما .
ܛܰܟܶܣ	ܛܰܟܣܳܐ رتَّب ، نظم ، صفَّ . مطاوعه ܐܶܬܛܰܟܰܣ ترتب ، تهذب ، انتظم . المفعول ܡܛܰܟܣܳܐ أديب محتشم مهذب . والمصدر ܡܛܰܟܣܽܘܬܳܐ .... جوقة

الكلمة	الشرح والتحليل والمقارنة
ܛܘܢܒܐ	طُنُب ، حبل الخيمة خاصة والجمع ܛܘܢܒ̈ܐ . وفي العربية الطُنُب والاطنابة والجمع أطانيب سير يوصل بوتر القوس . والطُنب و ج أطناب وطِنَبَة . حبل طويل يشد به سرادق البيت . وطانب القوم كان طنب خيمته الى أطناب خيامهم .
ܛܳܣ	ܛܰܘܣܐ طار ، حلّق ، حام ، والفاعل ܛܳܝܘܣܐ طائر ، منقض . واسم المكان ܒܶܝܬ ܛܰܘܣܐ مطار واسم الآلة ܛܰܝܣܬܐ طائرة .
ܛܥܶܡ	َطعِم ، ذاق . المستقبل ܢܶܛܥܰܡ في العربية طعم الشيء : ذاقه . وَطعِم الطعام : أكله .

حرف ܝ - ي

الكلمة	الشرح والتحليل والمقارنة
ܝܒܶܫ	يبس ، جفّ . والمستقبل ܢܺܐܒܰܫ ، ܐܺܐܒܰܫ أيبس ، ييبس ܝܰܒܫܐ اليابسة ، البر .
ܝܺܕܰܥ	عرف . المستقبل ܢܶܕܰܥ والمصدر ܡܶܕܰܥ والامر ܕܰܥ ، والفاعل ܝܳܕܘܥܐ عارف ، والمفعول ܝܺܕܺܝܥܐ معروف .
ܝܰܗܶܒ	وهب . أعطى . والامر ܗܰܒ والمضارع ܝܳܗܶܒ والمستقبل ܢܶܬܶܠ من غير لفظته والمصدر ܡܶܬܰܠ وفي العربية : وهب ، يهب ، هب .
ܝܘܡ	ܝܰܘܡܐ يوم و ج ܝܰܘ̈ܡܐ ܝܰܘ̈ܡܳܬܐ ، ܝܰܘܡܳܢܐ اليوم من ܝܰܘܡܐ ܗܳܢܐ هذا اليوم .

الكلمة	الشرح والتحليل والمقارنة
ܝܰܡܳܐ	يم ، بحر وج ܝܰܡܡܶܐ وفي العربية اليم والبحر .
ܝܰܡܺܝܢ	ܝܰܡܺܝܢܳܐ يمين ، الجنوب ، في العربية اليمين ضد اليسار للجهة . ܬܰܝܡܢܳܐ التيمن : الجنوب .
ܝܳܬܳܐ	وج ܝܳܬܶܐ و ܝܳܬܘܳܬܳܐ (مذكر ومؤنث) ذات ، ماهية ، جوهر ، طبيعة ، وجود ، كيان والنسبة ܝܳܬܳܢܳܝܳܐ ذاتي ، جوهري ، وبالاضافة ܝܳܬܝ ، ܝܳܬܳܟ الخ . . .
ܝܺܬܶܒ	جلس ، أقام ، المستقبل ܢܺܬܶܒ ، والامر ܬܶܒ ، في العربية الحميرية وثب بمعنى جلس والشائع استعمالها بمعنى قفز .
ܝܬܰܪ	كثر ، ربح ، كسب المستقبل ܢܺܐܬܰܪ وفي العربية وَثُرَ لحمه : كثر ، وَثَرَ من المال : استكثر منه . وَثُرَ الرجل : سمن .
ܝܰܬܺܝܪܳܐ	كثير ، وافر ، فاخر ، فاضل والمؤنث ܝܰܬܺܝܪܬܳܐ واذا وقع بعد هذه الصفة حرف جر ܡܶܢ كانت أفعل تفضيل بمعنى أكثر من ܝܰܬܺܝܪ ܡܶܢ
ܝܰܬܺܝܪܳܐܺܝܬ	لاسيما ، بالحري ، خصوصاً .

حرف ܟܦ - ك

ܟܒܰܫ	أخضع ، دوّخ ، افتتح ، هجم ، كبس ، حاصر ، أحاط ، والمصدر ܟܒܳܫܳܐ و ܟܘܒܳܫܳܐ ، والفاعل ܟܳܒܽܘܫܳܐ والمفعول ܟܒܺܝܫܳܐ . وفي العربية كبس القوم داره : هجموا عليها

الكلمة	الشرح والتحليل والمقارنة
	فجأة ، وكبس على الشيء : شدّ وضغط (سريانية) .
ܟܕ	إذ ، لما ؛ عندما ، بعدما ، إلا أن ، لكن . أداة حالية تسبق الصفات مجزومة والافعال نحو ܐܬܐ ܟܕ ܪܟܝܒ أتى راكباً ، أو ܟܕ ܐܡܪ : حينما يقول .
ܟܘܐ	كوى ، حرق . ܟܘܝܐ الكيّ . ܟܘܝܐ الكواء واسم الآلة ܡܟܘܝܢܝܬܐ مكواة .
ܟܠ	كل ، جميع . في العربية كل : لاستغراق أفراد التعدد أو لعموم أجزاء الواحد .
ܟܪܒ	حرث ، حزن ، أغتم . وفي العربية كَرَبَ الارض للزرع قلبها وحرثها . وكَرَبَ الامر : شقّ عليه ، وكربه الغمّ، اشتد عليه .
ܟܣܬܐ	علف ، والجمع ܟܣܬܐ و ܟܣܬܐ واسم المكان ܒܝܬ ܟܣܬܐ اسطبل .
ܟܘܪܣܝܐ	كرسي ، عرش . والجمع ܟܘܪܣܘܬܐ . والاضافة ܟܘܪܣܘܬܝ ؛ ܟܘܪܣܘܬܟ والخ ...
	حرف ܠ - ل
ܠ	حرف جر بمعنى اللام ، الى ، لاجل ، بحسب ، وتستعمل علامة للمفعول به في العربية لِ .
ܠܐ	لا ، ليس ܠܐ ܬܬܟܪܐ ܠܟ لا تأسف ، لا تحزن .

الكلمة	الشرح والتحليل والمقارنة
ܠܒܐ	لبّ ، قلب و ج ܠܒ̈ܘܬܐ . في العربية اللب ، العقل و ج ألباب ولبّ الشيء : قلبه .
ܠܒܒ	ܠܒܝܒܐ شجّع ، قوى ، شجاعة .
ܠܒܫ	لبس ، المستقبل ܢܠܒܫ. ܠܒܘܫܐ لباس ، رداء ، كساء ، في العربية اللَبوس بفتح اللام ما يُلبس وكذا اللباس .
ܠܝܬ	ليس ، وأصلها ܠܐܝܬ وقد حفظها العرب دون ܐܝܬ ، فيقولون ليس لنفي الكون المطلق ، ويقتضي القياس أن يقال في العربية ليْث بالثاء لان التاء السريانية التي تكون شيئاً في العبرانية تكون ثاء في العربية دائماً نحو ܬܘܪܐ السريانية ܫܘܪ بالعبرانية ثور بالعربية ونرى أنها من ܠܐ ܐܝܬ (لا يوجد) اجتمع فيها الزقاف والحباص فقلبا الى فتاح ، ولما جرى فيها الاسقاط امتنع الترقيق فقيل فيها بدل ليث ܠܝܬ وهي ترد بمعنى نفي الوجود ، وتستعمل متصرفة مع الضمائر بطريقة الجمع ܠܝܬܘܗܝ الخ ... وقد اشتق منها فعل بزيادة يوذ زيادة غير قانونية فقيل : ܠܝܬܝ لاشى ܠܝܬܝܘܬܐ ملاشاة .
ܠܠܝܐ	ليل ، ليلة والجمع ܠܠܝܘܬܐ و ܠܠܝܢ ܐܝܡܡ ليل نهار
	حرف ܡ - م
ܡܝܬ	مات . المستقبل ܢܡܘܬ والامر ܡܘܬ . المصدر ܡܝܬܘܬܐ والجمع ܡܘ̈ܬܐ .

الكلمة	الشرح والتحليل والمقارنة
ܡܚܐ	ضرب ، لسع . المستقبل ܢܡܚܐ والامر ܡܚܝ .
ܡܚܝ	ܡܚܘܬܐ ضرب ، جلد ، جرح ، مزّق ، الفاعل ܡܚܘܝܢܐ و ܡܚܘܬܐ ، المفعول ܡܡܚܝܢܐ مصاب ، مبتلى ، مريض،سقيم .
ܡܚܪ	: ܠܡܚܪ: غداً أصلها ܝܘܡܐ ܐܚܪܢܐ أو ܐܚܪܝܐ يـوم آخر .
ܡܘܙܠܬܐ	و ج ܡܘܙܠܬܐ فلك ، كرة ، كوكب سيّار .
ܡܟܐ	من هنا ، أصلها ܡܢ من ܟܐ هنا .
ܡܟܝܠ	من الآن وإذن وأصلها ܡܢ من ܟܝܠ التي أصلها ܟܝܠܐ أي قياس الزمان .
ܡܠܟ	ملكَ ، ختمَ ، أشارَ ، نصحَ ، المستقبل ܢܡܠܘܟ ، في العربية ملك على الناس أمرهم : اذ تولى السلطنة فهو ملك .
ܡܠܟܐ	و ج ܡܠܟܐ مشورة ، نصيحة ، رأي ، واسم المكان ܒܝܬ ܡܠܟܐ دار المشورة .
ܡܠܟ	ܡܠܟܐ ملك ، و ج ܡܠܟܐ في حالة التوكيد و ܡܠܟܝܢ في حالة الاطلاق ، و ܡܠܟܝ في حالة الاضافة ، والمؤنث ܡܠܟܬܐ و ج ܡܠܟܬܐ .
ܡܪܐ	و ج ܡܪ̈ܘܬܐ ، ܡܪܘܬܐ رب ، انسان ، رجل ، في العربية المرء .

الكلمة	الشرح والتحليل والمقارنة
ܡܪܐ	سيد ، مالك ، و ج ܡܖ̈ܘܬܐ ، ܡܖ̈ܘܬܢ ، ܡܪܝܢ ربي ، سيدي ܡܪܢ سيدنا ، إلهنا ܡܪܝ ܐܦܪܝܡ مار افرام .
ܡܬܘܡ	أبداً . قط . وكذا ܡܬܘܡܬܘܡ قط بدلاً من ܡܢ ܡܬܘܡ .

حرف ܢ - ن

الكلمة	الشرح والتحليل والمقارنة
ܢܒܝܐ	نبي ، في العربية نبي مؤنثه ܢܒܝܬܐ والنبوة ܢܒܝܘܬܐ و ج ܢܒܝ̈ܐ وفي العربية نبيء مهموز لانه أنبأ عن الله أي أخبر .
ܢܗܪܐ	نهر و ج ܢܗܖ̈ܐ ، ܢܗܖ̈ܘܬܐ . وجمع الاطلاق ܢܗܪܝܢ و ܒܝܬ ܢܗܪܝܢ ما بين النهرين ، في العربية النهر ، الماء الجاري المتسع .
ܢܘܢܐ	سمكة ، حوت ، نون و ج ܢܘ̈ܢܐ ، وفي العربية النون وذو النون : لقب يونان النبي ، والنونة السمكة .
ܢܚܬ	نزل ، انحدر ، ترك والمستقبل ܢܶܚܘܬ والامر ܚܘܬ .
ܢܚܠܐ	و ج ܢܚ̈ܠܐ واد ، جدول ، سهل ، بقعة ، والمضاف ܢܚܠܝ̈ܗܘܢ الخ..
ܢܛܪ	حفظ ، صان ، حمى ، المستقبل ܢܶܛܰܪ والامر ܛܰܪ . في العربية نَطَر الكرم أو الزرع : حفظه وسهر عليه . الناطر والناطور و ج نطّار ونَطَرة ونواطير ونُطَراء : حافظ الكرم أو الزرع (سريانية) .
ܢܝܫܐ	هدف ، غرض ، غاية ، مقصد .

الكلمـــة	الشرح والتحليل والمقارنة
ܢܶܟܣܶܐ	أموال ، ثروات ، مقتنيات . والمضاف . ܢܶܟܣܰܝ الخ . . .
ܢܣܰܒ	أخـذ . المستقبل ܢܶܣܰܒ والامر ܣܰܒ والفاعل ܢܳܣܶܒ والمفعـول ܢܣܺܝܒܳܐ .

حرف ܣ - س

ܣܰܓܺܝ	ܣܰܓܺܝܳܐ كثير ، عظيم ، كبير العدد . والجمع ܣܰܓܺܝܶܐ مؤنثه ܣܰܓܺܝܬܳܐ والجمع ܣܰܓܺܝܳܬܳܐ والاضافـة ܣܰܓܺܝܰܬ ܣܰܓܺܝܳܬܳܐ .
ܣܘܳܐ	ܣܘܳܝܳܐ شهي ، تاق ، رغب . ومطـاوعه ܐܶܣܬܰܘܰܝ والفاعل ܣܳܘܶܐ تائق ، راغب . ܣܘܳܝܬܳܐ توق ، رغبة .
ܣܰܟܺܝ	ܣܰܟܳܝܳܐ انتظر ، امهل ، توقع ، ترجي ، تأمل ، تمنى ومطاوعه ، ܐܶܣܬܰܟܺܝ . ܣܘܟܳܝܳܐ غاية ، أمل . والجمع : ܣܘܟܳܝܶܐ . والمستقبل ܢܣܰܟܶܐ .
ܣܟܰܪ	أغلق ، اقفل . المستقبل ܢܶܣܟܘܪ في العربيـة "سَكَرَ" ، سد مجرى أو نهراً . والسِكر : سد النهـر ، وبالكسر ما سُدّ به النهر .
ܣܘܟܪܳܐ	سدّ ، مزلاج ، قفل . والجمع ܣܘܟܪܶܐ .
ܣܰܟܪܘܬܳܐ	قـــوت .
ܣܶܡܳܠܳܐ	شمال . اليد اليسرى . والاضافة ܣܶܡܳܠܰܝ الخ

الكلمـــة	الشرح والتحليل والمقارنة
ܡܣܩܘܒܠܝܬܐ	مضادات ، متناقضات .
ܣܢܐ	ܣܢܐ . ܣܢܝܘܬܐ ، ابغض ، مقت ، أهان . مطاوعه ܐܣܬܢܝ والفاعل ܣܢܘܝܐ نمّام ، مضاد . والمفعول . ܣܢܝܐ .
ܣܪܩ	ܣܪܝܩܐ فارغ ، باطل ، غير مفيد . والجمع ܣܪܝܩܐ . مؤنثه ܣܪܝܩܬܐ والجمع ܣܪܝܩܬܐ .

حرف ܥ - ع

ܥܒܕ	فعَلَ - عمل - صنع . المستقبل : ܢܥܒܕ - ܥܒܕܐ عمل - فعل - حرفة - شغل .
ܥܘܠܐ	ظلم - إثم - نفاق . والجمع ܥܘܠܐ والاضافة ܥܘܠܝ الخ ..
ܥܝܢܐ	(مؤنث) عين - نبع - ينبوع . والجمع ܥܝܢܐ أعـــين ، ܥܝܢܬܐ ينابيع في العربية العين : حاسة الرؤية وهي مؤنثة وجمعها أعين ، وعيون وأعيان ، والعين أيضاً عين الماء .
ܥܝܪܐ	مستيقظ . منتبه . ثائر . ܥܝܪܘܬܐ يقظة . حزم - حرص. والفاعل ܡܥܝܪܢܐ .
ܥܠ	دخل - ولج - غلّ - ورد . المستقبل ܢܥܘܠ والمصدر ܡܥܠ والمضارع واسم الفاعل ܥܐܠ والمؤنث ܥܐܠܐ في العربية غلّ في الشيء - دَخل .

الكلمـــة	الشرح والتحليل والمقارنة
ܥܰܠ	حرف جر - على - فوق - عن - في - قرب - جانب . ܥܰܠ ܒܫܢ̈ܐ طاعن - مسن.
ܥܳܠܡܳܐ	عالم - زمن لا حدّ له - الابد - الأزل . في العربية العالَمَ الخلق . والجمع : العوالم والعالمون - اصناف الخلق . وتجزم ܥܳܠܰܡ وتسبقها اللام فتصبح ܠܥܳܠܰܡ ܥܳܠܡܺܝܢ الى أبد الآبدين .
ܥܰܡܳܐ	عامة - شعب - جمهور ، والجمع ܥܰܡܡ̈ܶܐ و ܥܰܡܡ̈ܺܝܢ .
ܥܪܰܩ	هرب - فرّ . المستقبل ܢܶܥܪܽܘܩ . في العربية عَرَق في الارض . ذهب .

حرف ܦ - ف

ܦܠܳܢܺܝ̈ܬܳܐ	كواكب متحيرة - تائهة - سيّارة .
ܦܠܰܓ	قسم . فَلَجَ . شطر . ناصف . وفي العربية فَلَجَ الشيء شقّه وقسمه . وفَلَجَ الحراث الارض : شقها للزراعة . الفِلج ؛ النصف .
ܦܠܓܽܘܬܳܐ	ܦܠܓܽܘܬܳܐ نصف - جزء - قسم - شطر .
ܦܠܛܳܐ	فرصة - نهزة - حيلة - وسيلة .
ܦܩܰܕ	أمر - رتّب . المستقبل ܢܶܦܩܽܘܕ ومنه ܦܽܘܩܕܳܢ ؛ ܦܽܘܩܕܳܢܳܐ أمر - ترتيب .

الكلمة	الشرح والتحليل والمقارنة
ܦܣܩ	قطع ـ عيّن ـ فصّل ـ أصدر أمراً . المستقبل ܢܦܣܘܩ : الفاعل ܦܣܘܩܐ فصل الكتاب ـ قطاع . المفعول ܦܣܝܩܐ وفي العربية فَسَقَ : خرج عن الحق .
ܦܪܬܘܬܐ	الجمع ܦܪ̈ܬܘܬܐ فتات ـ كِسَر .
ܦܫܪ	ܦܫܪܐ . حلّل . ذوّب . والفاعل ܦܫܘܪܐ والمفعول ܦܫܝܪܐ ذائب . منهضم ومطاوعه ܐܬܦܫܪ . وفي العربية فَسَرَ الطبيب : نظر في بول المريض ليستدل به على شيء من أمره . ܐܦܫܘܪܬܐ (التَّفسِرة) بول المريض يستدل به على علته .
ܦܬܓܡܐ	كلمة . رسالة . أمر . عادة . شأن . حال وج ܦܬܓ̈ܡܐ .
ܦܬܘܪܐ	مائدة . طبق . خوان . واسم المكان ܒܝܬ ܦܬܘܪܐ بيت المائدة من ܐܦܬܪ أولمَ . آدب . آكل .
	حرف ܨ - ص
ܨܒ	إتجه . صـاب . ܨܒܐ جهة . ناحية . مجتمع ܒܝܬ ܨܒܐ جامعة مدرسة .
ܨܒܐ	صبا . رغب . أراد المستقبل ܢܨܒܐ . في العربية صبا اليها . حنَّ اشتاق وصبا يصبو صبوة وصُبُوّا : مال الى الجهل والفتوة .
ܨܡ	ܨܘܡܐ صام صوماً . المستقبل ܢܨܘܡ والامر ܨܘܡ .
ܨܠܝ	ܨܠܘܬܐ صلّى . صلاة . تضرع . دعا . في العربية صلّى والصلاة الدعاء . والصلاة من الله : الرحمة .

الكلمة	الشرح والتحليل والمقارنة
ܨܡܰܚ	: أي ܨܡܰܚ والمستقبل ܢܶܨܡܰܚ أشرق - أضاء - سطع - تلألأ - لمع - ومثله ܢܨܰܨ · ܙܰܠܺܝܩ ·
ܨܠܰܚ	أي ܨܠܰܚ - نجح - أفلح - كلل بنجاح - صلح والمستقبل ܢܶܨܠܰܚ.
ܨܰܥܰܪ	ܨܥܰܪܳܐ صغّر - أهان - حقّر - أذلّ - شتم - فضح هتك والمستقبل ܢܨܰܥܰܪ ·

حرف ܩ - ق

الكلمة	الشرح والتحليل والمقارنة
ܩܕܡ	قدام - أمام - مقدّم · ومنه ܩܰܕܡܳܝܳܐ الاول و ܩܰܕܡܳܝܬܳܐ الاولى ·
ܩܰܕܶܫ	قدّس - طهّر - نقّى · في العربية : تقدس - تطهر · ومنه : ܩܰܕܺܝܫ ، ܩܰܕܺܝܫܳܐ مقدّس - قدوس للمذكر و ܩܰܕܺܝܫܳܐ ، ܩܰܕܺܝܫܬܳܐ مقدسة - قدوس للمؤنث · والمفعول المطلق ܩܰܕܺܝܫܳܐܝܬ والمصدر ܩܰܕܺܝܫܽܘܬܳܐ قداسة ·
ܩܳܠܳܐ	و ج ܩܳܠܶܐ صوت ، وفي العربية قول وقال ، فالقول الكلام في الخير ، والقال والقيل والقالة في الشر ·
ܩܡ	من (ܩܳܐܶܡ) قام ، نهض ، ثار ، انتصب ، وقف ، المستقبل ܢܩܽܘܡ الامر ܩܽܘܡ · واسم المكان والزمان ܡܩܽܘܡܳܐ مقام واسم الفاعل ܡܩܺܝܡܳܢܳܐ والمفعول ܡܩܰܝܡܳܐ ، ܘܩܽܘܡܳܐ قومة ، ثورة ، قيام ·

الشرح والتحليل والمقارنة	الكلمة
ܩܢܛܐ ، خاف ، قنط ، فزع . وفي العربية : قَنَـط ، قنوطاً ، يئس . وكذلك قَنِط قَنَطاً وقَنُط قناطة ، يئس .	ܩܢܛ
قبض ، ضد مدّ وبسط ، منع ، صدّ بخل . والمستقبل : ܢܩܦܘܣ .	ܩܦܣ
قرأ ، دعا ، صاح ، نادى ، هتف ، سمّى ، وصف ، استغاث . المستقبل ܢܩܪܐ .	ܩܪܐ
قرب ، دنا . المستقبل ܢܩܪܘܒ ومنه ܩܪܒ. ضحّـى (قرب ذبيحة) .	ܩܪܒ
قريب ، رفيق ، عرّاب . وفي العربية القريب خلاف البعيد، وذو قرابة .	ܩܪܝܒܐ
قربان ، ذبيحة القداس ، تقدمة . وفي العربية كل ما يقرب لله تعالى .	ܩܘܪܒܢܐ

حرف ر - ܪ

كبير ، عظيم ، كثير . ܪܒܬܐ للمؤنث والجمع ܪܘܪܒܬܐ وفي العربية الرب : اسم من أسماء الله تعالى ، ومنها ܪܘܪܒܐ عظيم والجمع ܪܘܪܒܐ ، ܪܒܐ ، ܪ̈ܒܢܐ ، ܪܘܪܒܢܐ شرفاء ، نبلاء ، رؤساء قوم ، أركان الدولة .	ܪܒܐ
ܪܒܘܬܐ ربوة (عشرة آلاف) والجمع ܪ̈ܒܘܢ ܪ̈ܒܘܬܐ .	ܪܒܘ

الكلمة	الشرح والتحليل والمقارنة
ܪܓܫ	ܪܓܫܐ و ج ܪ̈ܓܫܐ حاسة ، مضافة ܪܓܫ الخ ...
ܪܕܐ	سار ، سلك ، مشى ، جرى ، علّم ، ادّب ، عاقب . المستقبل ܢܪܕܐ . وفي العربية : َردَي الشيء كسره ، وفلاناً صدمه ، وردَى فلان : ذهب ورَدِيَ : هلك .
ܪܕܘܬܐ	سيّارة ، اسم آلة و ج ܪ̈ܕܘܬܐ .
ܪܚܫܐ	حشرة ، دبيب .
ܪܛܢ	تذمّر ، تشكّى ، تظلّم ܪܛܢܐ تذمر ، في العربية رطن : تكلم كلاماً غير مفهوم .
ܪܝܫ	ܪܝܫܐ رأس و ج ܪ̈ܝܫܐ ومنها ܐܬܪܝܫ ترأس ܪܝܫܢܐ رئيس و ج ܪ̈ܝܫܢܐ ، والمصدر ܪܝܫܢܘܬܐ رئاسة .
ܪܢܝܐ	لحن ، ترتيل ، خرير الماء ، و ج ܪ̈ܢܝܐ .
ܪܨܝܢ	: ܪܨܝܢܐ وقور ، دمث ، كريم ، حليم ، عفيف ، ذكي ، رصين ܪܨܝܢܘܬܐ رصانة ، دماثة .
ܪܦܐ	و ج ܪ̈ܦܐ وجمع الاطلاق ܪ̈ܦܝܢ جماعة ، سرب من الطيور خاصة .
ܪܫܥ	ܐܪܫܥ والمستقبل ܢܪܫܥ . أثِمَ ، أجرمَ ، جحدَ ، ألحدَ ، نافق .
ܪܫܝܥܐ	أثيم و ج ܪ̈ܫܝܥܐ والمؤنث ܪܫܝܥܬܐ و ج ܪ̈ܫܝܥܬܐ والاضافة ܪܫܝܥܬ للمفردة المؤنثة و ܪ̈ܫܝܥܬ لجمع الاناث

الشرح والتحليل والمقارنة	الكلمة
وفي العربية رَسَغَ ، فَسُدَ ، واسترخى ، ورسّغ الكلام : لفّق بينه .	

حرف ܫ - ش

ܫܐܠܐ سأل ، بحث والمستقبل ܢܫܐܠ .	ܫܐܠ
: ܐܫܓܝ غسل ، طهّر ، نقّى ، واسم الآلة ܡܫܓܝܢܝܬܐ مغسلة .	ܫܓܐ
: ܫܘܙܒܐ خلّص ، نجّى ، أنقذ ، حفظ ، واسم المكان ܒܝܬ ܫܘܙܒܐ مهرب .	ܫܘܙܒ
الحر ، وفي العرب شوّب فلان : مسّه الحر فهو مشوّب وهي مشوّبة (عامية) والشوب الكلمة العامية سريانية الاصل .	ܫܘܒܐ
ܫܚܠܐ سال ، جرى ، انساب والمستقبل ܢܫܚܘܠ وفي العربية سَحلت العين : بكت . وانسحل بالكلام : جرى به .	ܫܚܠ
ܫܘܚܢܐ سخّن ، أحمى ، أدفأ . واسم الآلة ܡܫܚܢܢܝܬܐ مدفأة . وفي العربية سخن : سخونة وسخانة وَسخَناً وسُخناً وسُخنَةً ، أي حاراً ، وليلة ساخنة أي حارة	ܫܚܢ
قرحة ، جرح من ܫܚܢ ، ܫܘܚܢܐ قرّح ، أبلى بالقروح . مطاوعه : ܐܫܬܚܢ .	ܫܘܚܢܐ
ܐܫܬܛܚ انبسط ، امتد ، انتشر ، تسطح . وفي العربية	ܫܛܚ

الكلمة	الشرح والتحليل والمقارنة
	َسطَح : َبسَط . ومطاوعه انسطح : امتد على قفاه ولم يتحرك . السطح : المنبسط .
ܫܘܟܚܬܐ	والجمع ܫܘܟ̈ܚܬܐ اسم مصدر ومرة ، وجود ، كيان ، اختراع استنباط من ܐܫܟܚ والمستقبل ܢܫܟܚ والحاضر ܡܫܟܚ والامر ܐܫܟܚ . والمصدر ܫܟܚܐ ، والمصدر الميمي ܡܫܟܚܘ .
ܫܘܪ	ܫܘܪܐ لوّث ، قبح ، دنس . ܫܘܪܪܘܬܐ قبح . دنس .
ܫܠܕܐ	(مؤنث) جثة ، جيفة .
ܫܡܫܐ	(مذكر ومؤنث) الشمس . وهكذا هي في العبرية : أما في العربية فشمس (مؤنث) .
ܫܦܪ	أسفر ، جملَ ، حسن ، سرّ ، في العربية َسفَر بين القوم : أصلح . وأسفر وجهه حسناً : أشرق ، والمستقبل ܢܫܦܪ ، والفاعل والمفعول ܫܦܝܪܐ والمصدر ܫܘܦܪܐ جمال .

حرف ܬ - ت

الكلمة	الشرح والتحليل والمقارنة
ܬܒܪ	كسر ، ، المستقبل ܢܬܒܪ ، الفاعل ܬܒܘܪܐ المفعول ܬܒܝܪܐ .
ܬܒܝܠ	(مؤنث) المسكونة .
ܬܚܬ	تحت ، أسفل والاضافة ܬܚܘܬܝ ، ܬܚܘܬܟ والخ . . .

الكلمة	الشرح والتحليل والمقارنة
ܬܒܘܫܐ	كيس ، و ج ܬܒ̈ܫܐ وفي العربية الشوال عند العامة : عدل كبير من شعير أو صوف وهي تحريف جُوالق (فارسية) .
ܬܡܢ	ثم ، هناك ، كالعربية بزيادة نون .
ܬܒܫ	ܬܒܫܐ تعس ، عثر ، زلّ ، تعب ، شقي ، واسم الفاعل ܬܒܫܐ .

الفهرس

القسم الاول

في اللغات السامية واللغة السريانية وآدابها

الصفحة

القسم الثاني

في القواعد والتطبيق

الصفحة

١١٤	جمع الاسماء المركبة
١١٦	أسماء العدد
١٢٠	أقسام الفعل
١٢٢	الفعل الصحيح والمعتل
١٢٣	الفعل اللازم والمتعدي
١٢٤	المبني للمعلوم والمبني للمجهول
١٢٦	فعل الحال
١٢٧	الفعل المضارع أو المستقبل
١٢٨	الأمر
١٣٠	المصدر
١٣١	المصدر الميمي
١٣٣	مصدر المرّة
١٣٤	اسم الفاعل
١٣٦	اسم المفعول
١٣٨	الصفة المشبهة
١٣٩	اسم المكان والزمان
١٤٠	اسم الآلة
١٤٣	العبارات والاحاديث

القسم الثالث

١٤٧	النصوص الأدبية من الكتّاب المعاصرين
١٧٩	النصوص الأدبية من أمثال أحيقار
٢٠١	النصوص الأدبية من الكتاب المقدس
٢١٩	شرح الألفاظ